中国式家族期望与创业坚持

吕斐斐 著

复旦大学出版社

序

坚持还是放弃？这是企业家经常面临的艰难抉择，也是创业过程的重要环节之一，但学术界对创业坚持或退出现象并没有给予太多关注。创业研究的大量文献都集中在探讨创业的形成以及企业的成长，如机会鉴别、机会启动与利用、创业团队建设以及融资等。相较于创业启动或成长的研究，有关创业坚持或者退出的研究比较少。根据创业过程流派，创业是一个长期的过程，理应包括建立新企业的进入阶段、创业坚持的过程以及创业退出的后期阶段。无论是对于企业家个人，抑或是对组织、产业和宏观经济而言，创业坚持与退出都是很重要的一个过程。在现实的创业过程中，绝大多数创业者在中途便选择了放弃，只有少数企业家能够选择坚持并成功创业。目前只有鲜少的文献基于理性决策的假设探讨了创业者个体特征、行业和企业因素等对企业家坚持或放弃创业行为决策的影响，而忽略创业家族的影响。基于家族嵌入观和创业家族模型，很多学者探讨了家族性对于创业活动的影响，认为家族性资源如资金、人力、社会关系网络以及知识等稀缺性资源会影响机会识别和资源利用等过程，从而影响创业决策。家族企业并非只是创业组织的某种形式，创业也贯穿于家族企业的整个生命周期。本书认为创业家族理应是分析企业家选择坚持或退出前因的一个重要分析单元。

期望是影响个体行为决策的关键变量，企业行为理论强调期望水平在决定组织学习、搜寻以及战略决策中的重要性。现有企业行为理论的文献主要以历史比较或者社会比较的方式来判定企业财务业绩是否达到期望水平，并检验经济期望与企业行为决策之间的关系。企业行为理论为创业者行为决策提供了扎实的理论基础，但目前只有鲜少的创业研究根据阈值理论和前景理论来探讨影响创业坚持与退出决策的参考点。另外，现有企业行为理论的研究大多只关注了经济利益参考点对企业行为决策的影响，忽略了非经济利益参考点的作用，相比经济类期望，对其他类型期望的研究比较匮乏。创业学领域的学者也表明影响创业坚持与退出决策的机制并不仅仅依赖经济目标，非经济目标的实现也同样重要，如个人价值的实现、社会认同感和保护家庭的需要，等等。在家族企业情境下，关系契约和经济契约在家庭内部同时存在，控制家族的涉入和影响促成了创业者决策参考点的多样性和复杂性，因而本书认为家族期望是影响创业坚持与退出的重要因素。

作为企业和家庭的结合体，家族企业的目标设定更为复杂。很多家族企业研究者强调非经济目标参考点的重要性，如情感收益与情感成本、家庭和谐、家族控制权、家族凝聚力以及家庭忠诚等，其中比较有代表性的观点就是社会情感财富理论。虽然社会情感财富为解释家族企业异质性和行为决策提供了理论基础，然而只将非经济利益参考点作为决策依据仍是失之偏颇。近期研究表明若过分关注社会情感财富收益而忽略企业本身的财务绩效会导致企业陷入经营危机。从方法论上来看，社会情感财富不像物质财富一样容易量化，其测量的方法也受到一些学者的挑战。创业家族同时兼具经济和非经济目标，而在家族内部重新探讨创业者如何设定经济与非经济目标参考点以及如何根据这些参考点进行决策仍是目前尚未解决的重要学术问题。因此，基于企业行为理论和社会情感财富理论等，本书提出"家族期望"的理论构念，将经济与非经济目标参考点同时纳入创业精神的研究框架。基于16位创业家族核心人员的焦点小组访谈，32位家族企业家半结构深度访谈，以及问卷调查数据分析的结果，探索家族期望的具体测量体系。根据我国浙江、上海、江苏、福建、海南和新疆等地区收集的201份有效问卷数据对家族期望与创业精神之间的关系进行了检验，本书研究主要得到以下研究结论。

第一，家族企业创业者及其家族具有多重期望目标。家族期望的形成是核心家族成员长期生活在一起，通过互相沟通交流以较低成本达成相同目标的结果，是一个弹性的期望水平并且具有动态性特征。家族期望包括经济财富、社会声望、团结和谐以及人丁兴旺四个维度。根据探索性因子分析的结果，本书发现团结和谐是被创业家族视为最重要的期望维度，之后依次是经济财富、人丁兴旺与社会声望。

第二，家族经济期望实现程度对创业坚持有显著正向影响，即当家族经济财富期望实现程度达到企业家及其家人的理想水平时，企业家更加倾向于坚持创业。这是因为创业家族是创业资本的主要来源，家族经济富足可以给予创业者更多的试验成本，进而提高其承担风险的能力。他们不需要考虑家庭收入的压力并且有更多财务资本投入到创新活动，较为宽松有利的创业环境可以激励企业家继续坚持创业。此外，假定企业收益是家庭收入的重要来源，家族经济财富期望实现程度高从侧面反映了企业家前期经营所创造的经济效益比较可观，这种阶段性的成功可能被视为企业家自我能力评定的标准。当企业家将其家族经济财富的成功积累归因于自身因素如管理能力、决策能力时，这将会提升他们的自我效能和信心，从而增加其坚持创业的可能性。区别于非家族企业家，家族企业家往往具有传承和长期经营的目标。当家族经济财富积累到一定程度，利他主义行为导致他们更倾向于继续坚持创业为家族创造和积累更多的经济财富，这也会更加坚定他们将企业进行传承的信念，进而越有可能坚持创业。反之，家族非经济期望的实现程度对创业坚持的影响并不显著，这和创业坚持的衡量方式有关。本书的研究结果表明，企业家对于管理权和控制权的坚持属于理性的逻辑范畴，经济财富的参考点更为重要。创业坚持若以家族传承意愿来衡量，利他主义和情感依赖等因素的影响使非经济期望的参考点更为重要，而经济财富期望的影响则变得不显著。

第三，当家族经济期望实现程度较低，没有达到企业家及其家人的理想水平时，企业家更有可能选择放弃创业退出经营市场。当家族经济财富期望实现程度较低时，创业者面临家庭经济收入和企业经营不善的双重压力，相比高风险的创业，他们更有可能倾向于选择一些保守的赚钱方式来保障家庭稳定的收入来源，因而更加倾向于退出创业。家族经济财富实现程度较低很有可能是由于企业家先前的创业活动失败或者效益差导致的，这也会进一步降低企业家的自我效能以及信心，因此提高了其退出当前创业活动的可能性。家族的非经济期望实现程度较低，即团结和谐和社会声望没有达到企业家及其家人的理想水平时，企业家选择放弃创业的可能性更高。控制家族内部关系不和谐会严重打击企业家延续家族企业经营的意愿，而社会关系网络资源的限制也进一步阻碍了创业活动关系资本的投入，使创业活动举步维艰，会进一步导致企业家选择创业退出。

第四，创新投入在家族经济期望与创业坚持之间具有中介效应。当家族经济期望实现程度较高时，创业家族可以为企业家提供富足的财务资本进行试验以及投资新产品、新技术和设备，从而提高了企业家抗风险的能力并增加了创新活动的投入。而创新投入成果具有长期收益的特点符合家族企业持续跨代经营的长期目标，会进一步激励企业家坚持创业为传承和可持续发展奠定良好基础。另外创新投入的沉没成本有可能促进企业家进行承诺升级，促使他们更有可能坚持创业。

第五，寻租投入在家族期望与创业退出之间具有中介效应。业绩反馈理论认为决策者在没有实现其期望水平时，会更加倾向于采取冒险性行为来改善企业经营绩效。鉴于中国正处于经济转型期,大量资源仍掌握在政府手中,当家族经济期望实现程度较低,创业者面临家庭和企业经营的双重困境时,更加有可能通过寻租投入来获取短期利益。但是寻租投入具有高昂的成本,寻租投入成本越多,企业将来面临的惩罚机制也会越重。此外,寻租投入处于违规边缘,这也打击了正面积极的企业家创业精神,与家族企业注重声誉建设的目标相违背,严重降低企业家长期经营发展企业的意愿,增加了其退出创业的可能性。

第六,制度感知对创新投入与创业坚持的关系具有调节作用。如果企业家认为企业所处的环境法律制度比较完善,其对制度环境的信心比较高时,创新投入的成果如专利、技术等可以得到有效的保护并且能为企业带来持续竞争力,那么创新活动投入越多的企业家则越倾向于坚持创业和继续创新。另外企业家制度环境感知对寻租投入与创业退出的关系具有调节作用,本书认为制度环境是制约创业持续力的关键性因素。当企业家对外部制度环境信心越低,认为当地政府行政效率低下时,企业家越要采取寻租等非法活动来建立与政府官员的良好关系以便获取政治资本;而寻租投入的负面效应如高额的机会成本与惩罚机制又增加了企业家退出创业的可能性。

本书所探讨的问题主要有以下几点理论贡献:第一,本书提出了"家族期望"理论构念,以"家"作为分析单元,放松了企业行为理论中关于个体的假设,同时将经济和非经济目标点纳入家族期望范畴并且将其设置为连续参考点,进一步丰富了企业行为理论以及参考点理论的研究。第二，结合扎根理论、焦点访谈小组和深度访谈定性研究，以及问卷调查定量分析，本书提出了家族期望的具体测量体系并进行信度效度检验，将经济与非经济参考点变为可连续的变量，为之后实证研究奠定方法学基础。近几年有学者指出企业行为理论的研究方法存在一定的局限性，即现有的实证研究存在一个严格但又不符合现实的假设——研究者清楚地知道企业决策者如何选择参考点。期望水平作为决策者自我感知和预期的心理预期水平，是一个主观的心理学变量，因此以有效的量表形式去衡量参考点的位置是更加具备科学性的。此外，社会情感财富维度和测量也受到一些学者的挑战。现有大量研究都采取二手数据代理变量的方法来衡量社会情感财富，如家族控制权、家族内部人员任职高管的人数等，家族企业非经济目标的具体内容以及测量方法仍旧是一个难题。毫无疑问，家族期望测量体系为之后家族企业目标研究提供了扎实的方法论基础。第三，本书检验了家族期望与企业家创业坚持或退出之间的关系，进一步丰富创业退出或坚持的前因研究。现有文献对于创业精神影响因素的分析主要聚焦在个体特征、外部环境、企业层面、文化等因素的影响，而忽略了创业家族的影响。将家族期望纳入创业研究的体系可以进一步拓宽创业研究的范畴。第四，探讨两种不同类型的冒险行为在家族期望与创业精神之间的中介作用。将两种不同的冒险性行为决策，即寻租投入与创新投入，纳入家族期望与创业精神的研究模型，有利于进一步解释企业家退出创业和坚持创业影响机制的差异性。通过家族期望对企业家选择积极创新行为或者消极寻租行为的影响分析,可以丰富企业行为理论的研究框架,丰富家族企业冒险性行为决策和风险承担的研究内容,也可以更加清晰地解释家族企业的异质性。第五,基于制度理论,本书探讨了企业家制度环境感知对冒险性行为决策与创业精神关系的调节作用。通过将制度环境与创业精神联系起来,揭示了我国转型经济体制下制度环境对于创业活动的影响机制,也为相关政策制定提供参考依据。

目录 Contents

序

第一章　引言 ………………………………………………………… 1
　第一节　问题的提出 ……………………………………………… 2
　第二节　研究意义 ………………………………………………… 18
　第三节　研究方法与技术路线 …………………………………… 26
　第四节　研究框架 ………………………………………………… 30

第二章　文献回顾与评述 …………………………………………… 33
　第一节　创业精神的特质、行为与过程研究 …………………… 34
　第二节　创业坚持与退出的研究状况 …………………………… 49
　第三节　"家"在创业精神研究中的地位 ……………………… 82
　第四节　总体性评述 ……………………………………………… 89

第三章　家族期望的理论构念与测量 ……………………………… 95
　第一节　期望与目标：行为决策中的重要影响因素 …………… 97

第二节　家族企业的目标、期望与价值体系 …………… 101
　　第三节　家族期望：影响企业家决策选择的重要影响
　　　　　　因素 ……………………………………………… 106
　　第四节　家族期望的内涵与基本特征 …………………… 108
　　第五节　家族期望的理论测量体系 ……………………… 113
　　第六节　本章小结 ………………………………………… 118

第四章　家族期望：一个定性的研究结果 ………………… 123
　　第一节　焦点访谈小组数据收集和分析 ………………… 125
　　第二节　半结构深度访谈数据收集与分析 ……………… 136
　　第三节　定性资料分析与编码 …………………………… 153
　　第四节　家族期望的量表开发与构思的检验 …………… 160
　　第五节　家族期望的四维度 ……………………………… 168

第五章　理论分析与研究假设 ……………………………… 179
　　第一节　家族期望、冒险性行为选择与创业精神 ……… 180
　　第二节　家族期望与创业坚持 …………………………… 185
　　第三节　家族期望与创业退出 …………………………… 203

第六章　数据收集与假设检验 ……………………………… 217
　　第一节　数据变量与测量 ………………………………… 218
　　第二节　描述性统计与相关性分析 ……………………… 229
　　第三节　检验模型 ………………………………………… 232
　　第四节　检验结果 ………………………………………… 238
　　第五节　稳健性检验 ……………………………………… 288

第六节　本章小结 …………………………………… 300

第七章　结论与讨论 …………………………………… 305
第一节　主要研究结论 ……………………………… 311
第二节　主要研究贡献 ……………………………… 316
第三节　研究的不足 ………………………………… 322
第四节　未来展望 …………………………………… 324

参考文献 ………………………………………………… 329

# 第一章
引 言

本章节简要阐述了本书的理论与实践背景、研究问题、研究的主要内容、研究目的与意义、研究的创新点、研究方法与流程、本书结构安排等内容。

第一节 问题的提出

一、实践背景

创业被视为当代经济增长的引擎，各国政府都采取了不同政策手段鼓励创业以减缓经济衰退并创造就业。2008年9月26日，我国人力资源和社会保障部等部门出台了《关于促进以创业带动就业工作的指导意见》，一些地方政府将"全民创业"写入政策文件，创业研究也成为世界学者和各国政府关注的热点（李雪莲、马双、邓翔，2015）。而家族创业作为最基本的创业模式也开始引起学者们的关注，文献资料表明大多数新企业的创业都有家族的参与或者家族在人力、财务、社会资源上的投入（Chrisman, Chua and Zahra, 2003）。调查资料显示，80%左右的创业企业都呈现了家族企业的特征（Chrisman, Chua and Steier, 2005）。2012年春季，在波兰举行的中小企业和欧洲企业发展国际会议上，重点探讨的主题就是关于家族企业对经济发展的推动作用以及其在创建新企业过程中的重要影响。

然而，在创业活动过程中，很多创业者由于各种原因，如财务危机、个人职业发展选择或外部环境制约等放弃了创业。只有少数创业者能够选择继续坚持并且成功建立新企业。继续坚持还是选择放弃，对于企业家来说是一个两难的选择。创业退出意味着停止资源的后续投入，但同时也意味着前期资本投入可能没有产生效益并造成一定程度上的损失。由于创业往往伴随着高风险和高收益，企业家若选择继续坚持创业和继续投入资源，有可能会实现成功创业并取得高额回报；反之也有可能遭受创业失败，导致前期和后期投入的全部损失（牛芳、张玉莉、杨俊，2012）。新创企业的退出在全球范围内也是比较普遍的现象。有数据显示，企业创建后能够生存超过 5 年的不到一半，超过 10 年的则不到三分之一（Alberti，2013）。正如 Cefis 和 Marsili（2011）所指出的，这种创业退出现象不论是在时间维度上还是在地域维度上都可以得出相似的结论，而这些结论在产业经济学、人口生态学等领域也都得到了类似的印证。相比有些企业家选择创业退出，也有少数的企业家选择继续坚持，把创业奉为终身职业。例如宗庆后在 42 岁的时候开始创业，其创立的娃哈哈品牌是中国饮料行业最有竞争力的"常青树"，他曾表示永远不会退休，会坚持参与公司的经营与管理，希望可以将娃哈哈打造成为百年老店。反之，也有很多家族企业家选择退出创业和经营。根据 2016 年 3 月的新闻报道，瑞士家族珠宝和手表零售商 Kirchhofer 打算出售其家族企业，并且聘请瑞士投行 Credit Suisse 对企业进行估值。Kirchhofer 的财务主管则表示 Juerg Kirchhofer 已经到了退休的年龄并且很有可能会选择退出企业经营。普华永道发布的 2014 年全球家族企业调研报告显示，有将近50%的中国家族企业计划出售企业或上市，同样有将近四分之一的企业希望将所有权传承给下一代。显然，家族企业在类似的外部环境中可能做出不同的决策选择：有的企业家希望继续坚持创业直至自己生命的尽头；有的企业家在临近退休的年龄选择了退出创业；有的企业家希望把自己的企业传承给下一代；也有的企业家会选择出售或关闭企业。那么，由此产生一个重要的问题：在复杂、高度不确定性的创业过程中，是什么原因促使企业家继续坚持创业，又是什么原因促使企业家选择了放弃？这是一个复杂的学术问题，受到企业家个人特征、企业因素、外部环境、创业家族的多重影响，同时也是本书重点研究的问题。

在家族创业研究中一个关键的问题是创业者行为决策不仅需要实现企业增长，而且要符合创业家族的价值体系和目标（Carsrud and Brännback，2011）。受中国传统文化的影响，我国大多数企业家缺乏开拓精神和创新意识，企业家精神不足（程民选等，2005）。由于家族企业的异质性，其企业的成长往往受企业创始人生命周期的影响。据美国咨询公司麦肯锡统计，家族企业的创业者的平均任期为24年，等同于美国家族企业的平均寿命（Beckhard and Dyer，1983）。中国"富不过三代"的魔咒，是很多家族企业的真实写照，经常出现第一代艰苦创业，第二代艰难守业，而到了第三代企业便走向衰退甚至消亡（Weidenbaum，1996），大多数亚洲的家族企业都陷入了这种怪圈（Amran and Ahmad，2010）。家族创业的案例引起了学术界广泛的关注，如希望集团、方太集团、均瑶集团等家族创业、继承以及二次创业的故事都是研究家族创业的经典案例(杨学儒、陈文婷、李新春,2009)。那么在这些案例中,企业家控制家族对于创业活动、创新决策有什么影响?着重分析控制家族目标与期望对于创业活动坚持与退出决策的影响对家族企业长远发展有重要现实意义,同时也可以为实践管理者提供一些有意义的借鉴,以指导家族企业更好地延续创业、坚持创业行为,以实现家族企业的基业长青。另外,在市场竞争激烈的现实背景下,探讨家族企业家为何选择坚持创业或退出创业,对于企业长远发展和实现国民经济发展、就业等实践问题具有重大意义。

二、理论背景

尽管创业活动被广泛视为动态环境下实现企业增长的一个先决条件(Barringer and Bluedorn,1999;Covin and Slevin,1991;Guth and Ginsberg,1990),但是在家族企业领域中的创业研究相对匮乏(Hall,Melin,and Nordqvist,2001;Hausman,2005;Ibrahim,Angelidis,and Parsa,2008)。先前创业学者一直关注创业机会识别和创建新企业的过程,却很少关注家族在创业中的作用(李新春、刘莉,2009)。根据Chrisman等(2005)的文献统计结果,家族企业研究中有关创业的文献只占5%左右。创新活动是企业获得持续竞争力的基础,是许多家族企业增长模式中的关键性因素(Cucculelli and Ermini,2012)。家族企业可能并不适用于每一种经济发展所需的企业类型,但仍对经济增长有较强促进作用,其所具备的独特的经济学和社会学特征对于企业发展初期是极其重要的(Villalonga and Amit，2010；Cucculelli and Micucci，2008)。

尽管随着社会经济高速发展，社会结构和环境已经发生了巨大的改变，家庭却依然保留了对全部制度的显著影响力(Becker，1998)。家庭及广义上的家族或准家族理应是组织研究中的一个重要的研究变量，因为无论是在个体、团体还是组织的分析层面，一旦当"家"这一特殊的组织进行了专有性的物质资本与人力资本投资，它就使企业的管理问题更加复杂化。对"家"及其组织关系的分析不仅有助于深刻地理解企业的本质，而且更有助于理解社会经济中的生产、交易等运作机理，尤其是可以帮助理解新创家族企业家的行为决策。Nordqvist 和 Melin(2010)强调以后的创业学研究应该更加关注创业精神或创业活动与家族企业之间的联系。目前与家庭相关的因素对创业活动影响的研究比较匮乏(Aldrich and Cliff，2003；Chrisman，Chua，and Steier，2003；Chrisman，Steier，and Chua，2006；Gudmundson，Tower，and Heck，Hoy，Poutziouris，and Steier，2008；Kellermanns and Eddleston，2006；Zellweger and Sieger，2010)，尤其是创业者控制家族对其行为决策的影响机制尚未清晰。

目前创业研究中的大量文献集中于探讨创业的形成与新创企业的成长，比如机会鉴别(Ardichvili et al.，2003)、机会启动与利用(Korunka et al.，2003；Choi and Shepherd，2004)、团队建设过程(Clarysse and Moray，2004)以及融资(Shane and Cable，2002)等。然而创业是一个长期的动态过程，不仅包括机会鉴别、创立企业的阶段,也应该包括创业退出的最后阶段(DeTienne and Cardon,2012;Wennberg et al.,2010)。相较于创业启动与成长,有关新创企业退出的研究是比较少的(DeTienne,2010;Wennberg et al.,2010;Stam, Thurik, and van der Zwan,2010;Cefis and Marsili,2011;DeTienne and Cardon,2012)。类似地,尽管坚持创业是创业过程中的重要构成部分,但是探讨企业家坚持创业影响因素的文献同样较少(Gatewood, Shaver, Powers, and Gartner,2002)。Shane 等(2003)就指出在创业学研究中,区分坚持创业的企业家和在中途选择放弃的创业者具有理论意义。现有少数探讨创业坚持与退出的文章都将创业坚持和退出看成是企业家决策行为的对立面,其中一个很重要的隐含假设就是认为影响企业家创业退出或坚持决策的影响机制是一样的。创业退出被视为一种职业选择,也是其经济投资的一种清算,是企业家退出自己创立企业的过程(DeTienne, 2010)。而创业坚持是指企业家选择继续努力追求创业机会,并且忽略其他任何有利备选方案的影响(Gimeno et al.,1997)。企业家选择坚持创业是个人因素和环境因素相互作用的结果(Gimeno et al.,1997;DeTienne et al.,2008),现有文献对于创业坚持的定义还是存在一定的探讨空间。中国学者李新春与何轩等(2014)认为创业者的传承意愿是创业坚持的一种表现形式。而越来越多的学者也开始意识到家族企业传承议题的研究可以扩大创业退出的研究范畴。

家族企业的世代延续及其创造的财富是经济发展的关键组成部分,并为创业提供了社会、人力和财务资本(Rosplock and

Welsch，2012）。大量学者认为创业者通常将自己个人的创业想法慢慢发展成家族企业，因而家族企业"基业长青"和成功传承是战略决策中的重要目标（Aldrich and Cliff，2003；Cucculelli，2011；Renko et al.，2012）。这就出现了一个比较有趣的学术问题：创业者的传承意愿是企业家创业坚持的表现形式还是创业退出的内容？事实上，每个创业者的生命都是有限的，生命周期理论表明任何一个企业家不管自身意愿终会离开经营和管理的职位，那么在退出其创办的企业之后，创业者是否有可能延续其创业精神？跨代传承就为创业坚持提供了另外一种途径，当企业家临近退休年龄或者生命临界点时，很多企业家往往将企业的跨代传承看成是其创业精神的变相延续，是创业企业实现基业长青的不二选择。因而本书认为企业家的传承意愿应该属于其创业坚持决策的范畴，而创业坚持和创业退出具有不同的内涵和特征，也有可能存在不同的影响机制。

关于影响创业退出因素的探讨，大多数研究都从企业家个体特征、企业因素、产业与宏观环境去建立创业退出的模型。学者认为人口特征会影响创业机会成本、性别和种族等都会影响企业家退出或者坚持的行为决策（Gimeno et al.，1997）。从企业层面来看，Mitchell（1994）的研究结果表明企业寿命会影响创业者退出行为，即企业寿命越长企业家越容易出售企业；Boeker 和 Karichalli（2002）则强调了企业规模的影响。Wennberg（2009）提出了一个相对完善的模型，认为环境因素（如产业结构与竞争性等）、企业因素（如经营业绩与成长潜力等）、企业家个人因素（如人力资本、人口统计特征与动机与期望等）对创业退出决策具有影响。现有文献主要有两种互相竞争的理论观点。期望效用框架理论观点认为企业家在就业或者自我雇佣之间进行选择来实现人力资本最大效益(Becker, 1964),这一框架下的主要文献重点探讨职业选择也包括创业退出(Douglas and Shepherd, 2000)。与之相反,行为金融学认为投资清算通常并不假设效用最大化(Kyle et al., 2006)。基于前景理论(Kahneman and Tversky, 1979),经济收益或者损失是由参考点所决定的(Shefrin and Statman, 1985)。Wennberg 等(2010)认为参考点理论为解释创业退出的现象提供了理论基础,企业家退出决策与企业财务绩效相关。例如,在企业绩效比较差的状态下,企业家有可能选择出售企业来弥补之前损失而不是选择清算企业(van Witteloostuijn, 1998)。Gimeno 等(1997)将参考点理论引进创业学研究领域,检验了企业家直接和间接的人力资本对企业清算的影响。

最近几年的创业学文献开始尝试去回答为什么有的企业家创业寿命更长的问题并开始探讨影响创业坚持决策的因素。早期的学者认为成功的创业者具有类似独特的人格特征,主要从企业家心理特征、性别、教育水平、家庭背景等人口统计特征来解释成功企业家的异质性。例如,Block 和 Sander(2009)的实证结果表明具有高学历的男性企业家选择创业坚持的可能性更高。这些学者都认为个体特征是影响创业坚持决策的关键性因素(Shook, Priem, and McGee, 2003)。Gimeno 等(1997)的研究表明,企业家可以通过三个方面来衡量坚持创业成功的可能性,比较基于财务回报、非经济收益和转换成本来决定是否要继续坚持当前的创业活动。毫无疑问，Gimeno等的模型为解释创业坚持或退出决策提供了稳定的基础框架，他们意识到创业者并非只是关心企业的经济利润，同时也关注其他非财务利益的实现，包括自我价值的实现、社会认同感、创造社会福利以及保护家庭安全等重要内容(Carter et al.，2003)。企业家是否选择坚持创业的参考依据有可能并不只是依靠经济目标，可能受到非经济目标的影响。

综合前期的研究文献发现，大多数学者关注到企业家个体、企业乃至产业或其他宏观因素对于创业退出或坚持的影响作用。但对于新创的家族企业而言，由于其家族成员投入了专有的物资资本与人力资本，他们的决策依据往往不再是关注企业的价值实现程度，而是家族目标的实现程度，所以重要的分析维度应是"家族"。并且创业者及其家族成员所关心的决策依据不仅仅是物质方面(如财务的业绩)，更有可能关心的是非财务方面的效用，如社会情感财富(Gómez-Mejía et al.，2007；Gómez-Mejía, Makri, and Larraza Kintana，2010；Berrone, Cruz, Gómez-Mejía, and Larraza-Kintana，2010；Gómez-Mejía, Cruz, Berrone, and De Castro，2011)。在家族企业中，创业行为决策不仅仅是追求经济效益最大化，进而实现企业的长期增长，还要符合创业家族的价值体系和可持续性发展目标(Carsrud and Brännback，2010；Lindow，2012)。

家族企业作为家族和企业的结合体，除了经济目标同时还具有实现非经济目标的需求，如社会情感财富(Gómez-Mejía, Haynes, Núñez-Nickel, Jacobson, and Moyano-Fuentes，2007；

Zellweger et al.，2012）、情感收益与情感成本（Astrachan and Jaskiewicz，2008；Zellweger and Astrachan，2008）、以家庭为中心的非经济目标（Chrisman et al.，2012）以及"家业长青"的需求（Chua，Chrisman，and Sharma，1999）等。近几年来家族企业研究的重点之一就在于探讨家族企业的经济目标与非经济目标，尤其是非经济目标对决策影响的重要性（窦军生、张文冉、赵映振，2012；李新春等，2012）。甚至可以说，家族企业行为与结果的独特性关键在于家族期望的影响（Chrisman et al.，2005；Fiegener，2010）。因此，考虑控制家族经济目标和非经济目标参考点的设定对于家族企业家的行为决策具有理论意义，也为解释创业坚持或退出提供了新的视角。

从企业行为理论来看，期望是影响决策者行为的重要因素（Shinkle，2012），期望水平某种程度上决定了管理者接受与不可接受的决策参考点（March and Simon，1958）。期望决定了过去业绩成功或失败的标准从而影响企业之后的决策行为（Milliken and Lant，1991），是影响组织未来行为决策的关键变量（Sterman，1987；Lant，1992）。具体而言，期望水平与现实的差距是影响企业决策行为关键性因素的观点被学者广泛接受（Ansoff，1979；Cyert and March，1963；Fiegenbaum，Hart，and Schendel，1996），企业行为理论也为解释企业家为何选择坚持创业或退出创业提供了扎实的理论基础。但是，目前大部分企业行为理论的实证研究都只关注了经济期望对于企业行为决策的影响，如财务绩效、生产绩效、新产品开发等，忽略了非经济期望对于决策行为的影响。虽然企业行为理论研究者们也认为任何类型的组织都有多维度的期望(包括经济和非经济类的目标),但是现有文献对于非经济目标的探讨却比较少。尤其在家族企业中,大多数的学者都强调非经济目标的重要性,其中最为重要的社会情感财富理论(Gómez-Mejía et al.,2007)认为家族企业比较看重社会情感财富的损失而并非经济利润。然而近几年社会情感财富的应用也受到一些学者的挑战,认为社会情感财富虽然为解释非经济目标提供了理论框架但不容易进行量化,其衡量方法具有一定的局限性;也有学者认为在家族企业中过分强调社会情感财富的实现而忽略企业财务绩效会导致企业经营失败。因此在家族企业体系中,重新去探讨家族期望包括经济目标与非经济目标是很有必要的。

与此同时,构建一个系统的理论体系来理解家族企业的异质性是家族企业研究的一个重要目标。李新春(2007)指出家族化管理行为的研究具有非常重要的理论价值。不过目前对于家族制企业的研究单元问题到底是什么还没有明确的答案,以至于系统的理论框架仍未得以建立(李新春,2007;苏琦、李新春,2005;苏启林、钟乃雄,2005)。学者往往因此迷失研究方向,在很大程度地限制了找到家族企业成长的通用逻辑。但更加值得学者深思的问题在于,就家族成员的涉入本身而言,并没有确定哪些家族成员涉入企业来得更加重要(Corbetta and Salvato,2004)。内生于家族管理行为背后的家族结构就成为界定家族企业的争论焦点之一,家族企业之所以可以称之为"家族企业",那是因为这类企业具有一种"家族性"、一种特有的家族影响力(Chrisman,Chua and Zahra,2003),而家族内部的冲突与代理问题(Schultz et al., 2003)存在不容忽视的影响。因此，如何确定家族影响力是有待于完善的复杂问题，之前的经验研究并不能给学者清晰的框架和思路。作为经济发展中的组织方式之一，家族企业与其他类型的企业一样具有一定的目标与期望，只是我们还不清楚这种期望与其他组织的期望是否存在异同，以及存在哪些异同。因此，在假定家族期望普遍存在，并且那些自我雇佣的创业家族的家族期望存在差异性的情况下，本书基于家族期望这一新的分析单元，将为构建新的家族企业研究体系奠定基础，这是具有理论意义的。

  根据上述文献，创业坚持与创业退出是创业过程中的重要活动，但没有引起学者们广泛的关注，并且在鲜少的文献中创业坚持和创业退出也一直被简单地视为同一变量和现象的对立面。现有研究从企业家自身的动机、认知和个体特征、企业因素、产业与外部宏观环境中寻找导致企业家选择坚持创业或退出创业的前因，而忽略了控制家族对于创业者行为决策的影响，尤其是忽视了控制家族自身复杂的目标体系的影响。参考点理论和企业行为理论为解释企业家行为决策提供了理论基础，Gimeno 等(1997)根据阈值理论认为创业者根据自己企业业绩、非经济收益和转换成本是否高于或者低于阈值来决定自身是否要坚持或者退出创业。由此可见，影响企业家创业坚持或退出决策的参考点有可能受到创业家族经济目标与非经济目标的影响。不过家族期望如何影响创业坚持与退出仍旧是一个未能引起关注的重要问题。本书认为只有同时考虑企业家创业坚持和创业退出的决策选择，才能更好理解影响创业精神持续性的两面性,唯有同时考虑家族经济目标和非经济参考点才能更好地诠释企业行为理论、前景理论与家族创业研究的相关结论。因此本书一方面试图剖析家族期望的内涵、特征以及构成要素;另一方面探讨不同的家族目标包括经济期望和不同类型的非经济期望对企业家行为决策的影响,并重点分析其对创业坚持和创业退出决策的影响。这样一来可以丰富企业行为理论、参考点理论以及有关家族企业可持续成长相关研究,并完善创业管理理论。

三、研究问题

基于企业行为理论(Cyert and March,1963;March and Simon,1958;Argote and Greve,2007)、前景理论(Kahneman and Tversky,1979)、社会心理参考点理论、制度情景理论以及社会情感财富理论等,本书构建了一个基于制度环境的"家族期望-冒险性行为决策-创业精神"的研究模型,主要探讨了以下五个问题:家族期望的定义及其内涵的界定;家族期望的具体测量体系;家族期望对创业坚持与退出决策的影响;冒险性行为活动在家族期望与创业精神坚持与退出之间的传染效应;制度环境感知的差异性对冒险性行为活动与创业精神坚持与退出之间关系的调节作用。

第一,什么是家族期望。基于文献综述,本书将探讨家族期望的定义及其内涵。家族企业是家族成员的期望与能力的具体表现,这种期望与能力是决定战略、运作及管理结构的重要社会元素(Chrisman,Chua,and Steier,2005)。企业家及其家族成员的期望也是凸显家族制企业与其他企业异质性的根源所在。企业家及其家族成员长期地生活在一起，通过多种非正式的方式进行信息沟通与学习，能够在家长的权威机制下以较低的成本达成家族成员所认可的共同期望。关于"家族期望"的定义和内涵，本书会进一步剖析和阐述。

第二，家族期望该如何测量，本书将基于文献资料、专家意见、一手深度访谈数据以及半结构问卷数据等研究方法建立家族期望的具体测量体系。家族期望包括哪些组成要素，这是一个非常复杂的问题。要解决这个问题，必须确定期望的目标，家族成员各自的目标是什么，融合成"家族期望"其最终追求的目标又是什么。我们初步认为，要理解家族期望至少应考虑并确定期望的目标，即家族期望的终极追求是什么。从现有的研究来看，这其中至少包括了对经济利益，比如对盈利性、成长性和安全性等的期望，也包括了对家族和谐等非经济利益的期望。此外，企业组织常常会设立多个运作期望目标而不是一个总体的无法运作的目标。经济目标与非经济目标的讨论由来已久，很多学科的学者对它们赋予了丰富的内涵（Jules Dupuit，1853；Becker，1974；Ehrhardt and Nowak，2001）。近来家族企业研究领域的学者又不断地赋予其新的内涵，尤其是社会情感财富理论为今后的研究奠定了重要的理论基础。本书将综合前期的研究，并基于中国私营企业数据进行检验以提出新的家族期望目标，尤其是要重点探讨非经济财富的期望目标。我们初步认为这些非经济财富的期望诉求可能包括社会声望、家族和谐、后代延续等。

第三，家族期望对家族企业家创业坚持或退出决策有什么具体影响。根据家族期望各个维度和不同指标，本书将探讨家族期望与理想水平差异程度对家族企业家坚持创业和退出行为决策的影响。当家族期望处于什么状态下，家族企业创始人倾向于继续坚持创业，而当家族期望处于什么状态下创始人会倾向于结束创业退出市场经营，这种探讨对于解释家族企业家行为决策是一种新角度的尝试。周燕等（2011）强调"家"文化对于我国家族企业传承决策的重要影响，他们认为中国传统中"家"的概念和伦理对于世人的影响是深入骨髓的。而"家族期望"作为家庭文化和家庭各成员之间的关系作用、期望水平等的载体，其对创始人坚持创业和创业退出决策的影响需要进行进一步探讨。

第四，冒险性行为决策在家族期望和创业坚持与退出行为决策之间是否具有传染效应。根据企业行为理论和前景理论，企业业绩与期望水平的差距决定了企业后续的战略决策行为。而大量研究主要探讨两方面战略行为，包括非法的或不道德行为（Mishina，Dykes，Block，and Pollock，2010）以及合法积极的冒险性行为如R&D投资（Greve，2003；Chen and Miller，2007；Chen，2008；O'Brien and David，2014；Tyler and Caner，2015）、市场扩张（Barreto，2012）、资源重新分配和获取（Park，2007；Greve，2011；Arrfelt，Wiseman，and Hult，2013）、兼并收购（Iyer and Miller，2008）和寻找战略合作伙伴（Baum，Rowley，Shipilov，and Chuang，2005）等。为何有的企业选择积极正面的合法性活动来满足其期望水平，而有的企业选择了消极非法的寻租投入来实现其期望？而本书主要探讨了创新投入在家族期望实现程度与创业坚持之间的中介效应以及寻租投入在家族期望与创业退出之间的中介效应，为解释家族企业创始人决策行为提供比较完整的理论假设模型。有研究表明，相较于非家族企业，家族企业更加注重自己的声誉、更有可能投入到慈善活动，采取破坏性活动如环境破坏等行为的可能性较低。探讨不同类型的冒险性行为决策的中介效应，对于进一步理解家族企业的异质性也有一定的启迪意义。

第五，在什么样的情景机制下，不同类型的冒险性行为对企业家创业坚持和退出决策的影响会呈现出差异性。本书探讨了制度环境感知在创新投入与企业家坚持创业活动之间的调节机制的影响作用。对于环境因素在企业经营活动中所发挥的重要作用，学者们进行了一系列研究。Penrose(1959)认为环境变化会导致企业内部资源的变化，对于企业经营环境的分析相当重要。Williamson(1991)指出经济组织与环境因素的适应性应该是研究的重点，而Barney(1992)也认为战略活动与竞争环境的结合是价值重要来源。创新投入是积极创业精神的体现，而外部制度环境对于创新投入的支持力度以及对创新成果如专利、新技术等的保护程度，可能对创业精神的持续性有重要的积极影响。本书同时探讨了企业家制度环境感知对于寻租投入与创业退出关系的调节作用。面对制度环境的差异性，企业家有不同的应对策略，如企业会为了获取优惠的融资和投资待遇、较低的税率以及财务困境时政府的救助，而谋求建立政治关系（李维安等，2010）。企业这种建立政治关系的根源正是为了获取对外部制度环境的掌控。制度环境的完善程度与非法寻租投入有密切的关系，当企业家对于制度环境的信心不足时，如果政府办事效率低以及他们遇到的官员比较官僚的话，那么就增加了他们寻租投入如贿赂的动机，而寻租活动本身高昂的机会成本和潜在的惩罚机制会打击企业家积极的创业精神。因而探讨制度环境对于寻租投入与创业退出关系的调节作用就显得很有必要。

第二节　研　究　意　义

本书主要基于企业行为理论、社会情感财富理论以及家族企业研究等相关文献，构建了家族期望的测量体系，探讨了家族期望与创业精神之间的关系。在不同家族期望与理想水平下探讨企业家坚持创业或者退出行为决策问题，且检验了合法和非法的两种冒险性行为的中介机制，将企业家制度环境感知纳入"家族期望-冒险性行为决策-创业精神"的研究模型中，分析了企业家制度环境感知在"冒险性行为决策-创业精神"模型中的调节机制。本书主要包括以下六方面的创新：（1）以"家"作为一个分析单元，考虑了家族成员与非家族成员之间期望差异性，并且将经济目标和非经济目标参考点纳入"家族期望"体系，将进一步丰富企业行为理论的研究。（2）根据定性与定量研究结果提出家族期望的具体测量体系，分析家族期望的形成机理，这将为家族企业理论的建立提供基础，并为之后的实证研究奠定方法论基础。(3)基于企业行为理论、阈值理论、社会情感财富理论等将家族期望纳入创业精神的研究,进一步丰富创业坚持与退出的前因研究。(4)基于家族企业的独特性和企业行为理论,探讨合法的和非法的冒险性行为决策即创新投入与寻租投入在家族期望与创业坚持与退出中的不同传导机制,剖析了家族期望与创业精神之间的路径,丰富家族企业的异质性研究以及企业行为理论中有关风险承担的研究。(5)区别于现有文献中简单将创业坚持和创业退出作为创业决策的两个对立面,分别探讨了创业坚持和创业退出的不同内涵和衡量方法,丰富关于创业退出定义的研究。(6)探讨了制度环境感知在冒险性行为活动与创业精神之间的关系,揭示制度环境与创业活动之间的内在联系,进一步丰富创业活动的研究,对相关政策制定者而言具有一定的参考意义。

第一,以"家"作为一个分析单元,本书考虑家族成员与非家族成员之间期望的差异性,将经济目标与非经济目标参考点同时纳入"家族期望"范畴,放松先前研究中关于"有/无"参考点的假设,将家族期望视为可变的连续状态,进一步丰富企业行为领域的研究结果。

本书以"家"作为一个分析单元,考虑了家族成员与非家族成员之间期望差异性,构建"家族期望"的构念。期望是影响决策者行为的重要因素,其理论基于个体层次的分析,在Simon(1955)将其引入组织研究后,企业行为理论的研究者开始关注企业层面的经营期望对决策行为的影响,但这些研究有一些严格的假定(Mishina et al.,2010),这就限定了其理论价值。

本书将放松这些假设,回到一个更为现实的状态去解释家族企业家的决策行为。(1)虽然企业行为理论关注决策者的期望水平对决策结果的影响,但在解释企业决策行为时它们几乎都是以企业权力机构的成员——主要是高管作为研究对象,并假定他们存在完全相同的期望特征,而极少考虑到企业家及其家族成员在期望确定过程中的作用与特征表现,尤其是忽略了家族成员与其他的非家族成员由于期望的差异性而对雇佣契约的影响。(2)企业行为理论忽视了决策者的身份差异,即假定管理者与股东具有同等的风险偏好。实际上从代理理论来看,管理者由于其人力资本投资的不可分散性导致了他们更加倾向于风险规避,而股东则由于其投资的可分散性进而降低了物质资本投资的风险以至于他们倾向于风险中性。而作为自我雇佣的家族成员,他们在企业中的身份更加复杂,可能以股东的身份行使其控制权,可能同时以股东与管理者的双重身份行使其经营决策权。因此,通过以这些集权者作为研究对象将有助于进一步完善企业行为理论的研究体系。(3)企业行为理论确定期望水平是基于历史信息(Cyert and March,1963;Levinthal and March,1981)和向前看的信息(Chen,2008),或者基于行业比较(Festinger,1954;Cyert and March,1963;Baum et al.,2005;Wennberg,2008)。很少有学者关注组织间的社会比较,对于管理者如何形成组织的参考集团还不清楚(Greve,1998),特别是对于以业主为核心的家族成员如何确定期望(尤其是非经济价值的期望)的参照点、参照对象等还知之甚少。本书将对期望赋予新的内容,认为家族期望与高管期望并不尽相同,通过探讨创业家族内部期望的形成机制以及决策参考点的选择,有助于进一步丰富传统的企业行为理论的相关文献(Cyert and March,1963)。

第二,通过扎根理论分析、定性与定量研究,本书分析家族期望的形成机制并提出家族期望的具体测量体系,丰富家族企业目标的测量方法,进一步补充家族企业领域的研究,为之后实证研究奠定方法论基础。

对于经营期望的研究早有涉及,但这些文献倾向于将"期望与目标"界定在统一的目标设定理论框架之下进行探讨(Locke et al.,1981;Locke and Latham,2006),即组织活动者渴望出现什么以及如何实现它(Lant,2008)。企业行为理论对其赋予了新的内涵,比如参照点的确定、参照点的数量与稳定性等都是重要的组成因素。近年来,行为代理模型将社会情感财富纳入研究范畴,这在一定程度上丰富了家族企业非经济目标的研究,但同时也走向了另外一个极端。现实是家族成员的决策依据并不唯一地依赖情感财富而进行,他们对经济价值的期望诉求仍旧不可忽略。本书提出一个家族期望的构念并且试图构建一个测量体系,主要涉及以下重要因素及问题:(1)对家族期望的组成要素进行剖析以丰富期望的内涵。家族成员对财富的追求不仅体现在经济利益,而且体现在对社会情感财富等非经济利益方面;不过在中国这种制度背景下,其具体的组成要素还有待于进一步分析。(2)既然家族期望目标选择趋于多元化,那么在确定家族期望的各类诉求基础上,探讨不同期望诉求之间的关系,比如是互补还是替代性关系,或者说在什么情况下为互补关系、什么情况下又是替代关系,就成为非常有意义的研究课题。(3)家族期望不仅体现在绝对的期望状态水平，更为重要的是体现在期望的差距，即低于期望的理想水平或高于期望理想水平时的状态，以及预期与期望的差距。因此一个重要的研究问题就是：家族决策参照点的影响因素有哪些，即家族成员所能够接受的临界值或满意值是如何形成的。(4)家族期望的比较不仅体现在时间维度，即向前看与向后看两种模式，也体现在行业比较、社会比较以及制度比较等维度。因此另一个重要的研究问题就是：家族成员在选择参照点时是如何确定参考对象，即家族成员一般倾向于如何进行比较的、和哪些社会经济主体进行比较的？对于这些内容，由于此前学者并没有进行系统的探讨和检验，本书拟基于书面案例研究、专家法、社会调查法等定性和定量研究方法发展出一个具有可操作性、有效的测量工具，这将有助于夯实企业理论研究，尤其是为我国私营企业理论的研究奠定基础。

第三，基于期望和前景理论、企业行为理论以及社会情感财富理论等，将家族期望纳入创业坚持与退出的研究，本书进一步丰富创业坚持与退出的前因研究。

纵观文献从各个视角探讨影响创业退出的各类因素，目前并未形成一个系统的影响机制，并且忽略了"家族期望"这一重要因素对于创业坚持与退出的影响。本书将探讨"家族期望"与创业的关系，有助于更好理解企业家退出行为，并丰富家族企业领域的研究。本书通过采取科学的实证研究方法检验不同情境机制下家族期望与创业退出之间的关系，这对于我国家族企业在经济全球化和市场转型过程中提高创业企业生存率具有现实指导意义。但是关于创业退出的影响因素和制约其创业持续经营动力的阻力等问题还没有形成完整体系。代理理论、契约理论、管家理论、资源与能力理论、组织理论与社会学等（Chrisman，Kellermanns，Chan，and Liano，2010）都已经广泛地运用到家族企业的研究中，作为最具影响力的管理理论之一的企业行为理论奠定了当代管理学、经济学、政治科学和社会学中组织研究的基础，它的理论假说也在组织学习理论、进化经济学中得到进一步的拓展（Argote and Greve，2007）。本书拟基于此理论，在考虑自我雇佣的家族期望这一核心要素的情况下建立一个系统的研究模型，即"家族期望-创业精神"，并通过数理实证、定性研究、定量研究和案例研究、企业史档案资料分析等方法进行检验，进而为我国私营家族制企业的创业精神持续提供指导性建议。

第四，本书分别探讨了家族企业中创业坚持与创业退出的不同内涵，解释创业坚持和创业退出在家族企业情境下不同的构成要素，进一步丰富关于创业坚持与退出定义探讨的研究。

本书尝试探索创业坚持和创业退出的不同内涵，而区别于之前仅仅将创业坚持和退出看成是同一变量的两个对立面的研究。DeTienne 等（2012）将创业退出定义为三个方面的退出，包括管理权退出、出售企业或者关闭企业以及传承意愿的放弃。而本书认为在家族企业中，传承意愿是创业者坚持创业的标志，也是衡量创业坚持的一个重要维度。在影响创业退出和坚持的决策时可能存在不同的因素：创业坚持更有可能是激励机制的结果；而创业退出有可能是消极因素的作用结果，如企业经营不善以及恶劣的外部环境等。因而本书认为创业退出和创业坚持的内涵具有差异性，并不是完全的对立面。对于创业坚持而言，其创业精神的传递、管理权和控制权的坚持以及传承意愿等方面的内容尤为重要；而对于创业退出而言，清算企业、关闭企业与出售企业等方式可能是衡量创业退出更重要的维度。尤其是在家族企业的情境下，创业坚持与创业退出的决策有着不同的含义。创业坚持有可能代表的是创业家族的控制，尤其是家族对于管理权和股权的控制和家族企业的世代延续等内容；而创业退出意味着对于家族经营权的放弃，也代表企业家没有传承给下一代的意愿，用清算和关闭企业来衡量家族企业的退出则更有意义。因而分开探讨创业坚持和创业退出的内涵，可以进一步丰富创业退出方面的研究，也能帮助读者更好理解影响创业坚持和退出的不同作用机理。

第五，本书探讨了合法和非法的冒险性行为即创新投入与寻租投入在家族期望与创业坚持与退出之间不同的传导机制，丰富企业行为理论研究中关于风险承担和冒险性行为的研究，也同时丰富家族企业的异质性研究。

经典的冒险-收益（risk-return）理论对分析企业的投资决策行为具有重要的作用，但多年来许多学者对于冒险行为的理解是比较简单的，主要结合熊彼特的创新理论，仅仅考虑到企业积极的生产性投资决策行为，而很少涉及 Bamoul（1993）的创新理论，即企业家的冒险行为有多种表现形式，比如非生产性的、破坏性的投资等。尽管有相当多的经济学者很关心公司非法（corporate illegal）行为的根源（Baucus，1994），但他们很少基于组织理论对其进行解释。即使近期一些组织理论研究者也已经注意到了这个问题，但他们却又仅仅关注这种消极的冒险行为，而没有注意到在发展中国家（如中国）的经济转型时期，积极的创新与败德的寻租甚至是利益侵占等冒险投资行为往往同时出现。总体来说，现有企业行为理论中关于冒险性行为决策的探讨大多只关注期望水平对于合法的冒险性活动行为决策的影响，如创新投入、兼并与收购、进入新市场、新产品开发、组织变革、资源重组等，抑或只是单独关注期望对于非法的寻租投入的影响。本书研究结果表明，当家族经济财富期望满足企业家理想水平时，企业家会选择创新投入来进一步累积家族经济财富并坚定其坚持创业的决策，这是与家族企业"基业长青"的长期目标密切相关的。

　　创新投入的科研成果具有长期效益，可以成为家族企业保持持续竞争优势的重要力量，符合家族企业长期发展的目标会鼓励创业者坚持创业精神。当家族经济财富期望无法实现企业家理想水平时，企业家会采取非法投机的寻租投入，使家族经济财富尽快回到自身可以接受的理想水平上。而寻租投入产生的高额机会成本和惩罚，会打击积极的创业精神使其更加有可能退出创业活动。本书认为对于家族企业而言，非法投机行为大多会发生在当企业家面临家庭和企业的双重压力下，并且受到财务、社会、人力等资源的制约，或者发生在外部制度环境不确定性比较高而企业家对于法律制度环境信心较低的情况下。因此，通过同时对非法性冒险行为和合法性冒险性行为中介机制的探讨，对于进一步理解家族企业的异质性有一定的帮助，也能使读者更加清晰地了解家族期望对家族企业冒险性行为决策的影响。

第六，本书探讨了制度环境感知在冒险性行为决策与创业精神之间的关系，揭示制度环境与创业活动之间的内在联系，进一步丰富创业活动的研究，同时也具有一定的现实意义。

本书将外部制度环境与创业精神的研究联系起来，揭示了企业家制度环境感知与创业精神之间的内在联系，突出中国经济转型制度背景对创业精神持续性的深刻影响。本书结果表明，企业家对外部制度环境的信心较高时，创新投入的成果可以得到有效法律保护，增强了创新投入对企业家精神坚持的正向效应。创业活动本身是具有积极意义的，可以促进经济增长、创造就业岗位、缓解社会压力等。因而在不完善的制度环境体制下，企业家面对官僚主义而不得以采取贿赂等非法手段获取急需资源时，会打击企业家持续创业的积极性。政府强烈的控制和干预的外部制度环境有可能会弱化企业家继续坚持的精神，创新投入的成果也没有办法得到保障，对企业的发展也没有信心。若企业家失去继续创业或者坚持经营企业的意愿，则会造成创业失败率的上升。基于这个角度，本书结果对于创业相关政策制定者而言具有参考意义。

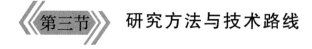

第三节　研究方法与技术路线

本书采用理论研究与实证研究、定性研究与定量研究相结合的传统方法进行实证检验。

一、研究方法

本书通过梳理分析有关家族企业创业研究、企业行为理论研究、家族企业研究、公司创业管理理论等领域的中英文文献,对当前理论研究的整体情况进行思考。基于企业行为理论(Cyert and March,1963;March and Simon,1958)、期望理论(Argote and Greve,2007)、前景理论(Kahneman and Tversky,1979)、社会情感财富理论(Gómez-Mejía et al.,2007)以及战略参照点理论(Fiegenbaum et al.,1996)等理论方法构建研究模型和提出基本假设。

为了探索家族期望的形成机制以及家族期望的重要维度与内涵,根据扎根理论研究方法,本书梳理了有关家族企业目标的文献,总结了家族期望可能存在的社会声望、人丁兴旺、经济财富与团结和谐的维度;其次,本书采用了焦点小组、半结构深度访谈的定性方法,收集家族期望的具体测量题项,进行编码处理得到家族期望初步的测量指标;为了确保量表的科学性和有效性,本书邀请人力资源、家族企业研究的专家和不同行业的家族企业家对量表进行修正;本书通过定量研究,对构建的概念模型中的各个变量之间的关系进行检验与分析。

为了确保样本代表性,本书选取了浙江、上海、江苏、福建、新疆、江西等不同地区的家族企业作为研究对象,通过调查问卷的设计、发放和回收来获取研究所需数据,采用描述性统计分析、探索性因子分析、结构方程模型、线性回归和层次回归等分析方法对研究模型和假设进行分析和检验。

二、技术路线

本书的研究主要通过四大研究步骤展开,包括理论研究、定性分析、定量分析以及假设检验。在理论研究阶段,梳理了国内外相关的文献,分析了家族期望的来源、重要性以及"家"这一组织形式对于各个学科的影响尤其是对家族企业研究的作用。根据文献分析和专家意见,本书制定社会调查中深度访谈提纲,以确立有效的家族期望的测量体系。在第二阶段,根据文献资料以及专家意见,本书设计了关于家族期望和创业精神的访谈提纲。本书邀请了16位控制家族的核心人员参加焦点访谈小组,共分为三组:第一组代表的是家族企业创始人群体;第二组代表的是创业夫妻;第三组代表的是控制家族的核心人员。另外,本书还采取了半结构深度访谈,联系了50家家族企业(其中有32位家族企业家参与合作),对32位企业家的访谈资料进行了整理归类和分析。依据定性资料与专家意见,确定了家族期望的测量体系。在第三阶段,本书设计研究的调查问卷,收集数据并建立数据库。在已有数据的基础上,继续搜集和完善上述理论研究阶段提出的新的研究变量,旨在探讨家族期望与创业坚持与退出之间的关系,并且考虑了不同情境的调节机制以及不同的中介机制。在实证检验阶段,基于文献评述,本书设定待检验模型,提出和检验假设。该阶段主要采用对问卷收集回来的横截面数据进行回归分析家族期望与创业精神之间的关系。具体研究技术路线如图1.1所示。

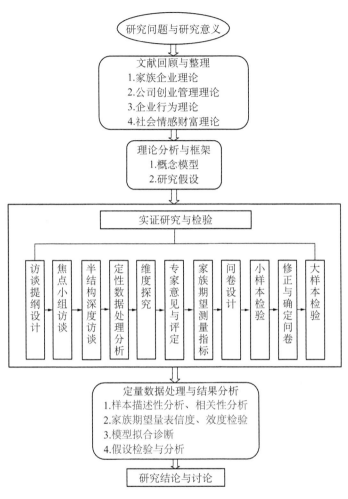

图 1.1 研究技术路线

第四节 研究框架

本书分为引言、文献回顾与评述、理论分析与研究假设、家族期望的定性研究结果、数据与变量、假设检验与结果分析、研究结论七个主要章节，具体结构安排如下。

第一章为引言。本章主要介绍本书的研究实践与理论背景，提出关键的研究问题，并对研究思路和主要研究方法进行说明，给出所涉及的主要概念的界定及论文的整体框架。

第二章为文献回顾与评述。本章对创业研究中企业家退出和坚持行为决策相关文献、家族企业中创业研究文献，以及行为理论、期望理论在家族企业研究中的文献进行梳理，主要就家族期望与家族企业家行为决策的相关研究进行回顾和简要评述。

第三章为家族期望的理论构念与测量。本章基于企业行为理论、前景理论等分析期望在行为决策当中的重要性，根据家族企业的异质性探讨其目标、期望与价值体系，并提出家族期望的理论测量体系。

第四章为家族期望：一个定性研究的结果。本章主要介绍了定性研究方法的运用，聚焦小组、深度访谈对象的来源和样本确定，资料收集和定性数据处理，对家族期望的各个测项进行聚类分析，确定具体家族期望的测量体系。

第五章为理论分析与研究假设。本章基于企业行为理论、前景理论、公司治理等方面的研究，分析家族期望与创业坚持之间的关系以及创新投入的中介效应，并探讨企业家制度环境感知的调节作用，在此基础上提出相应的假设推断。另外，分析家族期望与企业家创业退出之间的关系，并检验寻租投入的中介效应以及制度环境感知的调节作用，提出相应的假设。

第六章为数据收集与假设检验。本章对研究样本的来源和收集过程进行说明，对关键变量的测量进行描述，归纳出待检验的实证模型。采用前文整理的数据就相应研究假设采用适当的统计分析方法和工具进行数据分析和检验，对理论假设是否得到验证进行说明。

第七章为结论与讨论。本章主要对研究的结论进行总结，归纳本书的理论与实践意义，指出本书存在的局限性以及对未来研究的展望。

第二章

文献回顾与评述

第一节　创业精神的特质、行为与过程研究

关于创业精神或企业家精神（entrepreneurship）的探讨最早起源于经济学，根据 Herbert 和 Link（1989）总结经济学文献中不同角度和不同层次的企业家精神的定义，包括承担风险与不确定性、提供金融资本、创新、决策、领导、经营或管理能力、资源分配有效性、承包能力、寻找套利机会能力、组织和协调能力、创业以及自我雇佣。他们将企业家精神分为三个流派，首先是以熊彼特和鲍莫尔为代表的创新精神，被称为德国学派。Schumpeter（1934）和 Baumol（1990）都强调创新是企业家精神最重要的组成部分。熊彼特认为创新也是企业家精神的灵魂，创造性破坏（creative destruction）是企业家精神的实质和重要特征，他认为首创性、成功的欲望、冒险精神、敏锐观察力以及强烈的事业心是构成企业家精神的五大要素。Drucker（1985）也持一样的观点，认为企业家精神本质上是一种革新行为，通过充分利用当前资源去创造新的财富，实则是指创新能力。其次是"风险承担说"，以 Knight（1921）和 Schultz（1980）为代表的芝加哥学派。Schultz（1980）表示企业家精神是指企业家承担风险的能力，包括他们应对市场失衡的能力以及自身的冒险精神。最后是关注企业家对创业机会的识别能力，以 Mises（1951）和 Krizner（1979）为代表的奥地利学派。Kirzner（1979）表

示企业家精神是指对还未被识别的市场机会的警觉性,是其在追求利润时依靠自身的洞察力和警觉素质鉴别出来的。

创业精神研究可以追溯到20世纪80年代,以IBM、GE、HP等大型企业的巨大改革作为标志。为了适应高度不确定性和快速变化的竞争环境,这些大公司从经营领域、经营方式和战略决策等方面都进行大刀阔斧的改革。常理而言,这些大企业都拥有雄厚的经济实力、具备先进的技术和设备、优秀的人才和较强的社会关系网络,他们理应有最强的创新能力,可以以最快的速度进行研发并且把新产品引入市场。然而实际上,很多大企业都因为改革而陷入了经营危机,有的企业甚至宣布破产,相反一些经营灵活的小企业却显示出了较强的生命力。事实证明大企业的官僚体制和追求短期利益的目标极大程度地限制了企业的创新能力。因此很多学者认为小企业更加具有创新性,当时创业精神的研究主要以小企业家作为研究主体。而有学者认为企业家精神的内涵应该更加广泛,如Wennekers和Thurik(1999)总结了企业家精神13个方面的内容,包括发现商机的能力和创新性、对风险和不确定性的认知、组织和配置资源的能力等。有很多学者表明企业家精神的概念具有多层次性,Davidsson等(2001)表示企业家精神的内涵应该是多层次的,并总结从不同层次研究企业家精神的文献,如个人层次、企业层次、产业和地区以及其他各种不同层次的混合等。

在管理学领域,大多数研究者将"entrepreneurship"一词翻译为"创业"。早期的创业学研究主要关注创业者个体的心理和性格特质,主要讨论的问题是"为什么有的人可以创建新企业,而在相似的条件下,其他人则没有"。这类研究主要关注企业家的个人特征,通常被称为"特质"研究。当时的创业研究致力于将创业者与非创业者区别开来,探究其特殊的人格特质。学者们起初从"特质论"出发,寻找区分创业者和非创业者的稳定个体特征或者成功创业者之间的共同特质和动机,主要通过人格特征和人口统计学特征来检验创业者和非创业者之间的个体差异。结合经济学研究中的企业家精神,有学者探讨了创业者典型的特质,如企业家个人成就的需要、控制力、风险承担能力和对不确定性的承受力(Low and MacMillan,1988)。以Low 和 MacMillan(1988)为代表的"成就动机"的观点开启了创业学中以人格特质为基础的研究,认为成功的创业者往往具有比其他人更高的成就需要,成就需要是解释创业者与非创业者差异性的重要心理变量。然而也有研究表明,高成就的需要是大多数成功人士的特质,并非创业者所独有(Sexton and Bowman,1985)。早先的研究也认为高风险偏好是创业者的特质,后来的研究证实创业者和其他管理者在风险偏好上并没有本质差异,他们呈现出中等风险偏好(Brockhaus,1980)。同时,也有学者从人口统计特征的角度去分析创业者独有的特质,通过分析890位创业者不同的背景如教育、工作经验、家庭等,Cooper 和 Dunkelberg 的研究表明创业者在这些变量上没有独特性。有研究者意识到简单分析个体特征并不能完全解释创业行为和创业过程,从中得到的结果是相当有限的,难以用稳定的创业者个体特征对创业研究做出普遍性解释。

随着认知心理学的发展,学者们在20世纪80年代初将认知心理学和社会心理学的观点和理论引入创业学的研究当中。随着一批具有心理学研究背景学者的发展，他们引进一些概念到创业学，拓展了创业者能力、动机、认知和行为的研究，其中比较具有代表性的就是"大五人格模型"（big five model of personality）。van Velsor 和 Leslie（1995）根据人格五因素模型研究了创业特质对人际关系的影响，如强硬的特质对创业目标达成具有促进作用、分散的注意力有可能导致创业团队建立失败、消极特质有可能使企业陷入无法改变现状、适应过渡期或者实现转型等困境。人格理论在创业学研究中的应用在 20 世纪 80 年代达到鼎盛时期，然而大量的实证研究结果冲突使人格特质的研究在 20 世纪 90 年代受到严峻的挑战（Chell，Haworth，and Brearley，1991）。当时强调的主流观点包括创业学应该关注各种各样的创业行为而非创业者个人特质与创业之间的联系。

创业行为流派主要关注创业特质与创业者建立新企业行为的关系。Stevenson 和 Jarillo（1990）从创新性、主动性、冒险性这三种不同战略维度来分析创业行为，并强调创业者特质和情绪对创业者行为决策产生影响。从行为角度出发去研究创业也受到一些学者的质疑和批评，Baumol（1993）就认为根据海森伯格不确定性原则，人类观测企业家行为的的精准度是有限的。如果对某一创业者行为有着非常详细和精准的描述，那么这种创业行为将不具有创业精神。

后来以 Gartner 为代表的学者们认为应该将创业学的焦点从研究创业者的个体特征转移到创业过程本身，此后创业学研究的主流逐渐转向了"过程研究"。Gartner（1985）率先挑战了创业"特质论",强调创业者和新建企业之间的差异性以及关注创业过程当中一般规律的重要性。Gartner(1989)曾表示:"研究创业者个人特质并不会使我们清楚界定谁是创业者,也不会帮助我们理解创业过程和现象。"创业是一个过程化的概念,Miller(1983)比较不同规模类型的公司的创业因素后提出创业学研究重要的关注点不应该在于行动者,而是要探索创业过程本身及其影响因素。创业过程是高度综合和多维度的管理活动(Stevenson,1985),包含多种创业过程的构成要素。Shane 和 Venkataraman(2000)提出了围绕"创业机会的识别、开发与利用"创业过程的研究模式,认为应该从创业机会视角探索创业过程的一般规律,并提出与创业机会相关的一些基本问题:(1)创业机会为什么、在什么时候、会以什么形式存在;(2)为什么有的创业者能够、什么时候以及如何发现并利用这些机会;(3)创业者在面对创业机会的时候为什么会有不同的行为,在什么时候以及如何采取这些行为。

在创业学领域研究中,两个紧密相连的重要问题是:创业者所从事的活动与普通管理职能的差异以及创业者是如何做到的(Busenitz and Barney,1997)。回顾创业学的文献,可以总结出大量的观点,但是也有着共同的根源。而第三个学术问题与前两个问题的联系并不直接,相对来说只有少数学者关注创业学术理论发展和实践之间的脱节(Aldrich and Baker,1997;Hoy,1997),然而这对解释创业精神的本质尤为重要。Bygrave(2006)就对目前很少有研究注意到创业理论和归纳之间的平衡表示担忧。他对未来创业的研究提了几个建议,如放弃还原理论、更加注重从观察中得到的研究框架、回归到日常惯例的研究当中去，并且要尽量少去强调复杂的统计模型、革命理论（revolutionary theory）以及创新的研究方法。

现有文献中学者们对于创业精神本质的探讨存在很大的分歧。例如，创业学作为一门学科是不是应该更加适用于应用管理领域。该领域的研究目标是由问题所驱动的，其重要内容理应包括基础理论与教学、社会规则及自然规律而强调探索性理论的构建（Katz，2003；Phan，2004；Whitley，1984）。创业学是否应该推动发展趋同概念甚至是发展一个统一的理论、能否从跨学科模式中获取优势、是不是应该结合其他领域的研究来探讨创业问题；有没有必要区分创业学研究与管理科学中相似领域的研究如战略管理；战略领域中是否有好的成果和理论可以借鉴。这一系列的问题至今都没有明确的答案（Hitt，Ireland，Camp，and Sexton，2001；Shane and Venkataraman，2001；Zahra and Dess，2001）。有学者强调将创业精神视为一个创业过程的重要性，这可以增加对于创业精神本质的理解。聚焦创业过程的方法探索了许多创业精神尚未被理解的各个方面，这是区别于之前研究模式的一个重要尝试（Low and MacMillan，1988；Ucbasaran，Westhead，and Wright，2001；Zahra，2007）。本书认为过程流派为平衡理论和实践的探讨提供了理论基础，以一种基于过程的世界观去探索创业精神现象。有学者强调理论是连续的，而并非一种竞争观点或者科学演化过程中的分叉点（Van Maanen，Sörensen，and Mitchell，2007），将创业视为一个连续过程有助于理解创业精神的内涵。

作为一种创业过程，创业精神的通用逻辑与特殊性是什么，这是一个两难的学术问题。Hindle（2007，2010a）认为，从实践和理论两方面去回答这个疑问是了解创业精神本质的关键。创业学中的过程流派提供了创业活动的检验框架，并且形成了一些很有意义的研究主题以及与创业相关的非正式的研究问题，如创业计划和设计（March and Simon，1958；Weick，1978）、组织演化（Gersick and Hackman，1990；Nelson and Winter，1982）、生命周期理论（Burgelman and Sayles，1986；Kimberly，1980；Schumpeter，1934）、冲突推理或辩证（Lindblom，1965）。基于生命周期理论的观点，创业精神在企业不同的生命周期阶段会表现出不同的特性。Holt 和 Olive（2001）提出了侧重动态性的创业过程理论模型，并且结合了企业生命周期理论来解释创业中一系列活动的顺序。而在这之前，创业过程被解剖为四个阶段（Holt，1992），包括创业前阶段（pre-start-up-stage）、创业阶段（start-up stage）、早期成长阶段（early growth stage）以及晚期成长阶段（Later growth stage）。在第一阶段即创业前阶段，主要涉及计划和一些前期准备工作，如筹集资金等；接下来的创业阶段，创业者根据市场变化进行准确定位并加以调整以确保企业可以存活；在早期成长阶段，创业者需要针对市场、资源、财务等各方面的变化进行战略调整以实现企业成长；在晚期成长阶段，创业者的主要目标在于提高企业活动和治理效率，并构建专业和完善的管理体系。

创业精神是一个复杂的现象，而对企业家本质的界定是研究影响创业精神因素的逻辑起点。由于创业精神是一个广泛的概念，不同学科的研究者对于企业家概念的衡量也有不同的侧重点和理解。本书认同将创业精神视为一种过程（李新春等，2008），包括企业家在创业或者创新过程中进行自我甄别的过程以及各种创业活动，如风险投资、创新、战略更新（Chua，Chrisman，and Sharma 1999）；持续再生产、重新界定企业经营范围和商业模式的创新（Kuratko and Audretsch，2013）；不同的创业过程模式（Brettel et al.，2012）等。既然创业精神可以被视为一个长期的过程，那么其中包括了新创企业的进入过程、创业活动坚持的过程以及最后退出创业活动的过程。基于 Moroz 和 Hindle（2012）对创业过程主要研究文献的综述，本书对创业过程研究的主要文献进行了总结和梳理，具体请参考表 2.1。

从上述总结的关于创业退出或经营失败的重要文献来看，Badguerahanian 和 Abetti（1995）曾在创业过程的衰退阶段提到创业退出包括出售企业、关闭企业或者企业家自身撤离；Baron（2007）也同样认为退出计划是创业阶段模型中的最后环节（见表 2.1）。既然创业精神被视为一个过程，理应包括建立新企业、坚持创业和退出创业的过程，然而先前研究对于企业家坚持创业或者退出创业的关注比较少。许多国家政策和理论研究文献都关注如何增加创业，但是对如何保持现有企业家的存量的关注甚少（欧洲委员会，2012）。由于数据有限性以及获取数据的困难性，大多数文献只单单研究影响创业进入的决定性因素而并没有考虑到在创业之后会发生什么，因此忽略了创业的动态性（Parker and Belghitar，2006）。事实上，尽管所有的创业者最终都会退出，但记录这个创业退出过程的文献却很少，也很

表 2.1 创业过程主要研究文献总结

年份	作者	模型分类	主要构成/事件/阶段	变量/影响因素/行为	理论/研究方法	分析单元
2003	Ardichivili, Cardozo, Ray	静态框架	感知、发现、创造、发展、评估、创业形成	个性因素(创造性乐观)、社会关系网络、先前知识(兴趣、行业知识)、创业机敏、创业机会的类型	机会识别过程理论、概念性	个体/团队层面
1995	Badguerahanian, Abetti	过程动态	创业前(购置、技术改革、竞争力丧失)、创业和发展期(创业者、技术研发、建立新市场)、创业高峰期(合适战略、剥离、资源获取)、创业衰退期(销售、离开、关闭)	技术、市场、社会和行业环境、战略、结构、企业家的角色	定性分析:纵向案例分析	组织层面
2005	Baker, Nelson	阶段模型	环境,应对一个或多个挑战的措施,对抗的有限性,从无到有的建立过程,相互促进,法律法规限制以及结果	寻找资源,避免新的挑战、创造能力、机型创造、综合能力、对于模糊性的容忍度、社交技能网络,监管部门/制度/客户、身份常规化,更广泛、更丰富,要求更高的市场、增长(或不增长)	开放性系统理论、探索性实践,定性分析	跨层次多维度分析
2007	Baron	阶段模型	创业前阶段、启动阶段、创业后阶段	(1)机会识别,评估,实现创业意图,资源配置;(2)选择结构形式,战略/服务建立,最初营销计划,谈判、吸引别人、冲突处理,激励员工、管理职能、退出计划	发展创业过程的理论模型,概念性	跨层次多维度分析

(续表)

年份	作者	模型分类	主要构成/事件/阶段	变量/影响因素/行为	理论/研究方法	分析单元
1996	Carter, Gartner, Reynolds	序列定量评定	创业机会启动并实行,仍旧坚持尝试,放弃	购买设备,有资金支持,原型开发,组创业团队,全职投入,资金需求,投资自己的钱,寻找设备,应用许可/专利,储存钱去投资,准备计划,形成法律实体,雇佣员工,租用设施设备,销售额,丰富现金流,信用申请,联邦保险纳税法	组织理论,有助于实践诊断工具,提供诊断工具,定性与定量结合:研究71个企业家	个体,组织
2005	Corbett	阶段模型	发现机会,创建企业	准备(预先设想的,意想不到的),孵化,洞察力(问题解决,分享想法,评估(进归),细化	创业学习与实践,创业团队建设,概念性	个体
1991	Covin, Slevin	静态框架	创业形式,外部变量,战略变量,内部变量——公司业绩	技术成熟,动态性,敌对性,产业生命周期阶段,任务策略,业务实践,竞争策略,最高管理层价值观,组织资源能力,组织文化,组织结构	企业理论,概念性	组织
2007	Cuneen, Mankelow	阶段模型	机会识别,机会评估,机会开发,商业化的机会	战略活动,初步评估(个人,商业),详细情景分析,制定使命和目标,进入策略,可行性分析,商业计划,资源搜索,经营计划,计划实施,资金到位	创业增长的行为观点,定性研究——教学实验	个体行为
2005	Downing	过程动态	故事主线,编织情节,叙述与构建	社会嵌入,社会资本,社会网络,业务模式,企业家的个人理论,洞察力和创新	社会构建理论	跨层次多维度分析

(续表)

年份	作者	模型分类	主要构成/事件阶段	变量/影响因素/行为	理论/研究方法	分析单元
2007	Fayolle	阶段模型	引发阶段的感知、行为,需要、承诺阶段的开始,实行、感知、拒绝	位移,赞许性的观念(文化、家庭和朋友、同事、导师),对可行性的看法(金融支持、其他支持的示范效应、模型、合作伙伴)、承诺、导师、合作伙伴,资源获取、整合网络,构建新兴组织	系统理论、承诺理论、概念性	跨层次多维度分析
1985	Gartner	静态框架	个体、组织、环境、过程	成功的需要,控制的父母、冒险倾向、工作经验,有创业经历的父母、年龄、教育;找到机会,积累资源,市场分析、生产产品,组建组织,响应政府和社会、风险资本可获得性、熟练劳动力、供应商、客户、政府的影响,大学、土地、交通、支持服务,生活条件	寻找创业过程中关键变量、概念性	跨层次多维度分析
1994	Gersick	过程动态	基于时间的节奏和时间表	第一个产品的营销,实现流动性的策略,咨询金融分析;联合投资的第三个产品;营销策略	组织理论、发展节奏的概念、定性研究:扎根理论	跨层次多维度分析
1988	Greenberger, Sexton	静态框架	洞察力、个性、控制所需的、突出的事件、自我认知、社会支持、控制拥有、决定启动	识别一个机会,相信他们可以管理好公司,拥有专业知识,开发了一种产品或过程,可以找到投资资助,相信其他机会很有限		个体/中观环境

(续表)

年份	作者	模型分类	主要构成/事件/阶段	变量/影响因素/行为	理论/研究方法	分析单元
1993	Hornsby, Naffziger, Kuratko, Montagno	阶段模型	组织特点,诱发事件,个体特征,决定进行内部创业,商业计划/可行性,资源可获得性,想法实践,跨越障碍的能力	管理支持,自主权和工作自由度,奖励/加强,可用的时间,组织的边界	领导力理论,概念性	跨层次多维度分析
2003	Ireland, Hitt, Sirmon	静态框架	创业心态,创业文化与领导力,管理资源战略,运用创造力和发展创新,竞争力优势,创造财富	识别创业机会,创业警觉性,真实的选项,创业机会的记录,培养创业能力,保护创新,主流逻辑问题,修改简单问题,与战略管理联系起来;金融,人力和社会资本,结构资源组合,建立资源,联想能力,创造力和奇思妙想,破坏性创造和持续创新	资源基础观,社会资本理论,组织学习,人力资本,创造性认知,概念性	个体/组织
2008	Jack, Dodd, Anderson	生命周期模型	路径依赖,目的论,进化论,作为非辩证法(通过构建网络关系形成的社会竞争环境)	身份可以发展强关系,创造更加广泛的愿景;网络内特殊的创新,并不切断关系但把关系拉开一点,很少的冲突;宏观环境(不显著)	过程理论,纵向案例分析	跨层次多维度分析
2005	Jones, Coviello	阶段模型	创业活动,国际化事件,公司业绩,反馈循环(连续/彻底改变)	企业家(创新的水平,风险承担能力,管理能力);公司(组织结构,行为(指纹模式,文化);绩效(经济与非经济衡量,或学习)	概念性	跨层次分析

(续表)

年份	作者	模型分类	主要构成/事件/阶段	变量/影响因素/行为	理论/研究方法	分析单元
2006	Pech, Cameron	静态框架	非正式的线索、情感和高度过滤、内在动机过滤、机会评估和机会诊断:决定和行动	寻找机会,热情,大胆,有决心,本能,信心,创造力,领导力,机会定位,成就,挑战,成功,兴奋,竞争,盈利能力,可行性,实践细节,项目规模,竞争力,风险,时间范围,资源,启发式,逻辑,成本效益分析,风险评估	跨学科创业,心理学和认知神经科学	个体
1999	Russell	静态框架	文化地图、结构地图	诱发事件,机会识别,项目开发,实施,绩效,创业形式,资源分配,资源冗余,成功者范式,心胸开阔,对失败的宽容度,制定规范,价值创新,外部搜索	认知绘图,概念性	跨层次多维度分析
2006	Sarason, Dean, Jesse	过程动态	企业家与社会制度之间的递归过程:企业家尽可能多的创造机会发现他们联合进化;不断进化代理/结构相互依存的周期	代理,行为,环境,机会;对于个体而言的机会特质,企业投资活动的联合价值评估,显著结构,意义,合法化,统治	结构化理论,概念性	个体
2006	Sarasvathy	过程动态	投入、有效的策略、产出	我知道什么,我是谁,我认识谁,环境,约束,预期设定,手段,合作伙伴,突发事件,杠杆效应,可以负担得起的损失,财务绩效,产品,企业,创建市场产品,增加社会福利,改变过去做事情的方式	扎根理论(创业专长),实施,开发工具箱,定性分析	个体,跨层次多维度分析

少有学者关注影响企业家坚持创业时间长短的因素（DeTienne，2010；DeTienne and Cardon，2012）。Wennberg 等人（2011）认为，企业家关于退出战略的选择对于企业未来的发展具有决定性作用。现实中，企业家将自己的所有权和经营权转让给继任者，或者直接进行出售和关闭是一个重要的普遍现象。在创业过程中，有的企业家会选择继续坚持创业，而有的企业家会选择退出。本书认为创业坚持和退出是创业活动中的重要内容，在下面的章节会进一步梳理创业坚持和退出的研究现状。

 创业坚持与退出的研究状况

一、创业坚持与退出的内涵

企业家在决定建立新企业或业务时是否只需要一次性决策，但是长时间来看，他们往往需要不断重复考量是否要继续坚持创业行为。通常而言，企业家继续坚持创业和经营的决策行为被视为是自动的；除非遭遇到严重的经营危机或者有其他更加有吸引力的替代选择，他们才有可能有意识地判断和分析现状以决定是否要继续经营和承担创业风险（Carver and Scheier，1998）。尽管坚持创业是创业活动中的一项重要内容，但是有关探索企业家为何选择继续坚持的研究却相对较少（Gatewood et al.，2002）。Shane 等人（2003）认为在创业学研究

中，将继续努力寻求创业机会和坚持创业活动的企业家与那些中途放弃的创业者区分开来对创业研究是很有意义的。在现实创业的过程中，有大量的创业者都在中途选择了放弃，只有少数创业者选择继续坚持并且成功建立新企业（牛芳、张玉莉、杨俊，2012）。目前只有少量的研究关注了创业坚持和退出的战略选择。而这些少量的研究同时探讨了创业坚持和创业退出的现象，并且普遍假定企业家若选择退出创业活动就代表他们选择了不坚持创业，即将创业坚持和创业退出简单地看成是对立面的研究。对此，本书将针对创业坚持和创业退出的内涵分别进行梳理。

（一）创业坚持的内涵

创业坚持是指企业家选择继续努力追求创业机会并且忽略其他任何有利的备选方案的影响。这主要涉及两个方面的内容：决定继续坚持之前的创业机会，并且抵抗其他选择方案的激励，这种对立性的激励包括当前创业机会的负面反馈信息或者其他更加具有吸引力的可选方案（Gimeno et al.，1997）。坚持创业是一把双刃剑，有可能带来高收益的同时也有可能导致创业失败。坚持创业可能最终会造就企业家的成功，但是当企业家将社会资源分配到无效的创业活动时，他们则需要付出高昂的个人成本和经济成本。尤其是考虑到若将资源分配到其他项目，有可能会带来更好的收益和回报（McGrath，1999）。如果企业家对其错误的决策进行承诺升级并且增加资源投资那更加是把金钱扔进了无底洞（Sutcliffe and Vogus，2003；Youssef and Luthans，2007）。

（续表）

年份	作者	模型分类	主要构成/事件阶段	变量/影响因素/行为	理论/研究方法	分析单元
2003	Shane	静态框架	创业机会,发现开发,执行(资源配置,组织设计,战略)	个人属性(心理因素,人口统计特征),环境(行业,宏观环境)	发展创业过程总体理论框架,定量与定性	跨层次多维度分析
2010	Slotte-Kock, Coviello	阶段模型	应该发展什么,为什么要建立,关系以及如何建立,随着时间变化会发生什么	组织发展:概念,商业化,增长,稳定性;网络发展:关系的变化,关系的选择,保持关系。目标设置和环境交互与适应;在目标设定下的长期网络稳定性,自反性和杂交过程	社会网络理论,过程理论(生命周期,诊断,演化)	跨层次多维度分析
2008	Spinelli, Neck, Timmons	静态框架	机会,资源,创业团队	创造力,沟通,领导力,创始人,商业计划(适合度和空白点)	经济与心理学理论实践,家族企业应用,概念性	跨层次多维度分析
1993	van der Werf	静态框架	产品,行业	企业所在行业,竞争的能力,市场扩张,财务奖励,技术支持,职能素质,行业吸引力,潜在进入者	不做假设,概念性	组织/宏观环境
1976	Webster	阶段模型/过程动态	创业之前,勤奋工作,金融危机,产品介绍,回报	搜索,评估,谈判,网络,发明者(原型设计,研发),金融组织,发明者和下属之间的权力游戏,关键时刻,发明商,分销商,重新协商,节骨眼,成功或报复创业失败	生命周期理论,概念性	个体/组织

(续表)

年份	作者	模型分类	主要构成/事件/阶段	变量/影响因素/行为	理论/研究方法	分析单元
2009	Fu-lai	过程动态	解释、学习、实验、错误消除	知识库存、解决问题的工具与方法；适应性反馈、传入新的或成功（利润）、往回拨（使用旧方法；错误、失败或选择新方法、错误、消除、成功、创造性反馈、行动）、成功转型循环学习、实验、遇到失败（放弃）遇到成功（保留；经验法则）	人事代理理论、概念性	个体/宏观环境
2014	Goktan, Isaura	静态框架	资源、机会、建立企业、企业发展	权力距离、集体主义对于转型中创业活动过程的影响；国家文化、建立企业和企业成长性、机会识别	霍夫斯泰德(Hofstede)的五个文化维度理论、概念性	宏观环境
2013	Olga, Benoit	过程动态	发现机会、评估项目价值、获得合法性、实施创业项目	发现机会和评估、向管理者提议、改进想法、获得投资、实行创业项目；强调个体员工对于企业的作用	定性研究：欧洲3家大型企业案例分析、访谈	跨层次多维度研究
2015	Tobin, Pennington	过程动态	动机、发现机会、知识分享、组织学习、创新	结构变量：个人和企业绩效、工作自由度、组织奖励、竞争强度、组织结构、资源、关系等；知识分享、创业动机、创业文化、组织学习机会、应对创业环境的能力、组织学习	公司创业研究模型、定量研究：收集了一家大型公司200份问卷	个体/组织

企业家坚持创业的决策和最初创建新企业的决定是有本质差异的，坚持创业是指企业家衡量是否要继续现有的创业活动。关于创业坚持的定义，目前文献研究还没有明确的界定。现有少数研究者将企业家坚持创业行为看作是个体特征作用的结果，认为企业家自身积极个性会增强其创业动机而导致风险投资增长（Baum and Locke，2004）。也有学者认为坚持创业的行为是心理控制在逆境中的表现，即坚持创业的企业家比中途放弃的创业者具有更强的心理控制能力和认知能力（Markman，Baron，and Balkin，2005）。企业家选择坚持创业是一个复杂的行为决策，是个人因素和环境因素共同作用的结果（Gimeno，Folta，Cooper，Woo，1997；DeTienne，Shepherd，and De Castro，2008）。现实中也存在一些企业家在其建立的企业中一直经营直到退休或者死亡，而这种现象也是创业学中非常重要的组成部分。有的企业家选择多次进行或者退出创业，经常进行多种投资组合，并且可能同时拥有多家公司的股权和管理权（Wiklund and Shepherd，2008）。本书认为创业坚持代表了创业者对于股权和管理权的坚持，以及对创业活动的继续投入。

而对于家族企业创业者来说，创业坚持的内容更加宽泛，不仅仅是关于创业活动的坚持，还涉及家族企业传承。Salvato 等（2010）的研究表明家族企业中的创业精神是解释其特殊性的根源。对于家族创业者而言，家族企业具有很高的情感价值，因而倾向于坚持对企业的控制和管理（Zellweger and Astrachan，2008）。何轩等（2014）探讨了家族企业创始人一代的传承意愿问题，认为创业者的传承意愿反映了家族持续经营企业的意愿，是创业坚持的一个具体形式，并且强调这在中国情境下更具有理论意义。在家族企业中，什么才意味着持续经营，这是否涉及家族企业本身名字的延续、行业竞争力、提供的产品或者服务、市场占有的持续性。持续经营和坚持家族创业应该是一个多维度的概念，尤其对跨代经营的家族企业更加具有开放性意义（Gioia，Schultz and Corley，2000）。每个家族成员对于持续性是否有着相同的理解；随着时间推移，持续性的概念是否会发生变化。这些问题我们目前都还没有明确的答案。

传承是家族企业研究当中的重要议题（DeMassis，Chua，and Chrisman，2008；Le Breton-Miller，Miller，and Steier，2004；Nordqvist，Wennberg，Bau，and Hellerstedt，2013），近期的研究认为家族企业传承的研究可以扩大创业退出的研究范畴（DeTienne and Cardon，2012；Wennberg，Wiklund，Hellerstedt，and Nordqvist，2011）。研究发现，家族企业在做出关于企业退出的战略决策时最重要的关注点在于传承，而其他一些退出策略在不同的家族企业可能会出现不同的情况。尽管任何家族企业都存在社会情感财富等非经济利益参考点，但不同非经济利益参考点的重要性在不同的企业之间存在差异性。创业者及其控制家族对待不同非经济目标有不同的看法，对其重要性程度的认知也不尽相同，因而可能会对是否要继续坚持创业和进行传承的决策产生不同的影响。

家族传承是家族企业家将所有权转移给其他家族内部成员的过程，主要是传承给企业家的子女（Sharma，Chrisman，and

Chua，2003）。DeTienne 和 Chirico（2013）认为家族传承是管理权退出的一个重要方式和策略，以管理权和所有权为基础的退出策略是创业者倾向于牺牲个人利益来获取其家族长期愿景并且保护其他利益相关者长期利益的重要方式（Miller，Le Breton-Miller，and Scholnick，2008）。本书认同国内学者们将传承管理纳入持续经营框架内的观点，即将管理权和所有权传承给下一代尤其是自己的子女，是创业者创业精神的延伸，而并不是由于外界因素导致的被迫退出。每个企业家的生命周期是有限的，任何一位创业者都面临退出管理自己所创建企业的选择。在这样的情况下，创业者自身的传承意愿是其创业坚持的重要表现形式。企业家希望以另一种方式延续自己的创业精神、经营方针和理念，并保持企业文化；通过自己对家族内部成员的言传身教寻找合适的继任者，从而实现企业的长期经营。因而，本书认为创业者的传承意愿属于企业家选择坚持创业的范畴，区别于其他类型的创业退出模式。因为企业家在退休事实面前必须采取一种可替代性的策略来延续自己的创业精神，而家族内部传承是其创业精神延续的优先选择。

（二）创业退出的内涵

创业退出被定义为企业家离开自己创办的企业的过程（DeTienne，2010），作为创业过程的重要活动之一，近几年已经开始成为热门的创业学研究议题。创业是一个长期的动态过程，不仅包括初始机会识别、建立企业的进入阶段，也包括退出阶段（DeTienne and Cardon，2012；Hessels，Grilo，Thurik，and Zwan，2011；Ryan and Power，2012；Salvato，Chirico，and Sharma，

2010；Wennberg，Wiklund，DeTienne，and Cardon，2010）。大多数关于创业生存的研究把企业家的创业退出看成是企业的退出，把创业退出视为企业家和企业同时退出的二元事件。然而企业家的退出并不意味着企业经营失败，企业家可以通过退出目前的经营领域转向新行业。最近文献也表明将企业家自身退出行为和企业创业失败混合在一起探讨是具有局限性的，因为有的企业家退出并不是因为经营不善，相反恰恰是因为创业成功而高价出售或高位退出（Wennberg，Wiklund，DeTienne，and Cardon，2010）。所有权的放弃或者退出不仅是指企业家临近退休年龄或因为其自身原因而关闭企业或者出售企业，也包括企业家自身想转移到另一领域或其他创新活动（Watson and Everett，1996）。创业者到底是因为企业经营失败而退出还是因为要建立新企业而退出，这个现实存在的问题却很难在理论和实证研究中进行区分。根据 Deniz，Dean，Andy 和 Lylon（2013）对于创业相关文献的整理，本书梳理了创业退出和创业失败的主要文献，具体内容请参见表2.2。

经营失败与创业退出存在什么样的关系。大多数经济学和战略管理领域的研究将创业退出等同于一个新企业的失败（Strotmann，2007），企业经营失败或者业绩不好导致企业家退出的定义在创业退出文献的研究中广泛应用。基于产业组织的方法，当前关于创业退出率的研究普遍认为企业家退出是应对创业失败的一种策略（DeTienne and Cardon，2012）。然而以实践为导向的研究认为，创业退出并不意味着经营失败，两者不能够等同看待（Knott and Posen，2005）。同时也有实际数据表明，

表 2.2 关于企业家创业失败与退出相关文献总结

年份	作者	研究主题	文献/理论基础	方法	主要结论
1986	Harris and Sutton	社会成本、情感成本的控制与管理	情感与认知	定性研究：访谈、档案资料（11个聚会、野餐，6个组织晚餐中获取）	分离或报告仪式可以进行设置，人们可以交换情感支持，对自身编辑和事件图解
1987	Sutton and Callahan	社会成本与印象管理	实物期权与认知偏差	定性研究：访谈、档案资料，4个电脑公司的观测数据	破产被看作是一个怀疑的标签，会形成对企业和其领导者的负面看法。然而企业领导者可以采取技术手段避免或降低破产带来的负面效应，包括隐藏、否认或承担责任以及撤回等方式
1992	Sitkin	学习	组织学习理论	概念性	相对于从成功当中学习，强调了从失败当中学习的潜在优势。介绍了智能失败的概念。小的和相对无害的失败经历。挑战核心理念和限设的情况下才有可能很难从失败中学习
1993	Moulton and Thomas	定义上问题与财务成本	破产与战略选择	定量研究：1980—1996年根据《破产法》第11章申请破产保护的73家上市公司	破产是应对经济危机高昂成本的应对策略，在面临破产的企业里管理决策的选择非常有限
1996	Watson and Everett	定义上问题	定义问题对失败率的影响	定量研究：51家澳大利亚购物管理中心中5196家新创小企业1961—1990年数据	报告小企业创业失败率具有很大差异，很大程度上是对创业失败的定义模糊造成的。报告的平均每年创业失败率高的有9%，而低的只有1%

(续表)

年份	作者	研究主题	文献/理论基础	方法	主要结论
1999	McGrath	学习	实物期权与认知偏差	概念性	强调防止失败的偏差。实物期权的逻辑可以使我们用更加平衡的视角去看待创业失败在财富创造中的作用。在追求存在高度差异的结果时不确定性需要进行管理,但是只有在条件较优的情况下才可能出现投资,这样可以增加盈利的潜力并控制成本
1999	Zacharakis, Mayer, and DeCastro	归因	归因理论	定性研究:采访8个创业家和5个风险投资家	研究结果表明,企业家更容易将创业失败的原因归因于内部因素而风险投资家更加倾向于把失败归因于外部因素。企业家和风险投资家都更可能将其他企业失败的因素归因于其他企业的内部因素
2001	Mimmiti and Bygrave	学习	用经济方法去学习	概念性	文章提供了一个创业学习的模型,企业家根据过去失败和成功经历不断更新主观知识积累。企业家只会重复出现那些最有前途的决策而放弃那些导致失败的决策
2003	Fanand White	财务成本	破产法与风险规避	定量研究:面板数据1993—1998年,样本约98 000	更高的破产豁免水平对于提供部分财务保险来规避风险的企业家有潜在好处。拥有一个企业的可能性增加了豁免水平。相比低豁免水平的州,在可以无限豁免家州家庭拥有企业概率来高出35%
2003	Headd	定义问题	企业关闭与风险投资相关文献	定量研究:美国人口普查数据,采用12 185家在1989—1992年建立的新创企业	只有三分之一的企业家在企业不成功的状态下而关闭。建议区分企业关闭和创业失败之间的区别

(续表)

年份	作者	研究主题	文献/理论基础	方法	主要结论
2003	Shepherd	学习与财务成本管理	与悲伤情绪和从失败中学习的心理学文献	概念性	强调了悲伤情绪在失败中学习的作用,并探讨了一系列可以从悲伤中恢复的策略
2003	Ucbasaran, Wright, Westhead, and Busenitz	学习、归因与行为结果	人力资本、认知、学习和积极心理学	概念性	在创业活动失败之后,导致失败的归因和解释方式(习得性乐观与习得性无助)会影响后续的创业活动
2004	Cope, Cave, and Eccles	社会成本	创业失败和风险投资资本相关文献	定性研究:采访4个英国企业家和2个美国风险投资家	强调企业、企业家和风险投资家失败之间的区别。研究表明企业失败不会被自动认为风险投资家的污点。风险投资家通常采取宽容的、灵活开放的态度来面对失败,他们渴望了解失败的根本原因
2004	Rogoff, Lee, and Suh	归因	归因理论	定量调研:(1)189位药房所有者兼管理者;(2)213位小企业家;(3)16位创业专家	研究证实了企业家归因偏差的现象:企业家倾向于将他们的成功归因于内部因素(高于创业专家),并且把他们的识别障碍归因于外部原因(高于创业专家)
2004	Shepherd	学习和心理成本	与悲伤情绪、从失败中学习、和失败教育相关的心理学文献	概念性	为教学提供建议,建议帮助学生管理从失败中学习的情绪

(续表)

年份	作者	研究主题	文献/理论基础	方法	主要结论
2005	Coelho and McClure	定义问题与社会成本	普遍支持	概念性	研究认为失败具有实践意义,最好是在进行承诺升级之前就拔掉不经济的风险投资的插头。毅力和乐观是最有价值的企业家特征,但是仍需要知识和现实主义
2005	Rerup	学习	行为学习理论与专注力	概念性	基于之前文献,认为企业家使用先前经验的专注程度可以提升或者阻碍他们发现和利用创业机会的能力
2006	Schutjens and Stam	认知与行为结果	人格理论、劳动经济学和职业社会学	定量研究:在成立5年后关闭的79家企业纵向数据	研究发现大多数的企业家在关闭了他们的业务之后有重新开始的意图,并且有近四分之一企业在关闭之后会重建立新业务或重新创业。重新建立企业的意图之后会真正实现重新创业之间存在差异
2007	Lee, Peng, and Barney	财务成本	实物期权、制度与破产法	概念性	以实物期权的逻辑,制定对企业家有利的破产法,可以鼓励更多积极的充满活力的创业的发展
2007	Singh, Corner, and Pavlovich	社会、财务、心理成本及其管理	问题焦点应、情绪焦点应	定性研究:采访5位创业者	研究强调了创业失败的成本以及应对策略。相比社会和心理成本,经济方面更多的学习和应对策略对企业家生存更重要
2007	Vaillant and Lafuente	社会成本	制度理论、社会成本与特征	定量研究:2003年西班牙GEM数据,样本量为4 877	研究结果表明,在西班牙,社会歧视的存在是创业失败一个重要因素,也对创业活动具有一定制约性

(续表)

年份	作者	研究主题	文献/理论基础	方法	主要结论
2008	Hasan and Wang	财务成本与社会成本	破产法、风险资本融资	定量研究：2 753家有风险投资背景的企业（在1984—2003年获得第一轮风投基金）	被投资的企业所获得的风险资本融资的数额与破产异常水平负相关。融资轮数以及风险资本的金额与破产豁免相关
2008	Huovinen and Tihula	学习和态度结果	学习、创业经验	定性研究：一家新加坡创业企业案例分析	创业失败可能导致创业知识和经验的增长，但是从失败中学习依赖于企业家个人背景
2009	Dew, Sarasvathy, Read, and Wiltbank	财务成本	可承担损失、行为经济学	概念性	文章概述了可承担的损失，企业家对他们可承受的损失进行估计来确定行动方向。可承受的损失能帮助企业做出投资决策和管理承诺升级
2007	Kirkwood	社会成本	高大罂粟花综合征	定性研究：采访40位新西兰企业家	高大罂粟花综合征可能会成为企业家创业的障碍。由于公众对企业家失败的批判，有丰富失败经验的人有可能不愿意建立新的企业。企业家可能减少他们的风险投资来降低公众的关注
2009	Politis and Gabrielsson	学习和态度结果	经验学习理论	定量研究：通过问卷收集对23位瑞典企业家数据进行分析	企业家生活和工作的经历塑造了他们对失败的态度。结果表明拥有创业经验或经历关闭企业的企业家面对失败有更积极的态度（如失败给人反思的机会，从长远来看可以提高收益）
2009	Shepherd	社会成本、心理成本的管理	个体层面和组别层面的悲伤和感知、情商、情绪能力	概念性	文章提出了从家族企业损失中提出了多层次和半微量层次的悲伤恢复时间理论。通过情商和个体层面的悲伤动态交互作用，以及家庭层面的情绪能力作用，形成一个多层次、更加合化的企业失败的观点

（续表）

年份	作者	研究主题	文献/理论基础	方法	主要结论
2009	Shepherd, Wiklund, and Haynie	财务成本和心理成本的管理	财务和情绪方面的持久性	概念性	研究将之前悲伤作为减少创业失败事件引发的悲伤程度。在某些特定情况下，推迟创业失败进程可以帮助平衡业务失败所造成的财富和情感成本，从而提高复业可能性
2009	Ucbasaran, Westhead, and Wright	心理成本和行为结果	认知和动机理论、学习	定量研究：630位英国企业家问卷调研数据	结果发现失败企业占有企业的数量之间与给定时间内确定的创业机会数量之间倒U形的关系。只有当企业可以被其他成功企业所替代时，创业失败会鼓励学习而不和制动机。对于认知、学习和动机视角观点进行整合是失败的
2009	Van Auken, Kaufmann, and Herrmann	财务成本	财务理论与破产	定量研究：在爱荷华州的90家小企业	研究结果表明企业家资本收购策略以及企业破产法影响创业失败的成本。资本收购的决定并没有受到破产法法规熟悉程度的影响。鼓励质疑政府鼓励创业的目标
2010	Hayward, Forster, Sarasvathy, and Fredrickson	财务成本、社会成本、心理成本的管理	信心的认知视角、积极心理学的拓展与建理论	概念性	文章认为高度自信的创业者更加容易从失败中反弹，因为他们具备更好情感、认知、社会和财务弹性。而这些弹性的形式被认为是过度自信的第二顺序的好处，提供了一个平衡力，过度自信更加直接的成本（这可能增加失败的可能性）
2010	Wennberg, Wiklund, DeTienne, and Cardon	定义问题	期望理论，行为金融学	定量研究：成立超过8年，来自瑞典纵向数据库的1 735家企业	在学术文献或者大众媒体中所报道的企业较高的失败率可能部分是由于对企业家退出决定的误解所造成的。另外，在四种不同退出路径中，人力资本和避免失败的策略具有很大差异

(续表)

年份	作者	研究主题	文献/理论基础	方法	主要结论
2010	Peng, Yamakawa, and Lee	财务成本	制度（企业破产法）、创业学理论	定量研究：来自企业破产法和新公司成立比率的档案资料	企业破产法是一项重要的正式法律规定，对新创企业破产法建立比率有较大影响。提倡对企业家更加有利的破产法律可以鼓励创业，支持创业精神
2010	Ucbasaran, Westhead, Wright, and Flores	学习、心理成本和认知结果	认知心理学（失败的动机、认知效果和比较乐观）/学习	定量研究：统计分析数据来自英国的576位企业家	检验多大程度上之前（失败）经验可以调和在后续投资行为中的比较乐观态度。结果表明有失败经验的多次投资组合企业家大可能报告他们的比较乐观，但是经验不合企业家不会影响创业精神持续性。由于差别效应对情绪的影响，从失败中学习的能力受到哪些经验被需要情境的影响
2011	Aroraandn and Kumar	财务成本与行为结果	创业机会、成本、乐观、风险偏好	定量研究，档案数据286家1989—2004年信息安全市场的新创企业	机会成本高的企业会更加激进投资并倾向于现金支出（如上市或友好收购），即使这意味着存在更高失败的风险。企业家没有其他替代选择的话也会持续更长时间的经营
2011	Cardon, Stevens, and Potter	感觉和归因	感觉和归因理论	定性研究，内容分析法。数据来自美国主流报纸报道	验证社区差异对于失败的影响。结果显示了区域性的差异对失败程度上可以归因于不幸或者企业家失败，考察了对个体企业的影响
2011	Cope	学习、认知和行为结果	创业学习理论	定性研究：对来自英国和美国创业失败企业现象进行解释和分析	文章有助于从理论上更加深理解从失败中学习的过程和从失败中学习的内容。学习被看作是一种过程，重新恢复和失败中重新学习是学习方程式中最高层次，允许企业家了解自己和学习的创业精神。结果表明，创业失败可以改善"创业准备"为接下来的创业活动做好准备

(续表)

年份	作者	研究主题	文献/理论基础	方法	主要结论
2011	Hessels, Grilo, Thurik, and van der Zwan	行为结果	人力资本与创业意图	定量研究:GEM数据来自24个国家, 2004—2006年的348 567个人数据	退出增加了企业家人力资本存量从而提升了企业家能力。企业家退出有可能激发新的进入者和企业家的潜力,比如参与现有创业活动的意图
2011	Lee, Yamakawa, Peng, and Barney	财务成本	制度(公司破产法)、创业精神发展	定量研究($N = 229$)数据来自1990—2008年的29个国家(收集子不同档案资料)	宽松,对企业家有利的破产法律与创业精神发展水平显著相关(以进入市场的新企业比率来衡量)
2011	Shepherd and Haynie	心理成本和社会成本管理	印象管理,归因,耻辱	概念性	企业家因创业失败而感到耻辱,可能采用印象管理策略将自我形象与其他人如何看待他绑定在一起。尽管这种有悖常理的行为可能会对企业心理幸福感产生积极影响

美国有三分之一的企业在进行清算时是处于经营状况良好的状态或者是处于成功的状态(Bates，2005；Headd，2003)。同样来自英国的数据也显示，超过三分之一的英国创业者在退出创业时认为他们的企业是经营成功的(Ucbasaran et al.，2006)。这些研究结果表明，经营失败和创业退出其实是两个不同的概念。对于创业者而言，一直顽强坚持一个创业项目并试图延长生存期可能并不是成功的最优策略。有学者认为在早期退出一个没有前景的项目是有利于创业者成长的重要战略。他们建议，尽早放弃没有上升潜力的项目或企业对创业者来说是降低风险的有效方法。假如将创业退出与创业失败等同起来的话，则必须要考虑创业者对于生活方式的选择和偏好，因为有些创业者不一定是以利润最大化为目标而是将持续创业作为其目标(Eikhof and Haunschild，2006)。创业退出并不意味着失败，有相当一部分的企业家从经营失败中学习继而再创业。新创企业的退出是一个非常复杂的管理现象，涉及不同的层次，比如企业退出不同于企业家个体的退出(Davidsson and Wiklund，2001)；同时也涉及不同的退出模式，比如创业失败、多元化选择、管理层接管以及有计划的退出战略等(Amaral et al.，2007)。

企业退出是指从经营单位进行撤资或者至少撤资一部分，是由退出现有业务的战略决定所导致的(Duhaime and Schwenk，1985)。创业退出也是创业活动过程中的重要内容，因为不能继续增加价值以及创造机会的资源组合是熊彼特市场上的重要动态能力之一(DeTienne，2008；Shane and Venkataraman，2000)。

但是从一个企业撤资或者退出是非常困难的战略选择,因为这与我们主流的社会意识形态是相违背的。通常大家会觉得退出意味着失败,而继续坚持经营才是成功的标志。倘若先前的管理者已经把企业经营得很好,由于心理和现实因素的影响,减少业务或者退出企业经营的决策就显得更加具有挑战性(DeTienne,2008)。对于创业退出的研究主要关注企业家从其企业的退出行为,如放弃其所有权(Singh,Corner,and Pavlovich,2007;Watson and Everett,1996)。创业一般被视为个体通过创建企业以追求机会的过程(Shane and Venkataraman,2000),新创企业实际上就是创业精神的延伸(Hannan and Freeman,1989;Peteraf and Shanley,1997)。所以多数创业研究的问题都集中在企业家个体与组织交接处,如此导致一个现状是:创业研究中有关退出的问题到底是要去关注企业家还是企业,研究主题往往是模糊不清的(Davidsson and Wiklund,2001)。企业与企业家有时会同时退出,比如企业家采取清算企业的方式退出市场,但也可能是企业家退出而企业仍旧继续经营下去,比如企业家将企业出售给其他业主并由该业主持续经营企业。

Wennberg 和 DeTienne(2014)在文章"What do we really mean when we talk about 'exit'? a critical review of research on entrepreneurial exit?"中重新归纳和探讨了创业退出的内涵。他们探讨了几个重要的问题:创始人退出意向、战略领域的高管退出策略、创业退出的过程以及创业团队的退出。现有文献大多从实际企业退出的方式来衡量创业退出,如 Balcaen 等(2012)。

也有学者认为分析创业者退出意图更为重要，因为它可以反映创业者退出或者关闭企业的可能性(DeTienne and Cardon，2012)。创业者退出意图可能与其建立新企业的动机相关，有些创业者通过创业投资来增加当下的收入。例如，有的大学生在学习期间进行创业，有可能当项目实现其目标的时候就停止创业。而对很多家族企业创始人来说，企业收入可能是家庭主要的稳定收入来源，因此他们更加有可能持续创业并希望将企业传承给下一代。探讨创业者退出意图的原因在于意图通常可以影响企业未来的决策和行为(DeTienne，2010)。大量的研究已经表明创业意图与创业结果之间的关系(Kautonen et al.，2013)。DeTienne 和 Cardon(2012)比较了创业者退出意愿和真实企业退出之间的关系，发现有 70% 的创业者按照其意愿真正退出创业，所以他们认为创业者退出意图与创业者退出之间是高度相关的。DeTienne 和 Cardon(2012)还探索了影响创业者退出意图的一系列因素，包括创业经验、行业经验、年龄以及教育水平等。因此，创业者退出意图是衡量创业退出比较可靠并且有理论和现实意义的重要变量。

创业退出是一个复杂的过程，与创业结果类似，具有高度不确定性。根据创业过程流派，讨论创业退出研究的理论基础在于定义不同类型的"启动阶段"和"结束阶段"(van de Ven，1992)。创业者可能在企业持续经营的状况下就选择退出企业，这大多数发生于创始人传承和交接(Haveman and Khaire，2002)或者是收获的情况下(Mason and Harrison，2006)。这里的收获是指投资过程当中的盈利，其中成本包括创业者投入的时间、精力与金钱。通常这种类型的退出是创始人退休计划里的策略，他们有可能去追求其他利益或者利用其他不同的资源。创始人传承计划通常是提前制定的（Salvato et al.，2010），当然也有可能受到外力的影响，如失去控制权、企业经济危机等（Wennberg et al.，2010）。创业退出代表的是创业过程中的"结束阶段"，不同的实证研究采取不同的方式来衡量创业退出，如控制权、持股数量等。很多创业者在起初创业阶段对于结果并没有考虑太多，但是也有的创业者从一开始就考虑退出策略（DeTienne and Cardon，2012）。早期的学者探讨了一个重要的问题，为什么有的创业者在其退休年龄到来之前就选择了退出创业。现实中很多创业者并没有明确的目标，在创业过程中他们对于想要获得什么也并没有清晰的界定。企业家选择创业有多种多样的因素，如自我实现、创造财富、满足社会期许或者希望可以实现自己的创意或想法（Carter et al.，2003）。导致他们创业退出的关键性因素可能同时包括他们对于企业的情感依赖以及财务承诺（Wennberg et al.，2010）。鉴于企业家对于创业活动的情感和财务承诺，创业退出也可以被视为是比较情绪化的过程（Shepherd，2003）。因而，本书认为创业退出是一个理性和感性决策并存的复杂过程，创业退出有可能同时受到经济和非经济目标的驱动。

另外，也有少量的研究关注了创业团队的退出，将个人控制的企业和创业团队控制的企业区分开来，分析财务绩效对于创业退出的影响。创业团队可以提供重要的社会资源和关系网络，在创业成长中可以互相弥补技能（Brush et al.，2001）。个人创业有可能标榜以生活方式优先，而规模大的创业团队可能更加注重财务业绩，大规模的创业团队的退出更有可能是以出售的方式获利。Hellerstedt等（2006）研究了新创企业中创业团队退出，结果发现团队的同质性和内部信任驱动团队的退出并对新创企业的寿命产生影响。

创业退出的过程是非常复杂的，比如企业家常用的退出方式是什么、偏好于清算还是出售（Gimeno et al.，1997；Mitchell，1994；Van Teeffelen and Uhlaner，2013），尤其是创业精神退出的原因更为复杂。创业者或许有多个出售企业的理由，比如不满意的绩效（Jensen and Ruback，1983）、缺乏资源以维持未来的扩张（Granstrand and Sjölander，1990）、与企业家的其他目标不匹配（Burgelman，1994）等。但直到目前仍旧没有形成规律的结论。Taylor（1999）认识到创业者非自愿退出与自愿退出之间的差异性，他们的经验结果表明，相当少的创业者是由于破产等非自愿情境而退出，更多的企业家是自愿地退出，因为他们有机会进入更好的或不同的活动领域。Chrisman和McMullan（2000）也发现通过破产而结束创业的事件是相当少的。因此创业退出可能是企业家的自愿行为，即他们缺乏了持续经营企业的意愿。企业家可以通过终止企业的运作或通过出售而自愿退出经营（Holmes and Schmitz，1995；Bates，1999）。自愿的创业退出选择可能是暂时性的，即在一定的条件下创业精神又可能会再次启动，比如创业者认识到更好的经营机会（McGrath and Macmillan，2000）、资源能够配置到更好的市场（McGrath，1999）、创业者有机会通过创立或并购其他企业而再次进入市场(Westhead and Wright,1998);创业退出也有可能是相对持续的,因为有了更好前景的工资收入(Bates,2005),做雇员成为更优的选择①。从阈值理论角度来看,企业家根据企业的业绩是否高于或者低于阈值决定自身是否要坚持或者退出创业(Gimeno et al.,1997)。根据社会情感财富理论以及家族企业相关研究,本书提出了一个家族创业者退出或者坚持的研究模型,基于控制家族同时受到经济期望和非经济期望的影响。DeTienne 等(2012)提出了三种创业退出与坚持的方式:家族管理如家族传承、财务收益(如企业出售)以及以关闭企业为基础的企业清算。本书所关注的问题是企业家退出创业活动的意愿,即创始人选择放弃创新与变革,比如出售所持企业的股权,或者对企业进行关闭、清算的倾向。本书认为在新创企业的退出过程中有一种现象是创业精神的退出,即创业者将其在公司所持有的股权出售给一个或几个个体或者一个组织,或者选择对企业进行清算、关闭。

目前也有大量战略管理的文献探讨创业问题,有著作探讨"战略创业"的内涵,但是针对创业退出的战略研究相对较少。一个比较相近的领域是家族企业研究长期以来探讨的与传承相关的议题,这和创业退出具有一定的联系。家族创业者通常期望将其所创企业的所有权传承给家族内部成员,当家族内部无

---

① 企业家后续的工作选择机会影响到决策,但在经验研究过程中这是比较难以操作的过程。比如 Wennberg 等(2009)分析了企业家个体退出企业现象以及他们会采取什么退出路径,但他们并没有分析企业家在退出企业之后具体014么工作。因此,本书也主要是从创始人所经历的或者正在经历的现状去分析企业家精神的退出现象。

人继承时,企业家有可能选择通过出售企业来实现退出,因而传承给下一代或者是出售企业是家族创业者退出的两种重要模式(Wennberg et al.,2011)。Cater 和 Justis(2009)认为影响家族企业能否成功传承给下一代的关键性因素是非经济类的因素,如家庭关系、家庭合作、家族内部成员之间的知识共享和学习与长期目标导向等。跨代传承是持续困扰家族企业的问题,目前家族企业研究中创业退出的文献主要关注内部传承(Sharma,Chrisman,and Chua,2003)。很多家族企业研究的学者开始呼吁研究者应该去探索影响家族企业家对于控制权内部传承偏好的因素(Debicki,Matherne,Kellermanns,and Chrisman,2009;Wiklund Nordqvist,Hellerstedt,and Bird,2013)。通常情况下,家族企业和创业者即使在企业退出或者需要融资的情况下也不愿意寻求私募基金(Poutziouris,2001),比如买断产权并不受法国和英国的创业者的青睐。家族企业对于私募基金的抵触并不奇怪,私募股权的投资者往往是以经济利润为主要目标并且具有短期导向,更容易接受企业出售或者资产剥离、裁员以及业绩为导向的领导力(Lerner,Sorensen,and Stromberg,2011)。这种经营管理模式和大部分家族企业的经营方式和目标是冲突的,家族企业的控制权和管理权通常掌握在创业者手中(Andres,2008)。在大多数情况下,家族企业的管理者通常是创业者本人或是创业者的后代,由于情感价值的作用,他们往往会把企业和自身联系起来(Zellweger and Astrachan,2008)。因而家族企业通常被认为是具有长期导向的,愿意牺牲企业的短期业绩来增加企业存活的几率,领导者也可以从创业精神中获得价值（DeTienne，2010；Wennberg，Wiklund，Hellerstedt，and Nordqvist，2011）。鉴于家族企业的长期导向，以及对社会情感财富等非经济目标的追求，本书认为创业者对于自身管理权或者股权的放弃也是家族企业退出创业的一个重要标志。也有学者从家族管理者是否愿意接受私募基金来判别创业者是否要退出创业，认为那是一种对于管理权和控制权的变相放弃（Kreer et al.，2015）。

二、影响创业坚持/退出的因素

（一）影响创业坚持的因素分析

最近几年的创业学研究开始尝试去回答一个复杂的学术问题，即"为什么有些企业家的创业生命更长，有些创业者在中途选择了放弃，而有些企业家却能够选择继续坚持"。不同的创业者对于创业角色的认同存在差异，早期的研究从个体层面去分析影响创业精神的因素，认为成功的创业者具备独特的个体特征，如人格、经验、知识和动机等方面特质是他们创业成功的关键性因素。这类研究主要回答了谁能成为企业家的问题。最早的研究重点关注"谁可以成为创业者"，主要从企业家个性、心理特征、人口统计特征如性别、年龄、教育水平、工作经验、社会特征和家庭背景等方面去解释企业家与其他人的差异。另外，对成功的渴望和需求、风险偏好、活力等个体特征和心理特征也会影响创业的结果。此外，也有学者认为在创建新企业的过程中需具备一些特殊的首要品质，如创业倾向、获取资源的能力以及调整和适应能力，而领袖气质、管理能力和承担风险的能力是次要的。根据之前的文献总结，我们可以获得比较一致的结果，比如关于个体特征中性别和教育水平对于创业坚持的影响：高教育水平的男性通常坚持创业的时间比较长，相对而言创业退出率较低（Parker and Belghitar，2006；Block and Sandner，2009；Haapanen and Tervo，2009；Millán et al.，2010）。但其他有关个体特征与企业家坚持创业关系的研究结果并不一致。尽管如此，大多数学者都认同企业家个人是创业活动过程中最重要的主体，其个体特征对于创业坚持有重要影响（Shook，Priem，and McGee，2003）。

　　Gimeno 等（1997）对创业坚持相关研究做出了巨大的贡献，他们在早期就开始探索企业家坚持创业的因素。在考虑坚持创业成功的可能性时，他们认为企业家可能会将目前所拥有的创业机会和其他最优可选择方案进行比较，比较的内容主要包括三种：财务回报、非财务利益以及转换成本。另外，他们同时将企业情景语境和企业家人力资本特征纳入研究模型，发现两者对业绩以及是否坚持创业都有显著影响。财务回报指的是个人可以从新创企业当中获得财务收益，它的影响作用是显而易见的。由于创业最主要的一个特征就是自我雇佣，因而在风险投资当中的获利是坚持创业的重要驱动力。但是创业者不仅仅关注外在激励如收入（Amit and MacCrimmon，2001），其他一些非经济的激励如自我满意度也在激励创业活动过程中非常重要。创业可以通过独立、别人对自己认可、为其他人创造福利、有较大的自主权、保护家庭安全等方面获得较高的满意度，成为较强的内在动机影响创业行为决策（Carter，Gartner，

Shaver, and Gatewood，2003；Wiklund，Davidsson, and Delmar，2003）。第三种比较内容涉及转换成本，表示从当前企业或项目转移到新的风险投资或者其他创业机会，需要的经济和非经济成本(Gimeno et al.，1997)。转换成本包括多方面，如寻找另外一份工作、机会或者建立新企业所需要消耗的时间、精力、资源等。创业者需要不断地进行财务、社会和心理资本投入，而中途放弃或者转移到另外一个投资项目有可能导致前期投入成本的损失(Sharma and Irving，2005)。总体而言，当企业家可以感知到他们的财务收益、非财务利益和转换成本要比其他选项的成本高时，他们更加倾向于选择坚持创业。

决定抓住某个创业机会是坚持创业决策的第一步，这有可能是基于企业家评估和预测创业机会的潜在收益以及创业成功的可能性，而这种行为决策是家庭期望价值激励理论的基本要素(Steel and Konig，2006)，也是企业家行为决策的重要基础(Gatewood et al.，2002；Wiklund and Shepherd，2003)。坚持被视为成功企业家最重要的特质之一(Kuratko and Hodgetts，2007)，因为创业者在决定是否创业的时候是一次性决策，但是关于是否要继续坚持创业的决策是在创业过程中频繁出现的。大多数的创业者会自动选择创业坚持，通常情况下比较少去考虑其他可选的战略行为。但是当业绩反馈时常较差或者低于其目标水平时，企业家就会更加谨慎地评估坚持创业成功的可能性(Carver and Scheier，1998)。所以在这样的情况下，在行为决策中期望值或者参考点的选择就会严重影响企业家对于创业成功可能性的评估(Grilli，2011)。

对于坚持创业成功可能性的评估受到了一系列因素的影响，其中包括个人自我效能（应对困难的个人技能和知识）、之前成功或者失败的经验、所需资源的可获得性、对于竞争环境的感知（如行业、经济、其他环境等）（Feather，1992）。如果创业者认为他们有较高的可能性实现成功或者取得较好的业绩，那么他们就更加有可能选择坚持创业。DeTienne 等（2008）的研究解释了为什么在相同的情境设置下企业家会做出不同的选择，即有的企业家选择退出创业而有的企业家却选择继续创业。他们强调了外在动机在影响行为决策当中的重要性。DeTienne 等（2010）进一步探讨了其他一系列影响企业家创业持续行为决策的因素，包括企业家对外部环境的感知、个人投资水平、可供其选择的备选、组织效能以及外在动机等。在 Daniel 和 Dean（2013）的研究中，基于 Gimeno 等（1997）的研究模型，他们分析了个体差异对于坚持创业行为决策的解释力。相较于外在经济动机的驱动，他们更加关注个体价值观的影响。价值观通常在多变的认知结构中被视为是稳定的，可以指导人们生活当中特定的行为或者决策。他们认为价值观可以激发企业家创业的内在兴趣从而影响其坚持创业的决策，并指出企业家坚持创业的行为决策是受到个体对于财务收益、非财务收益以及转换成本的影响的；而选择坚持创业的决策是受到创业过程中遇到的困难程度（就是所谓的逆境）的影响的，同时也受到企业家自身价值体系的影响包括选择创业坚持有可能产生正面和负面的后续结果，比如在逆境中求生存的企业家更加有可能会进行承诺升级和保持灵活性。具备适应环境弹性的企业家可以从逆境中重生，也可以因此获得更加丰富的资源（Sutcliffe and Vogus，2003；Youssef and Luthans，2007）。总结现有文献，创业者个体特征如年龄、性别以及教育水平（Block and Sandner，2009）、个体价值观（Daniel and Dean，2013）、个人先前失业的经验（Taylor，1999）、企业特征（Parker and Belghitar，2006；Stam et al.，2010）以及总体创业环境（Haapanen and Tervo，2009；Millán et al.，2010）是影响个体创业生存时间的关键变量。而财务收益、非经济利益以及转换成本是企业家在选择是否要坚持创业时的重要决策参考点（Gimeno et al.，1997；Daniel and Dean，2013）。对于家族企业家而言，非经济利益参考点价值的探讨可能是比较有意义的。

（二）影响创业退出的因素分析

创业退出现象是创业过程中的一个重要组成部分（DeTienne，2010），至于为何出现这种退出行为，经济学、社会学、组织学与创业学等都进行了一定的理论探讨与经验分析。比如生命周期理论认为企业在不同发展时期将面临不同的挑战和机遇，企业需要通过转型来适应当前环境变化（Hanks，1990），而创始人的技能却无法再满足当前企业规模和发展的需求以至于出现了退出现象（Hanks，1990）。目前来看，大多研究文献主要是从企业家、企业与产业或宏观环境去建立退出的创业精神模型。企业家的人力资本、人口特征等是一个被广为应用的解释因素。创业的机会成本受到了人口特征的影响（Carroll and Mosakowski，1987），所以诸如企业家的种族和性别等都可能会影响企业家是否选择退出活动（Gimeno et al.，1997）。

Taylor(1999)提供了一些有关企业家的生活因素在决定是否退出时的作用,他发现退出的企业家中有4.3%的男性强调的是"个人原因",比如教育或照顾家庭,有高达13.4%的女性企业家也引用了相似的理由。Gimeno等(1997)发现,虽然产业经验与教育降低了退出的可能性,但创业经验对退出具有正向影响,这意味着有经验的企业家往往具有更好的业绩,也更加倾向于退出,且更加倾向于再次创业。Taylor(1999)的研究也发现某些工作经验,比如拥有了领薪工作但又没有失业经历,是解释企业家自愿退出的重要因素。Bates(2002)归纳道,创始人的人力资本、产业经验、人口特征(如性别与种族)都可能是影响创业退出的因素。他的经验研究发现一些因素如创业者的教育水平越高、在创业之前就拥有该领域的经验、非少数民族、在经验丰富的行业经营等都降低了其从事其他行业的机会成本,以至于创业者在企业还比较成功的时候就选择退出经营活动。Bates(2005)的后续研究又再次发现自愿的退出活动在那些受到很好教育的业主之中更有可能发生。DeTienne和Cardon(2006)对美国电子测量与外科手术设备行业的189个企业家的研究结果发现,年纪大的企业家有更大的动机退出创业,通用的人力资本比如教育和经验对企业家退出模式(出售、IPO、清算等)也有影响。另外,企业家在企业所进行的人力资本投资与物资资本投资也影响到他们的退出。比如Boeker和Karichalil(2002)发现,创始人退出的可能性随着他在企业的所有权增加而降低,这与Bates(2002)的发现是一致的,即创始人的初期启动资本投资所导致的沉没成本越低,他们从事其他行业的机会成本也越低，以至于创业者在企业还比较成功的时候就退出经营。另外，退出的可能性还随着内部人的权力增强而降低，Boeker和Karichalil（2002）的研究还发现，那些在研发机构工作的创始人较少选择退出。

企业因素对创业退出的影响作用也不可忽视，比如Mitchell（1994）发现初创企业的寿命更长时创始人更倾向于出售企业，但其解散企业的可能性降低了。Boeker和Karichalil（2002）则发现，创始人退出的可能性随着企业规模而增加。企业所不可控的外因也可能直接影响到企业家选择退出与否，比如有学者发现在成熟产业与衰退产业背景下，由于程序化的技术体系占据主导，企业无法跟上破坏性的技术，以至于创始人倾向于选择退出（Alberti 2006）。Kyle等（2006）则在其清算投资模型中提出，外因是导致投资者进行清算的额外条件，即企业家所不能控制的外部事件，比如外部压力所导致的被迫破产、大客户终止合作等事件，直接地影响到其持续经营的动力。

创业退出现象不仅仅受到单个层次的影响，更有可能受到多层次因素的制约或激发。Gimeno等（1997）认为要从经济学与组织理论去解释创业退出，就要考虑到个体层面、企业层面和环境因素的影响。其中有些因素比如教育和管理经验等会影响到创业收益；但也有些因素比如年龄和父母的背景等则不会影响到收益，但这些因素的综合效应最终会导致企业家进入退出状态。Wennberg（2009）提出了一个相对具有概括意义的模型，即认为出现创业退出的根源在于：第一是环境因素，如宏观经济条件、产业结构与竞争性、文化与规范制度等；第二是企业因素，如成长潜力、财务业绩、合作伙伴、员工状况等；第三是企业家层面，如企业家的人力资本（包括产业经验、教育与前期创业经验）、人口特征（年龄、社会网络、家庭状况）、动机与期望（比如外部就业机会、持股比率）。Van Teeffelen 和 Uhlaner（2013）则组合了人力资本理论与资源基础观，从人力资本特征与企业资源角度分析了创业退出的根源，这有助于更加深入地理解创业退出现象。

虽然影响到创业退出的因素非常庞杂，但由于业绩是影响企业家决策的重要信息，所以更多的学者是基于经营业绩的角度去解释创业退出现象。例如，产业组织经济学与组织研究文献都将财务绩效作为企业家恰当地调整其战略与行动的重要信息源。因此，绩效信息就成为创业学习的重要源泉。比如 Jovanovic（1982）的产业动态经济模型指出，新创企业的生产与管理能力都是不确定的。基于此模型，企业家进入一个产业追求一个感知的利润机会，但他们事先不知道自己能否成功，所以就必须投入一些时间与金钱，并且进入市场以便了解其作为一个企业家的管理能力；随着时间的推移，创业者会基于最近期的业绩反馈而采取扩张、收缩或退出的行为。Gartner（1988）提出了一个修正的企业家退出模型，在该模型中企业家被假定为对其能力过度自信，由此出现了"一系列不好的结果并最终导致了退出现象"（Gartner，1988）。这种观点认为，企业家有时候受到傲慢的驱使，这导致他们过度进入，一旦这些企业家发现自己无法在该行业内实现所必要的财务业绩就被迫选择退出（Camerer and Lovallo，1999；Hayward，Shepherd，and Griffin，

2006）。在这些模型中，企业家并不会以任何前瞻性的方式对下滑的业绩做出反应，"组织下滑使企业家懒惰起来，这种懒惰是对业绩下滑的一种反应而不是下滑的原因"（Gartner，1988）。由此可见 Jovanovic（1982）和 Gartner（1988）的退出模型都是创业学习中的消极模型（Pakes and Ericson，1998），他们都基本假定创业能力或多或少是固定不变的，一旦企业家进入了市场而生产效率却并没有得到改进，这就会导致创业者倾向于选择退出。

不过更多的经验研究结果表明，企业业绩和创业退出之间的关系是很复杂的。比如 Schary（1991）发现，企业家退出与盈利之间没有明显的关系；Mitchell（1994）则发现，对于新创企业而言，销售业绩的增加会降低企业家退出的可能性；Holtz-Eakin、Joulfaian 和 Rosen（1994）发现，财务缓冲以创始人的财富的方式降低了退出的可能性，但 Bates（1990）的研究则发现企业潜在财务冗余的缓冲并没有影响到创业退出。一个可能的解释是，虽然财务冗余允许企业解决低绩效问题，但新创企业的退出在较大程度上是由于兼做高管的创始人自愿选择的结果，且财务的缓冲并不必然地与此决策紧密相关。Wennberg 和 Wiklund（2006）将创业退出区分为出售、关闭和完全退出三种模式，结果发现大量企业家在业绩很好的时候选择了出售产权。所有这些结果表明，财务绩效很重要，但未必对企业家退出产生线性的影响（Gimeno et al.，1997）。另外，现有文献对于企业家退出根源的分析重点在于经营业绩水平（Karaevli，2007；Shen and Cannella，2002），而很少关注非经济因素的影响。实际上，Bates（2002）曾经指出，企业家放弃初创企业除了考虑到机会成本、转化成本之外，非经济因素也很重要，该因素与经济因素等相互交合才最终导致了企业家选择退出。Khavul（2011）针对前期研究考虑到退出过程中的经济与战略阻力，而很少关注非理性行为在此过程中的作用，采取了行为观点与实验、观察等方法以分析新创企业退出背景下的承诺升级现象，他指出决策者的心理障碍是退出的壁垒，这导致了承诺升级行为，以至于退出动力下降了。

绩效与创业退出与否的关系之所以不确定，还可能是由于不同的企业家所面临的创业机会成本存在差异。Ronstadt（1986）调研了3 500位Babson College的校友，就其创业生涯——离开其新创企业的经历进行访问，结果发现许多前任创业者关注到了积极的、更好的机会，这是他们从创业者转为员工的根源所在。Bates（2002）认为，企业家之所以仍旧坚持创业是因为其他就业机会没有多大的吸引力；而选择退出也并不必然意味着是由于失败了或者业绩低于期望水平，对于创业者而言，只要出现了于其而言更好的选择机会就会出现退出行为。机会成本的解释是有经验支持的，比如Bates（1989）研究发现，在那些拥挤的少数民族社区中从事经营活动的黑人创业者，如果在高中就辍学了的话，他们会更倾向于坚持而不是退出。一些社会学研究者也有类似的发现，如语言等劣势导致了亚洲移民创业者不会轻易选择退出（Min，1984），因为没有更好的就业机会。除此之外，阻碍这些群体没有其他选择的因素还包括海外教育水平。低下的海外教育降低了被其他业主录用的可能性，所以自我雇佣的机会成本是比较低的(Bates，1997)。Gimeno 等(1997)的研究结果表明，拥有糟糕业绩的企业或许仍旧会坚持下去，而那些相似规模与范围且在同一行业中运作的企业则选择关闭，即便它们的业绩还不错，这主要是由于机会成本在企业家是否选择退出的过程中起到了重要的作用。

  值得注意的是，也有一些学者将业绩与创业精神的退出模式对应起来，认为不同的业绩状态下将会出现不同的退出模式。纵观业绩与创业退出的研究，主要涉及两个不同的理论观点。其一是期望效用框架(the expected utility framework)，它将职业选择，比如在就业还是自我雇佣中进行选择，作为个体实现最大化其人力资本收益的途径(Becker，1964)。这个理论框架是企业家职业选择(包括创业退出)的主流研究(Douglas and Shepherd，2000)。其二是基于 Kahneman 和 Tversky(1979)的前景理论，该理论认为退出行为并不总是假定效用最大化(Kyle et al.，2006)，财务收益或者损失只是相对于参考点而言(Shefrin and Statman，1985)。参照点的界定对于创业退出决策的理论检验是有价值的，因为参照点明确地表明，"效用损失"在一定规模的现实损失下要高于同规模现实收益下的"效用收益"，并且收益(损失)的边际效用随着收益(损失)的规模而降低。这就可以解释那些与财务绩效相关的企业家退出决策为何是不同的。比如低绩效企业的企业家极力想出售企业以收回一些损失而不是清算这些企业(van Witteloostuijn，1998)。Gimeno 等(1997)相对较早地将参照点理论应用于创业研究，他们提出了一个阈值模型以解释企业家为何在业绩低于一个关键水平时就终止企业。阈值模型表明企业家的退出决策是由他们将期望的创业盈余与其他的就业机会、职业转换成本和感知到的创业的心理价值相比较而决定的。根据这个模型，企业家在企业业绩低于某个关键的阈值时就选择终止。与前景理论及所观察到的投资事件相一致（Shefrin and Statman，1985），Kyle 等（2006）的模型认为，在获益状态下投资者会快速地将投资转变成为现金，但在损失背景下则会延长清算时间[①]。Wennberg（2009）则不是去假定低于某个阈值的业绩将引起退出决策，而是认为企业家是否选择退出将取决于企业家是否实现了其期望水平，而为了说明主观目标实现程度的概念就需要引入组织研究中所提出的行为决策模型（Miner and Mezias，1996）。另外，退出模式也有可能与损失或收益的状态对应起来，比如 van Witteloostuijn（1998）明确地将企业家退出行为区分为清算与出售两种模式，结果发现业绩低于参考点的企业家可能会采取规避失败的战略以避免清算。Wennberg 等（2010）还综合学者们的研究模型得出以下业绩与退出模式之间的关系：（1）企业家退出比如出售或清算，既可以出现在获益状态下也可以出现在损失状态下；（2）损失状态下的出售与清算都反映了低绩效，但它们却也反映了不同的业绩水平，其中损失状态下的清算是最低业绩水平下的退出行为；（3）由于人们倾向于在损失状态下延迟清算，因此外部的强制

---

① 如果将潜在的外部事件纳入考虑的话，很有可能出现下面的结果：如果项目成功，那么就会加快清算；如果项目不成功，那么清算就会延迟；由于不成功的项目导致清算的延迟，外部导致清算的因素更有可能影响到不成功的项目而不是成功的项目（Kyle et al.，2006）。

性因素(比如强制破产)与低业绩的清算相关。

作为一种退出方式,创业退出的过程非常复杂,分析水平、理论观点存在较大差异性,要从此研究中推断出创业退出的理论模型是极其困难的(DeTienne,2010)。我们对于创业退出现象的了解仍旧非常有限。本书认为,对于新创的家族企业而言,前期从企业家个体角度去分析其退出现象可能存在不足,既然这些企业的业主及其家族成员在公司投入了专有的物资资本与人力资本,他们的决策依据往往不再是关注企业的价值与期望水平的差距,而是家族经济财富与理想水平的差距,所以有必要从新的分析单元来建立创业退出的模式。

 "家"在创业精神研究中的地位

大多数研究将创业行为和家族企业看作两个独立的研究问题,并没有考虑两者之间的重叠或者相互影响(Brockhaus,1994)。现有的文献侧重于将创业活动视作一个独立企业所有权的过渡过程,通常以自我雇佣或者不聘请其他雇员作为衡量,将创业活动视为建立新企业的过程。创业学者很少关注到家族对创业过程和行为的影响(胡晓红、李新春,2009)。然而事实上新企业的创建并非只有个体选择创业这样一个途径,创业者可以家庭的形式收购企业进行创业,或者创业者家庭提供资金、人力、社会等资源作为创业最初资本的主要来源(Parker and van Praag，2010）。但很少有文献关注到这个现象，创业家族对于创业活动的影响经常被忽略。另外，目前大量家族企业研究主要关注战略行为决策对企业绩效的影响（Chrisman，Steier，and Chua，2008）、家族企业的异质性资源（Miller and Le-Breton-Miller，2005）以及企业家能力，而忽视创业家族的未来战略计划（Miller，Le Breton-Miller，and Lester，2013）和家族企业创业活动的持久性。Nordqvist 和 Melin（2010）指出长期以来家族企业研究和创业学研究是互相独立的，然而近期文献认为家族因素和创业问题的结合将产生独特的理论问题。现实中大量企业家创业的初衷是跟其家族密切相关的，企业家自身社会关系网络带来的资源如金融资本、人力资本以及物质资本等都是其创业机会和初始资本的主要来源，因而家族关系也被学者们公认为是最强的也是最有效的关系资本。Hills 等（1997）研究表明 50％的创业者通过其社会关系网络发现创业机会，而其中最有效的关系资本包括创业者的家庭或者家族背景（Aldrich and Langton，1998）。Chrisman 等（2002）的实证研究表明将近 80％的新创企业都具备家族企业的特征。也有实证研究表明拉丁美洲文化比英美文化更加具有集体主义文化的特点，这也主导了创业学的研究（Discua Cruz and Howorth，2008）。大量研究表明集体主义文化在家族企业中更为盛行（Bertrand，Johnson，Samphantharak，and Schoar，2008；Carney and Gedajlovic，2002；Iacobucci and Rosa，2010；Khanna and Palepu，2000；Manikutty，2000；Tsui-Auch and Lee，2003），因此探讨家族对于创业精神的影响有重要的意义。尤其是在中国情境下，"家"文化盛行并且集体主义在家庭范围内广泛存在，研究家族创业活动有重要意义。纵观世界各国创业过程，大部分新创企业的创建都涉及企业家家族成员，家族关系毫无疑问是创业精神的关键来源。

探讨家族企业的行为和性质对于理解创业活动具有一定的理论和现实意义，但是目前研究家族企业创业活动的文献仍然相当分散和匮乏。近期的文献也呼吁学者进一步对家族创业研究进行理论和实践探讨（McKelvie，McKenny，Lumpkin，and Short，2014），需要充分考虑家庭的影响（Alsos，Carter，and Ljunggren，2014），或者以家庭为中心的创业团队（Corbetta and Salvato，2012；Habbershon and Pistrui，2002；Manikutty，2000）。在宏观经济层面的创业学研究表明，当企业从事更多的创新活动时，经济发达区域可以实现更高的经济增长（van Stel，Carree，and Thurik，2005）。创业学的研究表明企业可以通过创业获得竞争优势（Covin and Miles，2006），探究企业的行为和性质可以帮助企业搜寻定位具有发展潜力的创业活动（Corbett，Covin，O'Connor，and Tucci，2013）。而家族企业对全球经济具有重要影响（Astrachan and Shanker，2003；Corbetta and Salvato，2012），更是我国民营经济的重要组织形式（陈凌、应丽芬，2003；储小平，2000）。

近期有学者提出为了更加深刻了解家族企业情境中的创业行为，研究者应该更加关注创业家族、家族企业和创业学的互相交织与影响（Randerson，Bettinelli，Fayolle，and Anderson，2014）。虽然之前也有文献探讨了家族企业家战略决策（Holt，2012）、战略计划在家族企业情境下的实践（Nordqvist and Melin，2010），但是大部分关于家族企业传承问题或者持续性发展的研究都是较为笼统的（Eddleston，Kellermanns，Floyd，Crittenden，and Crittenden，2013），极少数的研究关注了控制家族对于创业活动的影响。

之前关于家族创业研究的文献主要集中解决两个重要问题：一是家族如何影响创业过程，家族作为最基本的社会组织形式对家族创业有什么作用；二是家族嵌入是否能为新创企业带来独特资源以及竞争优势。传统的创业学观点主要从企业家个人特征如性别、教育水平和性格等角度分析创业决策行为，很少有研究考虑到创业家族对企业家行为决策的影响。也有少数学者开始关注家族在企业家创业过程当中的作用，其中较为有影响力的"家族嵌入观"（family embeddedness perspective）强调在创业研究模型中考虑家庭关系变量的重要性，认为与创业家族相关的事件如婚姻、生育、退休以及死亡等都对创业决策有显著影响。近期文献也开始研究影响家族企业中企业家行为的不同因素。Sciascia，Chirico 和 Mazzola（2010）检验了创业导向与企业绩效之间的关系并检验了家族管理在其中间的调节作用。他们的研究表明参与家族企业管理的跨代数量对创业导向与绩效之间的关系具有负向调节作用，然而家族成员在企业中工作人数的比例却没有显著影响。Casillas 和 Moreno（2010）的实证研究却验证了家族涉入对创新与企业成长之间关系的正向调节作用，家族涉入对创新投入有积极影响。在家族企业研究中，冒险性行为决策一直是一个重要的研究议题，Naldi 等（2007）认为相较于非家族企业，家族企业在面对新产品开发时更加保守更加不愿意承担风险。

与非家族的个体或者团队创业不同,家族创业活动深受家族性的影响,家族在创业活动中不仅仅是指一种环境或者社会文化因素而是一种系统性的因素,因此本书认为创业家族是影响创业精神的关键变量。Pearson 等(2008)指出,基于社会资本理论可以判别家族性的结构、认知和关系层面的维度。家族性结构的维度包括家庭内部的互相沟通和影响、模式和家庭内部的关系强度(Nahapiet and Ghoshal, 1998)。家庭成员之间可以经常互相交流创业的想法,他们更有可能识别创业机会(Ruef, Aldrich, and Carter, 2003)。家族性中认知的维度指代家庭内部可以互相分享信息和资源,是内部资源的重要表现形式。认知维度中的一个重要因素就是共同的愿景(Pearson et al., 2008),其中也包括对管家的共同承诺。管家理论解释了个体之间在一起工作、共同服务于组织利益如家族企业(Schulze, Lubatkin, and Dino, 2003; Westhead and Howorth, 2007)。管家理论作为对社会资本理论的补充,解释了家族内部成员间的承诺与共同愿景。家族成员作为管家以保护企业或者家庭财产为目标,而不是追求个人利益最大化(Donaldson and Davis, 1991),这也为解释家族企业世代延续的意愿提供了理论基础。然而对于很多家庭而言,探讨家族内部的目标和利益要比探讨单个家族企业的目标来得有意义。

应用行为代理模型、前景理论和代理理论的研究表明社会财富损失厌恶是家族企业战略行为决策最主要的决策参考点(Berrone, Cruz, Comez-Mejia, and Larraza-Kintana, 2010; Cómez-

Mejía et al.，2007；Gomez-Mejia，Makri，and Larraza-Kintana，2010）。这些研究表明，当家族企业在为了保存社会情感财富时，他们有可能倾向于冒险决策，即便这种冒险行为有可能减少长期的经济财富；反之当冒险性决策可以带来长期效益但要以损害社会情感财富为前提时，他们也会抵制冒险性行为。举例来说，尽管创新投入可以带来长期的收益，有很多学者的实证研究表明家族企业为了保护其社会情感财富会比非家族企业的创新投入要低（Chen and Hsu，2009；Czarnitzki and Kraft，2009；Munari，Oriani，and Sobrero，2010）。但是这些观点也受到了其他学者的挑战，他们认为家族企业本身的长期导向会影响企业对于创新活动的投入（James，1999；Le Breton-MiHer and Miller，2006）。

基于资源基础观、管家理论以及社会资本理论的观点，家族企业能够提供强有力的情感支持、高度信任的关系等独特资源，为企业带来竞争优势（Dyer and Hanlder，1994），并且还可以帮助减少管理者与股东之间的代理成本，是符合家族企业长期发展目标的（Block，2012）。由于家族企业的独特性，学者们认为家族涉入对创新投入和创新活动具有积极促进效应，比如Gudmundson等（2003）的研究结果表明家族的所有权与新产品新服务的引进数量是正相关的。Llach 和 Nordqvist（2010）比较了家族企业和非家族企业的创新性，同样认为控制家族本身具备的社会、人力和营销资本提高了家族企业的创新性。基于我国深圳中小板的二手数据，关勇（2012）的研究结果也证实了家族企业的研发强度要比非家族企业高。关于创新活动效率研究，De Massis 等（2013）认为家族企业对创新活动的有效管理促使其相较于非家族企业拥有更高的创新效率。

总结目前家族的创业研究，创业家族对于企业家创新行为决策的研究结果仍旧模糊不清。一方面，由于家族企业更加关注企业可持续性发展并希望能为下一代家庭成员创造稳定收入，相比非家族企业更倾向于规避风险，面对创新投入往往持谨慎态度，尽量做到不创新或者是少创新（Chrisman，Steier，and Chua，2006；Naldi，Nordqvist，Sjoberg，and Wiklund，2007；Nordqvist and Melin，2010）。另一方面，家族企业又是技术市场上重要的革新者和技术创造者（Kellermanns et al.，2008；Rogoff and Heck，2003；Zahra，2005），因为他们需要依靠创新进入新市场来确保企业可以世代生存的竞争力（Casillas and Moreno，2010；Zahra，Hayton，and Salvato，2004）。家族企业研究中主流的观点表明创业活动对企业经营和发展具有积极正面影响，比如 Marchisio 等（2010）多重案例的纵向研究表明家族涉入是促使家族企业拥有较好经营绩效和较强长期生存能力的关键性因素，但它也有可能为企业减少或增加资源。综合考虑创业活动的积极和消极影响，Webb、Ketchen 和 Ireland（2010）的研究强调了家族企业在平衡开发新业务、技术、市场和开发当前业务领域之间关系的重要性。尽管如此，在家族企业研究中探讨创业行为的研究相对比较匮乏（Aldrich and Cliff，2003；Chrisman，Steier，and Chua，2006；Hoy and Verser，1994；Kellermanns and Eddleston，2006），只有少量文献关注家族管理权对创业导向或者创业绩效的影响（Sciascia，Chirico，and Mazzola，2010）、家庭成员涉入对创新投入的作用（Casillas and Moreno，2010）。从现有文献来看,关于家族企业创业者退出的研究仍旧是一个空白点(Salvato et al.,2010),家族企业退出的策略是保持家族企业生存能力的重要工具。创业者的投资组合在家族企业研究中具有重要意义,因为创业者的投资策略可以分散风险,帮助家族企业实现期望增长,帮助控制家族的其他成员实现自己的职业发展(Carter and Ram,2003)。家族企业有较大可能性实现投资多样化或者其他一系列追求市场机会的战略选择,但是目前学者对于家族企业创业退出策略的了解还是甚少。家族企业本身而言是非常有趣的研究背景,区别于非家族企业,家族企业具有自己特殊的性质(Chrisman,Chua,and Steier,2005;Chua,Chrisman,Steier,and Rau,2012;Sharma,2004),而这些家族企业所具有的特殊性又会对创业者的退出策略产生影响。家族企业的特性包括社会情感财富即满足控制家族情感需求的家族企业的非经济目标(Gómez-Mejía,Haynes,Núñez-Nickel,Jacobson,and Moyano-Fuentes,2007)、治理结构的分散程度如家族跨代控制(Cruz and Nordqvist,2012;Ling and Kellermanns,2010)以及非家族 CEO 的代理问题(Gómez-Mejía,Hoskisson,Makri,Sirmon,and Campbell,2011)。

第四节 总 体 性 评 述

关于创业精神本质的探讨,不同学科学者有着不同的定义和侧重点。本书所持的观点认为创业精神是一个长期创业过程,包括建立新创企业即进入创业活动、在创业活动中选择继续坚持以及从创业活动退出的环节。然而大部分创业学的研究主要关注机会识别、融资、创业团队建立以及企业成长等,很少关注企业家在创业活动过程中是否要继续坚持创业行为决策的影响因素。相比于创业启动和进入的研究,很少学者关注创业退出的过程以及中小企业家的退出(Moore,1989)。而只关心创业启动有可能导致很多新企业的建立并没有充分考虑到退出策略(DeTienne,2008)。由于企业家的退出决策通常出现于创业的后期阶段,研究者很难有足够的时间进行完整的分析和研究(Porter,1975;Warrillow,2010;McKaskill,2010)。然而实践中,企业家却一直面临是否要继续坚持创业的抉择。探讨创业退出的文献通常把创业坚持和创业退出两个概念放在一起讨论,认为选择不继续坚持创业就意味着创业退出。但本书认为坚持创业和退出创业虽然在某些维度上具有一定的对立性,如对企业进行清算和关闭可被视为创业退出的主要表现形式,也可被视为企业家选择放弃坚持创业的表现,但在很多情境下创业退出和创业坚持代表着不同的内涵。例如,对于家族企业而言,创业坚持很大程度上反映出企业家自身的传承意愿以及对于管理权和控制权的坚持,而创业退出主要的表现形式是出售股权、清算和关闭企业等。本书认为影响创业坚持和创业退出的因素存在一定的差异性,针对继续坚持创业的意愿来说,控制家族自身的激励、创新的成果等具有正面积极意义的变量可能更为重要;而对于创业退出而言,外部制度环境的压力、企业经营不善等负面消极的变量的作用力可能更加显著。根据生命周期理论，每个企业家的寿命都是有限的，不管企业家自身是否愿意退出，随着其临近退休年龄或者生命尽头，创业者的退出是一种必然的选择。然而对于很多企业家而言，他们愿意奋斗或者坚持创业到生命的最后一刻，很多企业家都曾对媒体表示他们永远不会退休如宗庆后、邵逸夫等，但是生命的有限性是客观存在的，在这样的情况下企业家是否有其他的备选方案来实现自身创业精神的延续。

另外，以往国内外文献对于影响创业精神的因素从各个层面和维度都进行了探索，总体来说创业精神的研究应该是注重情境影响和多维度的。纵观之前对于创业精神影响因素的分析主要集中在几个层次：个体层面的分析包括企业家个体特征和心理特征；其次是团队层面的影响因素包括创业团队层面的人口统计特征、团队构成、运作过程、专业背景以及团队规模等；企业层面的因素主要关注组织结构、企业文化、组织环境、组织管理风格等对于创业精神发展的影响；从行业和区域层面去探讨影响创业精神的因素，主要关注地区创业文化、政策环境、产业结构对于创业活动的影响；进行跨文化、跨地域和跨国家的创业研究，在国家和社会的层面探讨创业行为，具体的影响因素涵盖经济、政治、宗教、法律、教育、文化等。创业坚持与退出作为创业活动的重要过程，是比较复杂的现象，分析水平、理论观点存在较大差异性，目前创业学研究对于创业坚持或退出现象的了解仍旧非常有限，对退出方式的选择、退出的前提与结果是什么等问题都还不清楚（DeTienne，

2010；Alberti，2013）。就为何出现创业退出问题，本书综合前期的研究文献发现，大多学者关注到了企业家个体、企业乃至产业或其他宏观因素的影响作用，但对于新创的家族企业而言，由于其家族成员投入了专有的物资资本与人力资本，他们的决策依据往往不再是关注企业的价值实现程度，而是家族经济财富与理想水平的差距，所以重要的分析维度应是"家族"。

企业家的行为决策是极其复杂的，是企业家自身动机、认知和个体特征共同作用的结果，同时也受到决策时外部情境因素的制约（Bandura，1986）。尽管利润最大化是许多企业追求的目标，但是企业家在决策的时候往往根据自身特点和情境去发掘可以替代的战略选择（Kahneman and Tversky，1984）。有限理性的存在挑战了经济学上关于利润最大化的假设，即使在相同的情境下决策者通常会做出不同的决定，有时候他们的决定可能并不理性。Kahneman 和 Tversky（1979）提出的前景理论认为企业家在行为决策时会选择一个参考点，认为人对损失的感知比较敏感，决策者在处于盈利区域和损失区域时有不同的风险偏好。当决策者处于盈利状态下，他们往往会表现出风险规避，当处于损失区时会更加倾向于冒险来对冲之前确定的损失。

根据代理理论和行为代理理论模型，在所有的组织中都存在企业所有者和管理者之间的目标分歧。当股权和管理权分离，企业家具有自主权使用企业的资源去追求利润最大化（Jensen and Meckling，1976），这些包括个人目标的实现如财富、休闲时间、权力、声望、地位、工作安全等（Baysinger，Kosnik， and Turk，1991；Cedajlovic and Shapiro，2002），同时也包括其他经济目标如企业规模、市场占有率和销售增长率等（Czarnitzki and Kraft，2009；Jansen，vanLier，and van Witteloostuijn，2007）。然而随着委托代理理论在家族企业研究中的应用日趋成熟，学者们意识到当管理权和所有权都集中在一个人手上时，那些控制家族或者个人将有更大的权力去追求个人目标（Villalonga and Amit，2006）。因此，家族企业和非家族企业行为的差异性就显而易见，如果目标可以达到统一或者实现一致性，那么家族企业和非家族企业间的行为的差异性就会显著降低（Chrisman and Patel，2012）。我们可以发现，企业层面的业绩目标、个人利益以及家族涉入的相互作用所形成的特殊的家族目标和期望构成了家族企业行为决策最重要的参考点，也构成了家族企业行为决策的复杂参考体系。

Chrisman 和 Patel（2012）的研究比较和证实了家族企业和非家族企业在研发投入上的差异性，在此基础上进一步探讨家族企业群体当中研发投入的差异，他们发现家族目标对研发投入有显著的影响。他们的实证结果表明，当企业财务绩效低于家族的期望水平时，家族企业与非家族企业对于研发投入存在较大的差异性；反之当企业绩效高于家族的期望时，家族企业与非家族企业对于研发投入的差异性则显著减小。由此可见家族目标和期望是影响家族创业活动决策的一个重要因素。对于家族企业而言他们不只关心财务绩效，也更关心非财务目标。创业者及其家族成员所关心的决策依据不仅仅是物质的，如财务业绩；他们更可能关心的是非财务方面的效用，如社会情感财富(Gomez-Mejia et al.,2007;Gómez-Mejía et al.,2010;Berrone,Cruz et al.,2010;Gomez-Mejia et al.,2011)。因此,在分析新创企业家决策时应将非经济目标纳入模型中。近几年来家族企业研究的重点之一就在于探讨家族企业的经济与非经济目标,尤其是非经济目标对决策影响的重要性(窦军生等,2012;朱沆等,2012),甚至可以说,家族企业行为与结果的独特性关键在于家族期望的影响(Chrisman et al.,2005;Fiegener,2010)。然而,目前关于家族期望探索的理论文献还较少,本书以创业家族作为分析单元,探讨家族期望对于家族创业坚持的作用机制。

第三章
家族期望的理论构念与测量

我国私营企业绝大多数为创业者个人及其家族成员所控制（张厚义，2001；程书强，2006；张余华，2006），这种类型的企业普遍被界定为"家族企业"。2011年《中国民营经济发展形势分析报告》资料显示，中国民营经济比重占GDP 50%以上，已经快速成为市场经济的主体。对于这种私营家族制企业成长机制的研究早已受到学者的关注，近年来一些专业性学术会议与期刊的专辑主题更能说明这一点（如Asia Pacific Journal of Management在2011年组织的专业会议与专辑就要求学者就私营企业问题进行理论和实证研究）；同时，除了早先专业性期刊，如Family Business Review、Entrepreneurship Theory and Practice之外，新兴的刊物Journal of Family Business Strategy、Strategic Entrepreneurship Journal等更促进了学者对该研究领域的关注。不同于其他类型的组织形式，家族企业是"家族"和"企业"的结合体，其特殊性质导致家族企业在追求经济利益的同时以非经济目标为导向（Stockmans et al.，2010；Chua et al.，1999）。有些学者引入情感价值、财产依恋、利他主义、家族价值观等概念来解释家族企业偏离经济目标而去追求非经济目标的行为。Gómez-Mejía等（2007）构建"社会情感财富"（socioemotional wealth，SEW）的整合概念来探索家族对于其所控制的企业产生的非经济影响。虽然家族企业研究者强调非经济目标参考点的重要性及其对行为决策的影响，但是近期也有文献表明过于注重非经济目标的实现程度而忽略企业财务绩效可能会导致家族企业的经营陷入危机（Tyler and Caner，2015），他们认为经济目标对于家族企业而言也同样重要，这就使家族企业行为决策参考点的确定比较模糊。

作为组织管理学最有影响力的理论基础，企业行为理论认为期望水平是影响管理者行为决策的重要依据（Cyert and March，1963；Greve，2003b，2008；Lant，1992；Lant and Baum，1995；Gavetti，Greve，and Ocasio，2012；Shinkle，2012）。近几年顶级管理学杂志期刊，如 Academy of Management Journal、Strategic Management Journal、Journal of Management、Administrative Science Quarterly 都有大量有关企业行为理论的研究发表。Shinkle（2012）对企业行为理论相关文献进行了整理，发现虽然大量实证研究探讨了财务绩效期望如 ROA、ROS 以及 ROE 对企业行为的影响，但是其他期望类型研究还是比较少。对于家族企业而言，除了财务绩效期望之外，其他非经济类期望可能尤为重要。本书根据企业行为理论、前景理论、社会情感财富理论以及家族企业研究相关文献，提出了"家族期望"的理论构念，本章内容主要介绍了期望在行为决策当中的重要性，家族企业目标、期望及价值体系的探讨，家族期望的内涵以及家族期望的理论测量体系。

第一节　期望与目标：行为决策中的重要影响因素

目前管理学领域的学者越来越关注目标导向的相关变量，

认为目标设定是影响组织行为的关键性因素(Argote and Greve, 2007; Berrone, Cruz, Cómez-Mejía, and Larraza-Kintana, 2010; Chrisman and Patel, 2012; Chrisman, Pearson and Barnett, 2012; Tyler and Caner, 2015)。其中很多学者关注"期望"在行为决策当中的重要性，其理论根源主要集中在个体的分析。Simon(1995)将期望的概念引入组织研究领域之后，企业行为理论学者开始探讨企业层面的业绩期望对企业进行搜寻、战略变革以及其他行为决策的影响(Argote and Greve, 2007)。企业行为理论研究者将期望水平看作是一个管理者所期待达到的理想目标水平，设定目标通常是战略规划的重要内容(Ansoff, 1984; Chandler, 1962; Hofer and Schendel, 1978)，企业行为理论认为当前企业绩效与期望水平的差距会导致管理者进行搜寻、战略调整来实现其绩效目标(Cyert and March, 1963; Milliken and Lant, 1991; Simon, 1955)。

心理学家早期认为目标期望水平是一个人对其正常能力的评估与其可感知的理想水平之间的某个值(Frank, 1941)，它是可变动的，在取得成功之后会上升，在不成功时则会下降(Lewin et al., 1944)。当代的心理学理论则将个体决策中目标期望水平的概念定义为能够为其带来满意的或者可接受的最小产出(Schneider, 1992)。在组织文献中，目标期望水平被定义为决策者将结果解释成为满意或者不满意的分界线(Augier and March, 2003)。March和Simon(1958)认为企业行为模型的基本假设在于个人和组织可以依靠学习和经验去调整他们的行为，而企业根据业绩反馈来制定目标以及调整行为(Cyert and

March，1963），企业的决策行为具有目标导向且与其历史相关（Levitt and March，1998）。目标或者期望水平在企业行为理论的模型当中是至关重要的，期望水平某种程度上决定了决策者接受与不可接受的参考点（March and Simon，1958）。从管理学文献看，期望决定了过去业绩成功或失败的标准从而影响企业之后的决策行为（Milliken and Lant，1991）。从组织行为学角度来看，期望是影响组织未来行为决策的关键变量（Morecroft，1985；Sterman，1987；Lant and Mezias，1990）。具体而言，期望水平与现实的差距是影响企业决策行为的关键性因素（Ansoff，1979；Cyert and March，1963；Fiegenbaum，Hart，and Schendel，1996）。关于期望的形成，早先的学者也进行了探讨，大量前景理论（prospect theory）的实验用潜在的收益（gains）或损失（losses）来描述期望状态（Kahneman and Tversky，1979）。总体来说，企业行为理论中期望水平影响决策者行为的观点是被学者广泛接受的。

企业行为理论一直以来是最具影响力的管理理论，该理论奠定了当代管理学、经济学、政治科学和社会学中组织研究的基础，它的理论假说也在组织学习理论、进化经济学中得到进一步拓展（Argote and Greve，2007），但该理论体系很少被运用到家族企业的研究中，近来一些学者虽然已经认识到这个问题并开始基于企业行为理论等提出了新的理论假说，如Gómez-Mejía等（2007）提出了一个损失规避假说（loss adverse）、Chrisman和Patel（2012）提出了一个短视损失规避假说（myopic loss aversion）。但这些研究只是简单地将社会情感财富等非经济利益作为一个

"有/无"的参照点,只是考虑到它的存在会影响到企业是否采取规避风险的投资行为,而没有考虑到每个家族对非经济利益的期望诉求的重视程度是存在差异的。本书将放松这个假设,将社会情感财富等非经济利益的期望视为可变的连续状态,基于企业行为理论研究者的科学方法确定连续状态的家族期望的"满意/不满意"的参照点,将进一步丰富该领域的研究成果。另外,企业行为理论的大多学者主要以高管作为研究对象,认为他们具备完全一致的期望,并基于个人层面的心理过程和认知偏好的理论来推导团队、组织层面的期望偏好。这些假定过于严格,与现实不太吻合且容易忽略一些更为重要的问题。

本书以家族成员作为研究对象,这些成员由于长期的社会交往与固有的亲缘关系容易达成一致的期望诉求。此外将家族成员与非家族成员分离开来将有助于分析他们之间的目标差异性以及共同期望形成的机制,即在考虑到非经济利益的期望诉求这一参照点的情况下分析双方是如何签订契约并执行契约、执行契约的效率又将如何等。由于家族成员与一般的管理者存在较强的异质性,因此他们之间的契约关系与 Hart 等的参考点契约也将存在差异性。综上所述,这一研究对象的转变不仅有助于丰富现代企业行为理论的研究成果,也将为参照点契约理论的发展提供新的方向。

第二节　家族企业的目标、期望与价值体系

从家族结构角度分析家族成员内部的行为及其产出、组织能力的培育等问题具有重要意义。不过这种思路容易导致学者忽略家族制企业的一些重要的共性，也难以解释家族治理的有效说与无效说的困境。倡导家族治理有效性的主要理论依据是代理理论以及资源能力理论。但这两个理论的最大问题是，它们都隐含地假设企业的目标就是通过竞争优势创造物质财富，不过家族企业的研究者并没有广泛地接受这个假设（Sharma，Chrisman，and Chua，1997）。企业家所控制的企业通常既有经济目标也有非经济目标，许多学者已对其进行了相应的论述（Anderson and Reeb，2003；Gómez-Mejía，Nunez-Nickel，and Gutierrez，2001；Astrachan and Jaskiewicz，2008；Colli，2012；Chrisman，Chua and Steier，2003；Sharma，Chrisman and Chua，1997）。比如 Ehrhardt 和 Nowak（2003）的研究表明，声誉作为一种非财务的私人收益在私营企业决策中起到重要作用；Astrachan 和 Jaskiewicz（2008）还对家族制企业的非财务私人收益进行了分类分析，并相继提出情感收益与情感成本等概念（Astrachan and Jaskiewicz，2008；Zellweger and Astrachan，2008）。当然不同企业家的期望存在很大的差异：有的追求企业第一，有的追求家族第一，有的追求金钱第一，有的则追求生活方式

第一（Basu，2004）。此外，也有可能出现以家族为中心的非经济利益目标追求以及以企业为中心的非经济利益诉求（窦军生、张文冉、赵映振，2012）。

这一讨论和假设给了学者很大的想象空间，因为影响家族企业行为并决定家族企业性质的重要因素（或者可以说根源性的因素）是其经营的目标和价值观（Chua et al.，2003；Colli，2012）。从逻辑上讲，家族企业理论研究应该从家族企业的目标与目的或期望开始（Chua，Chrisman and Steier，2003）。近年来家族企业研究的主要工作似乎在探讨家族企业的经济目标与非经济目标，尤其是非经济目标对决策影响的重要性（窦军生、张文冉、赵映振，2012；李新春等，2012）。甚至可以说，家族企业行为与结果的独特性关键在于家族期望与价值观的影响（Zahra，2003；Chrisman et al.，2005；Klein et al.，2005；Fiegener，2010）。Family Business Review 2012 年的专刊还专门就价值创造和业绩的测量及方法进行了探讨。

虽然一些学者已经关注到期望与价值观的重要性，比如 Chrisman、Chua 和 Zahra（2003）基于 Andrews（1980）有关影响战略形成因素的理论，指出家族期望与价值观不仅对战略选择产生影响，还将影响社会责任的偏好。但这仍旧停留在一个简单的构想阶段，其中的很多问题没有从理论上尤其是经验上进行分析与检验。这主要表现在，这些研究只是将期望视为一个目标设定，与企业文化或价值观联系在一起，虽然这些因素影响到决策，但实际上并没有将其作为决策的参考依据，比如在分析期望与能力积累之间的关系时并没有利用满意化程度这一基本原则（Simon，1955；1956）。社会情感财富（socioemotional wealth）概念的提出（Gómez-Mejía et al.，2007；Gómez-Mejía，Makri，and Larraza-Kintana，2010；Berrone，Cruz，Gómez-Mejía，and Larraza-Kintana，2010；Gómez-Mejía，Cruz，Berrone，and De Castro，2011）在一定程度上突破了前期很多学者的研究框架，该理论强调家族企业追求的不仅是物质财富，更关心的是其所拥有的社会情感财富即非经济类财富，并且这是家族企业决策的一个重要参照点。近期已有学者就这些概念提出了其具体的测量指标（Berrone，Cruz，and Gómez-Mejía，2012），这就进一步为该理论在家族企业研究领域的发展起到奠基作用。其一，这个概念的内涵，即家族控制与影响力、家族成员与企业的身份、紧密的社会关系、家族成员的情感依附、家族控制企业的王朝承续与繁荣等进一步延展了家族导向、F-PEC等理论，使家族企业的性质更为清晰。其二，他们将社会情感财富作为决策的参照点，这与其他很多家族企业研究者的视角存在很大的差异，因为其理论基础不再仅仅是资源基础理论或代理理论等，而是结合了企业行为理论、行为经济学等研究成果。其三，家族企业作为一个独特的组织其最重要的特性在于社会情感财富（Berrone，Cruz，and Gómez-Mejía，2012），从这个角度进行理论分析最有助于解释为什么家族企业的行为总是不同于其他的企业组织，这就为进一步分析家族企业性质开辟了新的思路。

将社会情感财富等非经济利益诉求作为决策的一个重要参照点，这在很大程度上解释了家族企业的许多决策行为，该理论目前已经得到了广泛的运用。不过直到现在，这一理论仍有许多问题需要解决(Berrone, Cruz, and Gómez-Mejía, 2012),尤其是它并不像物质财富那样易于量化,这就限定了其应用价值。另外 Schulze 和 Kellermanns(2015)指出社会情感财富理论过度强调家庭控制的影响而忽略了经营过程当中企业业绩存在的潜在威胁。实证方面而言,社会情感财富的测量已经面临一些挑战,有学者已经开始采用调研数据的方式来弥补研究方法的不足(Zellweger, Kellermanns, and Chrisman et al., 2012),在此之前大量研究选择采用了档案数据中一系列社会情感财富的代理变量如任职高管的家庭成员数量以及家庭控制权比重等。Miller 和 Breton-Miller(2014)认为社会情感财富的维度仍旧不清晰,用调研数据可以有效避免 SEW 测量方法上的不足(Schulze and Kellermanns, 2015)。由于目前期望水平的测量存在一个严格的假设,研究者可以清楚知道决策者如何设定期望水平,企业行为理论的测量方法也存在一些不足(Shinkle, 2012)。

从现阶段的实证研究来看,企业管理者通常根据一系列可测量的变量来设定企业目标或者期望水平,如财务绩效、销售额和生产绩效等(Cyert and March, 1963; Chen and Miller 2007; Chen, 2008, Gavetti and Levinthal, 2000; Greve, 2003a, 2008)。然而这些实证研究中的企业行为模型只关注了经济目标(Tyler and Caner, 2015),忽略了非经济目标的影响。虽然企业行为理论学者发现任何类型的组织都存在非经济目标(Cyert and March, 1963),但是关于非经济目标参考点的实证研究仍旧相当匮乏。尤其是对家族企业而言,非经济目标参考点的作用有可能要比经济目标参考点来得更加重要,控制家族往往比较关心企业信誉、跨代传承、社会关系网络、家族名声以及其他社会情感财富，因而重新在控制家族体系里探讨目标和期望概念与内涵对于行为决策研究有重要理论意义。

总体来说，研究家族企业的学者认为相比经济目标，非经济目标在家族企业目标设定中更为重要（Carney，2005；Chrisman，McMullan，and Hall，2005；Chrisman，Chua，Pearson，and Barnett，2012；Chua et al.，2009；Sharma，2004；Schulze et al.，2001；Westhead and Howorth，2007）。家族企业这种由"三环"（企业、家族、企业家）交互而成的组织（Gersick et al.，1997），主导集团（企业家及其家族联盟成员）的目标不同于其他非家族成员，而且由于信息占优势，他们往往是企业真正的控制者，既有物质财富占有的诉求，还展现出对社会情感财富等非经济目标的追求。Wiseman 和 Gómez-Mejía（1998）以及 Gómez-Mejía、Welbourne 和 Wiseman（2000）等所建立的行为代理理论整合了前景理论、企业行为理论以及代理理论，他们指出企业做出选择取决于公司主要负责人的参照点，这些负责人是以保护他们在公司中所积累财富的方式进行决策，而这些财富不仅包括物质财富，而且还包括非经济利益的诉求，尤其是对于家族制企业，它们更加关心的可能是社会情感财富等非经济利益的期望诉求。社会情感财富理论认为影响家族企业行为决策的主要参考点在于规避社会情感财富的损失而不是财务利润或经济目标（Gómez-Mejía et al.，2007；Gómez-Mejía，Makri，and Larraza-Kintana，2010），因而在企业行为研究模型中同时考虑家族的非经济和经济目标显得很有必要。考虑到家族企业同时具有非经济和经济双重目标的特性,家族目标和期望水平的设定以及参考点的多样性需要在家庭体系中重新考量,因此本书提出了"家族期望"的新构念。

 家族期望:影响企业家决策选择的重要影响因素

从最近的研究趋势来看,对家族企业性质的研究又重新开始关注企业价值观、期望、目标等"古老"的管理哲学问题。本书之所以选取"家族期望"作为分析单元,主要是考虑到以下四个方面。首先,家族企业是家族成员期望与能力的具体表现或延伸,这种期望与能力是决定战略、运作及管理结构的重要社会元素(Chrisman, Chua, and Steier, 2005),企业家及其家族成员的期望是凸显家族制企业与其他企业异质性的根源所在。其次,企业家及其家族成员长期生活在一起,通过多种非正式方式进行信息沟通与学习,能够在家长的权威机制下以较低的成本达成家族成员所认可的共同期望,所以以家族成员这一团队作为研究对象进而分析他们与其他利益相关者之间的合约关系,这对于进一步理解家族企业性质具有理论意义。再次,家族成员的角色结构会随着社会阶层、种族、年龄和民族的不同而发生变化(Ward, 1991; Ward and Jenkins, 1984),这导致了不同家族的期望存在差异性。即使是在同一社会结构与经

济制度的背景下，每个家族由于其经历的差异、家产禀赋的不同，他们的期望也不尽相同。这就为家族在经济决策中所表现出的差异性提供了逻辑基础，期望的不同将产生更为丰富、有价值的研究内容。最后，家族企业的各种行为与结果的独特性在于他们的期望类型和水平不同于其他企业。家族期望的绝对水平及相对水平的变化将直接影响到企业的各种决策行为，所以家族期望的表现及其程度是进一步分析家族制企业决策行为及成长路径出现差异性的主要因素（Chrisman et al.，2005；Fiegener，2010）。如此，对家族期望的理论分析与实证检验将有助于更加深入地理解家族企业的性质并确定治理效率之源。

企业家所控制的企业经常既有经济目标，也有非经济目标，许多学者已对其进行了相应的论述。比如 Ehrhardt 和 Nowak（2003）的研究表明，声誉作为一种非财务的私人收益在家族企业的决策中起到重要作用；Astrachan 和 Jaskiewicz（2008）还对家族制企业的非财务私人收益进行了分类分析；并相继提出情感收益与情感成本等概念（Astrachan and Jaskiewicz，2008；Zellweger and Astrachan，2008）。有关经济目标抑或非经济利益诉求的讨论和假设给了学者很大的想象空间，因为影响家族企业行为并决定家族企业性质的重要因素或者可以说根源性的因素正是其经营的期望和价值观（Colli，2012）。近年来家族企业研究的主要工作之一似乎就是在探讨家族企业的经济目标与非经济目标，尤其是非经济目标对决策影响的重要性（窦军生、张文冉、赵映振，2012；朱沆等，2012）。社会情感财富概念的提出（Gómez-Mejía et al.，2007；Gómez-Mejía，Makri，and Larraza-

Kintana,2010;Berrone et al.,2010;Gómez-Mejía et al.,2011)在一定程度上突破了很多前期学者的研究框架,因为该理论强调,家族企业追求的不仅是物质财富,更关心的是其所拥有的社会情感财富,这是家族企业决策的一个重要参照点。组织是目标导向的体系,它们习惯于用简化后的规则去调整决策行为,简化的最基本方法就是找到一个合适的参照点,然后根据实际的或预期的经营状况与期望水平之差异做出相应的反应,这种反馈机制是企业行为理论的精髓(Greve,1998)。因此,基于家族期望分析企业家的决策行为具有非常重要的理论意义。

 家族期望的内涵与基本特征

一、家族期望的内涵

创业学的经济理论通常假设企业家具有利润最大化的经济期望,Schumpeter(1934)认为企业家可能有一些非经济型的期望,如创新和冒险、进入新市场或掠夺他人市场等。大多数期望水平的研究源于个体层面的分析,比如个人制定目标的动机(Locke,1968)、工作绩效和满意度(House,1971)以及对成功和失败的感知(Lewin,Dembo,Festinger,and Sears,1994)。这些研究都有严格的假定,即认为决策者都有共同的偏好(Mishina et al.,2010),并没有考虑到个体之间的差异。这些早期的创业理

论通常假定企业家是独立决策的，对其行为的分析基于个体层面，而忽略了企业家本身的社会关系网络，尤其是家庭成员对其期望形成和行为决策的影响（Basu，2004）。本书将对期望赋予新的内容，我们认为家族期望与高管期望并不尽相同，通过探讨家族期望进而分析创业坚持或退出行为决策将有助于进一步丰富传统的企业行为理论（Cyert and March，1963）。本书将"家族期望"定义为创业家族存在的各种不同类型的目标，同时包括经济和非经济目标的参考点。非经济目标参考点的存在是家族企业研究中的一个基础假设，因为以利润最大化作为家族企业的主要目标是缺乏现实意义的（Westhead and Cowling，1997）。

不同于其他类型的组织形式，家族企业是"家族"和"企业"的结合体，其行为决策深受创业家族的影响（Chrisman and Patel，2012；De Massis et al.，2014）。Zachary（2011）认为研究者仅在企业层面探讨家族的影响而忽略家族系统本身的影响是片面的。大量的家族企业由家庭成员所控制和管理（Bennedsen，Perez-Conzalez，and Wolfenzon，2010；Chua，Chrisman，and Sharma，1999），即使家庭成员不直接参与企业管理但仍对企业战略决策有重大影响（Van Auken and Werbel，2006）。家族企业是家族成员期望与能力的具体表现，这种期望与能力是决定战略、运作及管理结构的重要社会元素（Chrisman，Chua，and Steier，2005），企业家及其家族成员的期望也是凸显家族制企业与其他企业异质性的根源所在。

另外从我国的"家"文化来看，中国是有着最为传统的"家文化"悠久历史的国度，很多学者把中国的文化解释为"家的文化"(李亦园，1988)，而杨国枢(1998)进一步揭示了家族在中国社会生活、经济生活、文化生活甚至是政治生活中的重要性。钱穆曾在《中国文化史导论》中指出家族是中国文化最主要的柱石，家族观念先于人道观念，先有人道观念乃有其他的一切。梁漱溟认为"家文化"的重要性正是中国文化特强个性的体现。费孝通(1998)强调了家族的重要性在于它是家庭工业的活力来源。尽管社会和经济环境已经发生了巨大的变迁，但家庭依然保留了对全部制度的最大影响力(Becker, 1998)。"家"这一组织形式对经济社会的影响非常显著，不同学科如经济学与金融学、家庭研究与社会学、组织行为学与心理学、战略理论等或多或少地对其予以关注(Litz, Pearson and Litchfield, 2012)。家族企业之所以被称为"家族企业"，那是因为这类企业具有一种"家族性"及特有的家族影响力(Goehler, 1993; Chrisman, Chua, and Zahra, 2003)。"家族主义"以及"泛家族主义"在中国普遍存在，即使在计划经济体制鼎盛时期也以一种变相的或潜在的形式存在(储小平, 2000)。由此可见，家族才是人道观念的核心而非个人，中国几千年的家文化传统在国人的心理积淀对企业组织行为产生重大影响。有学者将中国的家族制度转换为"家族主义"(familism)，这实质上是建立在周孔教义之上的伦理道德关系和现实中形成的亲属(kinship)、血缘(lineage)以及扩张的关系网络(Fukuyama, 1995; Boisot and Child, 1996)。而"家族主义"也是带给家族企业优势的一种独特的资源(Habbershon and Williams, 1999; Habbershon, 2006)，因此以"家"作为分析单元去探讨家族期望的形成以及家族企业目标是符合现实的。

由于受到控制家族的强烈影响，家族企业中期望水平参考点的确定是极其复杂的，控制家族往往是企业目标设定的主体。但是，目前文献中大多数都强调了个体在决策当中的重要性，而忽略了家族的影响。控制家族可以通过自身的影响力左右企业决策为其家族目标所服务（Chrisman, Chua, Pearson, and Barnett, 2012; Chua, Chrisman, and Sharma, 1999）。在家族体系内探讨家族的影响是很有必要的，"家族嵌入观"建议学者平等看待家族系统和企业系统（Rogoff and Heck, 2003; Danes et al., 2008; Zachary, 2011）。大量研究已经证实家族系统对企业系统的影响（Aldrich and Cliff, 2003; Zachary, 2011）。Zachary（2011）指出单独在企业系统中来探讨控制家族的影响是有偏差的，并且不能完整分析家族自身的影响力。因此，本书认为在家族企业中，仅仅在企业系统中去寻找家族期望水平的答案是失之偏颇的，一个比较有意义的分析单元可能是创业家族。

二、家族期望的特征

随着企业行为理论在各个研究领域当中的应用，与"目标"和"期望"术语相关的探讨也引起学者们越来越多的关注。根据《牛津英语词典》（1989年）的解释，"期望"被定义为为了获取某些东西的一种野心或者愿望。"目标"是指决策者所期望的未来的一种状态的描述和想法。而关于"期望水平"（level of aspiration）最初可以追溯到目标设定行为的研究中，是用来描述一种状态：当个体所期望的目标实现比较困难时，个体需要设定一个中间的、易于达到的目标（Gardner，1940）。大量有关期望水平的文章认为，相比经历失败事件，经历过成功之后预期目标将会变得更高。Sigel（1957）进一步指出期望水平可以被视为一种实现预期目标的效用衡量指标，这是与决策理论相关的。

虽然有些学者分开解释"期望"和"目标"（Diecidue and Van de Ven，2008），根据 Shinkle（2012）的建议，本书并没有对"期望""目标""参考点"进行严格区分，因为企业行为理论研究基本上把期望、目标、参考点作为相近的概念并且认为有相似的内涵。Mezias、Chen 和 Murphy（2002）认为期望水平与其他变量如目标等都有很多概念性以及实证的交叉与联结。基于企业行为理论，目标是组织绩效的期望水平构成的，而期望水平也被视为一个与目标相关的变量。期望水平通常被认为是可以改变行为决策的参考点，这和企业行为理论及前景理论的价值函数是相一致的（Health et al.，1999；Kahneman and Tversky，1979；Lant，1992；Greve，2008；Tversky and Kahneman，1992）。期望水平是衡量组织业绩的目标（Lant，1992；Mezias，Chen，and Murphy，2002），在很多的文献里面与目标（target）或目的（goal）是趋同的，经常被交互使用（Lant，1992）。但企业行为理论、前景理论所使用的期望水平更多的是指决策的参照点，即用于判断可接受方案的业绩或财富的目标（Lim，Lubatkin，and Wiseman，2010）。总体而言，目标和期望都是在企业行为理论价值体系下不可分割的变量，尽管它们在词典的解释上有少许的差异，而本书采用"家族期望"而非"家族目标"主要是考虑到企业行为理论的广泛应用性，以及"期望"在心理学研究中对于个体决策的重要性。

与组织期望不同，家族期望代表了家族生活各个方面的非经济目标与诉求，而不只是代表财务绩效或其他经济类参考点，本书将家族期望看作是创业家族设定的经济与非经济目标水平。区别于组织期望，家族期望具有其独特性。第一，组织期望的衡量主要取决于经济目标即财务绩效水平，而家族期望的衡量同时考虑了经济目标与非经济目标的实现，尤其包括非经济因素的多维度参考点。第二，我们将在家族体系内探讨家族期望，重点检验家族本身的影响，以"家"作为一个分析单位。大量关于家族企业非经济目标的研究，都是在企业层面来检验家族企业非经济目标的形成、内容及作用，如社会情感财富（Gómez-Mejía，2007，2010）、以家庭为中心的非经济目标（Chrisman et al.，2010）和家族所有权的价值（Astrachan and Jaskiewicz，2008；Zellweger and Astrachan，2008）。本书将家族系统与企业系统剥离，在家庭体系内探讨家族目标的形成以及内涵。第三，我们假定创业家族是企业真正的决策者而并非个人，将家族期望定义为群体水平变量。

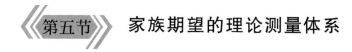

第五节　家族期望的理论测量体系

家族期望包括哪些组成要素，这是一个非常复杂的问题。本书初步认为要理解家族期望至少应考虑并研究以下内容。

第一，确定期望的目标，即家族期望的终极追求是什么。从现有的研究来看，其中至少包括了对经济利益，比如对盈利性、成长性和安全性等的期望，也包括了对家族和谐等非经济利益的期望。同时，企业组织常常会设立多个运作期望目标而不是一个总体的无法运作的目标。经济目标与非经济目标的讨论由来已久，很多学科的学者对它们赋予了丰富的内涵（Jules Dupuit，1853；Becker，1974；Ehrhardt 和 Nowak；2001）。近年来，家族企业研究领域的学者又不断地赋予其新的内涵，尤其是社会情感财富理论为今后的研究奠定了重要的理论基础。本书将综合前期的研究，并基于我国家族企业数据进行检验从而提出新的家族期望目标，同时将经济目标和非经济目标整合到家族期望研究框架。有关之前研究文献对于家族企业目标和家族目标的具体测量指标整理结果请参见表 3.1。

表 3.1 家族期望测量指标总结

家族期望的测量指标可能性来源		
变量	可能的测量指标	来源
1.a 企业经济类期望		
盈利性期望	权益价值	Astrachan and Jaskiewicz，2008
	红利	Astrachan and Jaskiewicz，2008
	货币酬金	Astrachan and Jaskiewicz，2008
	经营利润	Cavusgil and Nevin，1981；Kotey，2005
	盈利能力	Basu，2004
成长性期望	销售收益	Lant and Montgomery，1987
	市场份额	Lant and Montgomery，1987
	业务增长	Basu，2004

(续表)

变量	可能的测量指标	来源
成长性期望	规模成长	Cavusgil and Nevin, 1981; Kotey, 2005
	企业生存	Basu, 2004; Colli, 2012
安全性期望	投资安全性	Cavusgil and Nevin, 1981
	市场安全性	Cavusgil and Nevin, 1981
1.b 家族经济类期望		
家庭为中心经济期望	家族财务独立	Basu, 2004
	拥有奢侈的品牌	Ehrhardt and Nowak, 2001
	保持舒适的生活方式	Basu, 2004
	良好的教育机会	Astrachan and Jaskiewicz, 2008; Zellweger and Astrachan, 2008
2. 家族非经济类期望		
家族社会声望期望	社会地位	Ehrhardt and Nowak, 2001
	荣耀	Astrachan and Jaskiewicz, 2008; Zellweger and Astrachan, 2008
	赢得声誉	Khatri and Ng, 2000; Demsetz and Lehn, 1985; Ehrhardt and Nowak, 2003; Basu, 2004
	得到认可	Astrachan and Jaskiewicz, 2008; Zellweger and Astrachan, 2008; Colli, 2012
	融入社会	Colli, 2012
	家族权威和声望的建立	Gómez-Mejía et al., 2007; Astrachan and Jaskiewicz, 2008; Zellweger and Astrachan, 2008
	家族控制与影响力	Berrone, Cruz, and Gómez-Mejía, 2012
	家族对外界影响力	Gómez-Mejía et al., 2007
	影响公众	Ehrhardt and Nowak, 2001
	紧密的社会关联	Berrone, Cruz, and Gómez-Mejía, 2012
	为社区员工提供安全就业机会,为用户提供高质产品	Basu, 2004; Abdel-Maksoud, Dugdale, and Luther, 2005

(续表)

变量	可能的测量指标	来源
家族团结和谐期望	成功的喜悦	Ehrhardt and Nowak, 2001
	自尊	Astrachan and Jaskiewicz, 2008; Zellweger and Astrachan, 2008
	家族和谐	Chrisman et al., 2012
	[反] 家族紧张、冲突、矛盾、孤独	Astrachan and Jaskiewicz, 2008; Zellweger and Astrachan, 2008
	[反] 责任负担、疲惫、闲暇时间的减少、家族成员依赖性	Astrachan and Jaskiewicz, 2008; Zellweger and Astrachan, 2008
家族延续期望	家族氏族地位和身份的维持	Gómez-Mejía et al., 2007
	家族王朝的不断延续	Gómez-Mejía et al., 2007; Schumpeter, 1934; Basu, 2004; Astrachan and Jaskiewicz, 2008; Zellweger and Astrachan, 2008; Astrachan and Jaskiewicz, 2008; Zellweger and Astrachan, 2008; Colli, 2012; Berrone, Cruz, and Gómez-Mejía, 2012

第二,分析家族期望的参照点选择。根据 Kahneman 和 Tversky(1979)的前景理论(prospect theory)、March 和 Cyert(1963)的企业行为理论,决策者冒险的投资决策行为是实际绩效与期望之差距的函数,所以期望的参照点(reference point)选择至关重要,这也可能有助于解释为何冒险投资行为与经营绩效之间的关系在不同产业、不同时间背景下会出现模棱两可、相互矛盾的结论。我们初步认为,参照点的选择将涉及参照点的确定、参照点的稳定性或可变性、参照点的数量等主要研究内容。其中,参照点的确定主要涉及在何时何种情况下选择何种目标作为决策的参照点等研究内容;参照点的稳定性主要涉

及家族成员在什么情况下可能或不可能调整决策的参照点、调整的机制等内容；参照点的数量确定主要是研究家族成员在决策时一般倾向于在什么情况下选择多少个参照点作为行动的依据。我们认为除了"得/失""满意/不满意"等参照点之外，家族成员在经营困境时还可能选择"生存"参照点（survival reference point），即家族成员所能够接受的最低的也即保留的期望水平作为决策的依据；在鼎盛时期则很可能选择"挑战"参照点作为行动依据。

第三，探讨家族期望的计算方法。早先的组织管理文献关心的是目标，即组织活动者渴望出现什么以及这种渴望程度将对其决策行为产生的影响。也就是说，他们的研究框架中主要关心的是这种期望的绝对数值状态对决策行为及其结果的作用。但从学习理论、企业行为理论看来，由于组织是目标导向的体系，它们习惯于用简化后的规则去调整行为以对经营状态的反馈结果做出相应的反应，并且通过比较的方式"反思"与"修正"自己的行为以便提高决策效率。因此，比较之后的"差距"在决策模型中更为重要（Greve，1998）。本书认为企业家参考团队的选择主要包括以下两种情况。一是要确定比较的维度，包括纵向的时间维度（Chen，2008），企业不仅要与"过去的自己"比较，即向后看，因为这反映了递增试错学习以及惯例的适应性选择，找到适应性成长路径（熊军、章凯，2009）；也要与"未来的自己"预期（expectation）的状态进行比较，即向前看；还包括横向的社会维度的比较，即与同行业的其他企业组织进行比较以确定行业期望差距、与社会交往中的相似个体或组织进行比较以确定社会期望差距、与同一制度背景下的企业组织进行比较以确定制度期望差距。二是要确定家族期望的差距,这包括两种状态,即实现程度较高(高于期望的理想水平的状态),以及实现程度较低(低于期望的理想水平的状态)。

第六节 本章小结

企业行为理论强调"期望"在行为决策当中的重要性,认为企业决策者根据现实业绩与期望水平之间的差距来决定企业是否要进行变革、搜寻或者参与冒险性行为(Cyert and March,1963)。而业绩反馈理论作为企业行为理论研究中的经典模型,认为当决策者发现当前企业业绩低于期望水平即出现经营期望落差时,企业家会采取一系列变革行为如创新投入、战略联盟、兼并收购来提高企业绩效以满足其期望水平。"期望"是影响个体决策行为的关键性因素,这个观点是被学者们广泛接受的,但企业行为理论的研究自身也存在一定的局限性:第一,虽然企业行为理论关注到决策者的期望水平对决策结果的影响,但在解释企业决策行为时几乎都是以企业权力机构的成员(主要是高管)作为研究对象,并假定他们存在完全相同的期望特征,而极少考虑企业家及其家族成员在期望确定过程中的作用与特征表现,尤其是忽略了家族成员和控制家族对企业目标设定以及决策行为的影响。第二，大多数企业行为理论的研究只考虑了经济类决策参考点，如财务绩效、生产绩效等，并没有考虑非经济类目标对决策行为的影响。尽管企业行为理论的研究者认为任何组织都存在不同类型的目标，并且可能涉及经济与非经济目标，现有文献对非经济参考点的探讨还比较少。第三，企业行为理论有一个严格的假定，即研究者都清楚知道企业决策者如何确定期望水平和选择决策参考点。当前实证研究都根据历史信息（Cyert and March，1963；Levinthal and March，1981）和向前看的信息（Chen，2008），或者基于行业比较（Festinger，1954；Cyert and March，1963；Baum et al.，2005；Wennberg，2008）的方法来确定企业家的决策参考点。然而，期望水平是源自心理学的概念，关于参考点的选择是决策者自身的主观判断，而并非由历史业绩、同行业竞争者业绩或者分析师预测业绩的客观比较来确定的。另外，对于决策者是怎么形成自己的参考集团还并不清晰，尤其是对于以业主为核心的家族成员如何确定期望（尤其是非经济价值的期望）的参照点、参照对象等还知之甚少。因此，本书提出"家族期望"理论构念并赋予其新的内容，认为家族期望和高管期望存在一定的差异，可以进一步丰富企业行为理论的研究。

家族企业研究者强调非经济目标对于企业决策行为的重要性，Wiseman 和 Gómez-Mejía（1998）以及 Gómez-Mejía，Welbourne 和 Wiseman（2000）等所建立的行为代理理论整合了前景理论、企业行为理论以及代理理论。他们指出企业做出选择取决于公司主要负责人的参照点，这些负责人是以保护他们在公司中积累的财富的方式进行决策,而这些财富不仅包括物质财富,而且还包括非经济利益的诉求,尤其是对于家族制企业,它们更加关心的可能是社会情感财富等非经济利益的期望诉求。基于此,Berrone、Cruz 和 Gómez-Mejía(2012)进一步将社会情感财富细化为五个维度:家族控制与影响(Chua et al.,1999)、家庭成员对企业的认同(Berrone et al.,2010;Dyer and Whetten,2006)、社会关系、情感依附、跨代传承(Zellweger and Astrachan,2008)。另外,也有学者从不同的角度研究家族企业的非经济目标,Zellweger、Nason、Nordqvist 和 Brush(2013)总结了家庭层面的非经济目标:家庭和谐(Sharma and Manikutty,2005),家族控制权(Olson et al.,2003),家族凝聚力以及家庭忠诚(Sorenson,1999),家族荣誉、家族知名度和家族信誉(Zellweger and Nason,2008)。Chrisman 等(2012)提出了以家族为中心的非经济目标的三个维度,包括家族和谐、家族社会地位以及家族认同感。根据文献资料总结,本书预测维持家庭和谐与团结、保持家族在当地的社会地位和声誉、家族姓氏和子嗣延续等可能是家族非经济期望的重要内容。

  家族及其所创建的企业组织存在何种关系,其间的连结纽带是什么等问题早已受到家族企业研究者的关注。但早期的许多学者比较简单地基于代理理论和资源基础理论等对家族企业与非家族企业进行比较分析,其研究模型基本上都将家族成员视为一个没有目标差异、没有偏好差异的整体。这就忽略了这样一个事实,即作为自我雇佣的家族成员实际上也是一个生产团队,每个家族成员的目标是存在差异的,所以家族成员内部必然地也会出现代理问题。在这种背景下探讨家族内部的契约治理就显得很重要。从忽略家族成员个体的差异性到将这些差异性纳入研究的模型,这在理论上是一个很大的进步,对于深入理解家族企业的本质具有重要的意义。但过于强调这种差异性也将带来一些问题,因为这种假设与思路忽视了家族成员之间的某些共性。在这种背景下,许多学者认为要认识家族企业的性质及其竞争力的根源,关键还在于要从价值观与期望等最为根本的人性诉求开始探索(Chrisman,Chua,and Zahra,2003)。一些学者开始关心家族期望对资源开发、培育的影响(Sirmon and Hitt,2003;Chrisman,Chua,and Zahra,2003)。不过这些研究并没有真正地将期望、目标作为决策参考点。将社会情感财富等非经济利益诉求作为决策的一个重要参照点,这在很大程度上解释了家族企业的许多决策行为。该理论目前已经得到了广泛运用,不过直到现在,这一理论仍旧有许多问题需要解决(Berrone,Cruz,and Gómez-Mejía,2012),尤其是它并不像物质财富那样易于量化,这就限定了其应用价值。本书以"家"作为分析单位,在控制家族内部探讨期望的形成过程,在接下来的章节将运用定性和定量研究探索家族期望的具体测量体系。

第四章

家族期望：一个定性的研究结果

本书主要采用了焦点小组访谈以及结构化深度访谈法来收集研究第一手数据,并通过网络搜索等辅助手段,如百度、谷歌等相关网站信息来补充和完善家族期望的内涵的所有数据,"家族期望"的开发与测量为本书的首要步骤。从理论构建方法上而言,本书选用经典扎根理论的方法(贾旭东、谭新辉,2010;Glaser,1992)来构建家族期望的概念。从理论构建方法的选择上,Conger(1998)和Bryman(2004)主张采用定性研究范式才能更加充分描述并解释家族目标的形成过程。定性研究的目的在于界定家族期望的内涵和定义,建立具体的家族期望测量体系,探讨家族期望与创业精神之间的关系。然而,单纯定性方法只能用于理论建构,无法进行理论构思验证,需要结合使用定量研究分析才有助于检验该理论的构思效度。因此本书采取了定性研究方法与定量研究方法相结合的模式,来开发家族期望的构思和量表。定性研究主要采用了焦点小组访谈和半结构访谈方式,收集控制家族核心成员、控制家族夫妻以及家族企业家对于家族期望内涵的看法和解释的数据。

根据构建理论的典型性和一致性的原则(Glaser,1992),同时考虑到研究对象的广泛代表性和易获得性,以及社会调查过程中企业家时间的极端有限性,本书在浙江、江苏、上海等地选取了16位企业控制家族的主要成员以及32位新家族企业家作为研究对象。创业研究的一个问题是新创企业及其创始人是极为异质的,从夫妻店到支持创业的风险投资机构,范围非常大(Davidsson and Delmar,2009)。为了提供一般性的稳健模型,经验研究需要控制这种异质性(Davidsson and Delmar,2009;

Wennberg，2005）。为了减少个体层面不可观察的异质性，我们排除了那些从既存公司中分叉出来的企业，只研究了那些由单个创业者创建的企业。

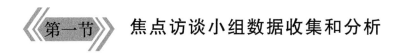

第一节　焦点访谈小组数据收集和分析

一、焦点小组访谈样本范围与对象

关于选择什么企业和创业家族成员作为焦点小组访谈的研究对象，本书认为应该考虑到焦点小组的广泛代表性、现实研究意义以及是否完全能反映出家族期望的内涵，同时也要考虑到样本的可获得性以确保本书在有限的时间和费用内可以完成，另外也考虑到参与者时间的有限性。基于此，本书通过研究人员自身的社会关系网络选择了制造业为主的传统企业的控制家庭核心人员、创业夫妻以及家族企业家作为焦点小组访谈的对象。

在正式进行焦点小组访谈之前，向 15 家贸易加工型企业、生产制造企业和服务业企业进行电话和邮件联系，并且说明此次调研的目的和意义。通过个人关系网络，最终有 9 位企业家对本书的议题表示出强烈的兴趣并且愿意接受小组访谈，这些企业家主要来自江浙地区。参照 Chrisman、Chua 和 Sharma（2005）文章中焦点小组访谈的方法，我们将 16 个企业控制家族的核心成员分成了三组访谈。首先，研究人员选择了9位企业家当中的5位作为焦点访谈小组的第一组成员。其次，研究人员与其他3位企业家进行沟通，说服其邀请他们的丈夫或者妻子参加我们的调研，从而组成了第二组的调研对象，包括三对家族企业的创业夫妻（共六人）。再次，为了更加全面地了解家族期望形成的过程以及不同的家族成员对于家族期望的理解，第三组调研对象由一个家族企业家的家族成员组成，本书邀请了最后一位企业家的所有核心家族成员参与焦点小组访谈（共五人）。由于调研时间和资源的限制，同时考虑到参与者时间和地点上的便利性，本次参加焦点访谈小组的企业都来自浙江省，焦点小组访谈对象的基本资料参见表4.1。由表4.1可知，焦点访谈小组成员中男性有10人，女性6人；教育水平的差异较大（从小学到硕士不等）；年龄跨度也较大，最年轻的受访者年龄是26岁，而最年长的受访者年龄是79岁，充分保证了访谈样本的多样性。

表4.1 焦点小组访谈小组参与人员基本信息统计

小组类别	参与人员	职位	性别	年龄	教育水平	家族企业所在行业	家族企业规模（员工人数）
第一访谈小组 家族企业创始人	吕××	董事长	男	52	高中	保温杯生产	200
	胡××	总经理	男	58	初中	厨具生产	1 000
	方××	董事长	男	62	小学	布艺生产	350
	李××	董事长	女	46	中专	休闲产品生产	100
	吕××	总经理	男	32	本科	室内门生产	150

(续表)

小组类别	参与人员	职位	性别	年龄	教育水平	家族企业所在行业	家族企业规模（员工人数）
第二访谈小组	创业夫妻1 陈××（丈夫）	总经理	男	50	初中	门配件生产	80
	吕××（妻子）	会计	女	48	中专		
	创业夫妻2 应××（丈夫）	董事长	男	56	初中	塑料配件生产	1 500
	黄××（妻子）	总经理	女	54	高中		
	创业夫妻3 胡××（丈夫）	总经理	男	29	本科	电子商务、外贸	280
	卢××（妻子）	银行职员	女	24	本科		
第三访谈小组	创业家族核心人员 王××（爷爷）	无	男	79	小学	劳保手套生产	200
	王××（儿子）	董事长	男	58	初中		
	毛××（媳妇）	采购	女	54	小学		
	王××（孙子）	总经理	男	30	大专		
	王××（孙女）	公务员	女	26	研究生		

通过焦点小组访谈，我们的目的在于了解和观察家族期望的形成过程以及不同的创业家族本身对于家族期望的定义。现场观察创业夫妻以及家族成员之间的互动和沟通情况，对小组访谈所获得的数据的真实性和有效性进行了进一步验证。在焦点小组访谈过程中，对三组参与人员分别要求回答以下一系列问题并展开讨论：(1)在您看来，家族成员都有哪些？谁可以被定义为家族成员？(2)您家族中存在家族期望吗？在您看来家族期望应该如何定义？(3)您的家族成员都有哪些目标（如工作、家庭、婚姻等）？(4)您家族中最重要的目标有哪些？当多重家族目标出现冲突时，如何选择最重要的家族目标？(5)您的家人对贵公司的决策有什么影响？(6)您的家族成员对目前生活情况

的满意程度怎么样?您认为取得什么样的目标和成就后可以提高您家庭成员的生活满意度?(7)当家庭目标无法实现或者实现程度不高的时候,企业家会有什么行为表现?

二、焦点访谈小组的总体性结果

根据焦点访谈中记录的信息进行整理和总结,本书首先解决了几个重要的问题。首先,大部分参与者对家庭的定义都有细微的差别,但是大部分人都只将直系亲属作为最核心的家族成员。有受访者表示,由于目前分家的概念比较清晰,随着小孩成年后都会结婚重新组建新的家庭,那么大家族的概念就有所弱化,所以核心家族成员应该按照最亲密的直系亲属进行划分。也有的受访者认为应该根据姓氏来划分核心家族成员,如第三访谈小组中控制家族的最年长的王先生就表示,同为一个姓氏的才能是家族的核心成员,他认为其孙女的小孩已经不姓王就不能算是王氏家族的核心成员。

其次,每个家庭对于家族期望的定义都存在核心价值,包括最基本的经济期望、家庭关系和谐、家族社会声望以及子嗣延续等非经济类期望。本书根据访谈人员对不同类型的家族期望的内容进行整理归类和讨论,发现虽然家族企业都具有非经济期望参考点,但是经济期望仍旧是他们行为决策的重要参考点。因此,在行为决策研究模型中同时考虑经济与非经济目标参考点才能更加全面了解行为决策的前因。几乎所有的访谈者都提到企业实现利润是其家族目前最重要的目标之一。如第二访谈小组的应先生就曾说:

"我们企业的首要目标就是盈利，没有实现经济效益的话，其他一切员工福利、公益活动、社会责任等都是空谈。人只有温饱解决了，才有办法去思考其他上层建筑的需求。经济基础决定上层建筑，等企业效益好了，那么企业家也会开始注意关注环境保护、社会福利等问题，也会尽可能在自己的能力范围之内创造社会财富。"

家族和谐团结，家族内部成员之间互相关爱和支持也是创业家族主要的目标，很多企业家表示由于办企业比较忙而疏忽对家庭的照顾，尤其是缺少感情上的交流，而且中国人对于感情的表达方式比较内敛和含蓄，很容易导致家庭内部的不和谐。第一访谈小组的吕先生就指出：

"平时工作太忙了，成天都待在公司，早出晚归，有时候晚上还要经常出去应酬，待在家的时间真的很少。小孩基本上都是老婆在带，也很少关心他的学习和生活，所以儿子和我一点也不亲。每次回家就打个招呼就各自干各自的，交流很少，更不用说谈心。我觉得家庭和睦真的太重要，为家里人能过上更好的生活才是办企业的初衷，但是有时候忙着忙着就忘记最初的目标。"

大多数企业家都存在家庭和工作平衡的问题，他们表示家庭和谐对创业有强激励的作用，也是坚持辛苦创业的强大推动力。家族里的长者对于家族人丁兴旺、子嗣延续的期望尤为强烈。如第三访谈小组中，一个制造业企业家的父亲王先生在访谈的时候就说道：

"我今年已经七十九岁了,现在我有一个曾孙女和曾外孙。现在独生子女政策也放开,国家也鼓励生两个小孩来缓解老龄化的问题,所以我也非常希望我的孙子可以为我再添一个曾孙,为我们老王家延续香火。假如没有曾孙的话,我会感觉到非常遗憾,自古传宗接代就是我们的传统,我们王家的香火也不能到我孙子那一代就断了,所以我也就只剩下这么个心愿了。"

第二访谈小组中,第二对创业夫妻中的黄女士曾表示:

"当代的社会都讲究男女平等,父母其实对待自己的孩子都是一样的,女孩子也很疼爱,包括我们家里的老人也特别疼爱自己的孙女。但是传宗接代的观念是根深蒂固的,尤其是对于我们这些办企业的人来说,有一种无形的社会压力,大家的思想就是家业传男不传女,女儿嫁出去后就会把自己的产业送到别姓人的手中。我们有一位好朋友,企业办得特别好,前面生了四个女儿,刚去年才生了一对双胞胎儿子。即使违反国家计划生育的政策,也要生儿子为家族延续香火,这就是目前中国社会农村的现实。"

第三对创业夫妻中的卢女士也表达了类似的想法:

"每个企业家的老婆几乎都承受着为家族传宗接代的压力,这和受教育程度没有很大的关系。我们就生活在这样一个社会,企业家之间也会进行相互比较,而是否有儿子也是日常生活比较的一种内容，这样的情况或许很多做学术和做研究的人都无法理解，为什么在这样开放和文明的社会还存在这样的现象。而现实就是，传男不传女、男子继承的传统思想已经延续得太久，受传统儒家文化的影响几千年，在我们这代是很难有所改观，只能寄希望于下一代能够真正在继承问题上实现男女平等。"

从对小组访谈的总结来看，创业家族基本都有子嗣延续的强烈愿望，这和中国传统"家"文化和儒家文化的影响密不可分。而对于人丁兴旺的定义，大部分人还是认同这是指男性数量即家族姓氏的延续。中国家族制度最主要的特点就是讲究血缘族谱和关系亲疏，重视血缘生命的纯正和香火的延续。中国的"家"文化强调的是血缘单位，传统文化把家作为传宗接代和延续香火的功能单位。在中国人的伦理观念中，"百善孝为先""不孝有三，无后为大"等想法总是被大力宣扬，很多中国人都认为要先有后人可以继承香火，才可以进行家业的传承，这也造就了当代很多创业家族对于子嗣延续的强烈期盼。中国家族的血缘特性促使其通常会选择"子承父业"的模式，而排斥外姓人进入本家族如女婿，家族最多将其视为"半个儿子"，大多数情况下会将其定义为"外人"（黎海波，2014）。中国人格外重视"姓氏""族谱"等的延续，这种基于血缘传承的封闭性和排外性，形成了创业家族"人丁兴旺"的期望。

另外，几乎所有参与的企业家都比较注重自己家族在当地的名声和社会地位。一方面，家族的社会影响力和声誉是家族对企业控制的延伸，一般来说随着企业实力增强、知名度提高，控制家族社会地位也得以提升，社会影响力会增加，声誉也会逐渐提升。另一方面，控制家族的名声也要通过企业行为去阐释，家族和企业总是相互作用的，企业的声誉也要通过家族的表现累积，家族和企业之间这种紧密的联结给企业家、控制家族以及企业贴上唯一的身份标签。很多时候，如果企业做出损害社会利益的非法行为，家族成员也会受到指责，使整个家族声誉蒙羞。Berrone等（2012）就指出，控制家族不可避免地与企业紧密联系在一起，而这种联系将家族名声也绑定在一起。也是因为这种捆绑效应，与非家族企业相比，家族企业往往表现出比较高的社会责任水平，包括对产品和服务质量的重视、关注员工福利以及其他利益相关者的利益等（Carrigan and Buckley,2008）。家族企业具有较强社会责任感的目的就是期望家族和企业可以形成良性互动圈，保持家族和企业的良好社会声望。此外，父辈期望可能是家族期望形成的主要因素，区分了各个不同家族目标的重要性，也是企业战略决策的重要依据之一。第一访谈小组的李女士表示：

> "我们家有家训，我这一代都已经是第四代，到我儿子这一代就已经是第五代了。'手持正义，肩挑道义，君子爱财，取之有道。尊师重道，谦恭礼让，忠孝并举，励志自强。和睦友善，勤俭节约，科技致富，读书为先。'我也希望我的儿子可以把我们李家的家训一直传承下去，我觉得这是祖先对我们的期望也是我们李家做人的准则和

操守。所以我们的企业比较注重引进先进的技术。我们是做休闲产品的,我都是自己搞设计,现在已经申请了六十几个专利了,产品主要出口到美国。我觉得这和上一代的教导有莫大的关系,我都觉得要靠科技致富。"

第三访谈小组的王先生也表示:

"在我们家是比较尊重长辈的看法和意愿,所以家族期望形成主要来自父辈对于后代寄予的希望,并且通过他们言传身教灌输给下一代。就拿我自己来说,我自己的个性和做人处世的方式受老父亲的影响很大。记得小时候,我父亲不管再忙,也每天督促我们兄弟姐妹几个的学业,教导我们做人的道理,比如不要因小失大、不要占人家小便宜、做人要诚信为本。所以我们家的人都从来不占小便宜,我办企业也是,从来不占客户的便宜,有钱大家一起赚,其实得到的反而更多。"

企业家通常根据与同龄人(同学、朋友、亲戚)的工作表现或者邻近区域的其他同行业企业绩效相比较来判断自身是否实现当年目标,或者将自己企业的当年净利润与过去几年的净利润进行比较来判断是否实现期望水平。第一访谈小组的吕先生就说:

"人生就是不断在赛跑,跟自己赛跑,同时也跟别人赛跑。其实对于我来说,设定目标也特别简单。每年年底,我们都会对企业的库存进行盘点,核算应收账款和未付款项，算出当年大概的收益，与前两年的收益比较，是否实现进步。其实最近这两年，国内的经济环境很差，对于中小企业扶持政策相对比较弱，所以我的目标就是以守为主，也没必要和过去相比较，前几年的经济形势相对较好，赚钱也相对容易一些。小企业还是受到大环境影响比较大的，今年的话，只要不亏，在满足家族日常生活开支之余可以略有余钱就达到我自己个人的目标了。"

另外一位第一访谈小组的李先生表示：

"在我们浙江区域，产业集群的现象还是比较明显的，比如说在诸暨生产珍珠和珍珠首饰的企业就特别多；在义乌那就是小商品市场；在永康那就是五金产品；在浦江就是盛产水晶。所以，要找到我们自己的目标比较对象特别容易，很多同学或者街坊邻里做的都是同一个行业，看看彼此之间的销售情况和产量，就知道自己企业经营状况在总体水平中大概处于什么位置了。我经常会给同行业的一些好朋友打打电话，问一下最近的生意状况，来总结目前经营是否出现什么问题，或者因为整个行业环境的影响是否要调整一下自己的管理模式或者战略决策。"

第二访谈小组中，第一对创业夫妻中的陈先生表示：

"现在做门配件的企业特别多，竞争压力也特别大，尤其是在永康，每年都有全国性的门博会，并且生产非标准门、室内门、不锈钢门的企业特别多。我们零配件的厂家其实都是依靠各类门业生存，假如整个房地产经济不景气就会严重影响防盗门销售以及产量，我们处于食物链的最末端，了解一下相关行业的信息，就知道自己当年的销售情况的走向。"

而第三访谈小组中企业家王先生认为：

"关于如何选择自己的目标参考点，我觉得基本上就是同龄人、同学之间的比较吧。因为大家都是同学，都有相同的教育背景或者说起点都是差不多的，但是每个人的人生道路又都不一样，在不同的岔路口就有不同的选择。我自己觉得在熟识的同龄人中，自己还算是比较成功的，年轻的时候也敢拼，像我现在很多高中同学都还在为别人打工。每次同学会的时候，我都会感到很庆幸自己当初的选择。其实人有时候目标也不能定得太高，像我也从来不和大企业比，中国也只有一个马云，也只有一个马化腾，以他们作为比较对象的话，那就是和自己过不去了。所以在差不多水平的情况下比较才有意义，也不能和太差的比，和太差的比的话就没有激励作用。总的来说，我认为人要往前看，但是人也不能好高骛远，不然只能一事无成。"

由此可见，企业家选择行为决策参考点的依据与企业行为理论中业绩反馈模型比较一致，目前企业行为理论的实证研究大多数是通过历史比较和社会比较的方法来设定企业期望水平（Audia and Brion, 2007; Baum and Dahlin, 2007; Greve, 2003;

Mishina, Dykes, Block, and Pollock, 2010)。访谈结果表明企业家可以通过当年利润和过去几年的利润比较来判断自己是否实现了期望水平，也可以通过与同行业竞争者进行比较来确定自己企业在行业当中的竞争地位。还有一点比较重要的发现就是，通常企业家不会选择离自己过分遥远的目标，一般设定目标都比较切实可行。企业家关于期望水平的确定存在个体差异，有的企业家倾向于选择自我比较的方式来确定参考点，有的企业家倾向于和同龄人或者同行业竞争者进行比较。

 第二节　半结构深度访谈数据收集与分析

一、访谈样本范围与对象

为了丰富家族期望的内涵和构建更加全面的量表，我们同时采用半结构访谈法（Morgan，1996），在浙江、江苏、上海等地对 32 位家族企业创始人进行访谈，进一步获取家族企业创始人对于"家族期望"概念的深层理解和影响家族期望形成的关键因素。每例访谈大约需要 1～2 小时，整个访谈共计 56 个小时。根据受访者便利情况，有 5 位参与者选择电话访谈，7 位受访者采用互联网聊天工具访谈，其余 20 位受访者则在公司现场进行面对面访谈。其中受访者共有 5 名女性，27 名男性，年龄范围是 28～68 岁，具体信息请参见表 4.2。根据事先

设定的研究主题和研究主线，访谈对一系列开放性问题进行引导，并且集中关注企业家对于"家族期望"的看法以及家族期望对企业运作和决策制定的影响尤其是对其创业精神的影响。

首先，要求受访者简要讲述其创业的理由及目前企业的运营情况。创业者的个性、成长经历、工作的变迁等都可能影响他们对机会的把握，从而影响企业的发展轨迹以及企业的传承计划安排。

○您是何时创办或者经营贵公司的？简述一下您创办企业的动力来源。

○目前贵公司的经营领域包括哪些？市场竞争环境如何？

○目前有多少家族内部成员在企业工作？

其次，在访谈中要求每一位受访者去陈述对"家族期望"的看法，探讨"家族期望"的形成以及"家族期望"的定义。为了实现本书的目的，调查中设计了一些探讨性的问题。

○您的家庭氛围如何？您如何评价您家族的凝聚力？

○您会怎么定义"家族期望"？请根据您的经验给"家族期望"下一个定义。

○您认为"家族期望"是怎样形成的？在您家族日常生活中，会有哪些因素影响"家族期望"的形成呢？

最后，在访谈过程中，32位受访者根据要求列出10条以上他们认为最重要的家族期望的具体条目。这次调研一共联系了50家家族企业，其中有32家企业参与此次合作，其中有6家企业总经理在外公干，特以电子邮件进行开放式的问卷形式

表 4.2 半结构构深度访谈小组参与人员基本信息资料

编号	受访者	性别	年龄	教育水平	企业工作年限（年）	日工作时间（小时）	目前职位	创业类型	股权结构	产业	家族内部成员在职人数（人）
1	应××	男	56	初中	22	10	董事长	夫妻创业	合资	保温杯	18
2	吕××	男	41	本科	7	9	总经理	朋友合作创业	合资	塑料制造	5
3	胡××	男	37	初中	10	7	总经理	夫妻创业	独资	室内门	4
4	陈××	男	54	高中	24	8	董事长兼总经理	夫妻创业	独资	皮革	6
5	李××	男	30	大专	5	8	总经理	子承父业	独资	铁艺	8
6	杨××	女	62	高中	17	6	总经理	夫妻创业	独资	林业木材	4
7	胡××	女	43	高中	18	12	总经理	夫妻创业	独资	滑轮	5
8	严××	男	51	初中	20	9	董事长兼总经理	兄弟创业	独资	汽车发动机	12
9	陈××	男	50	高中	14	8	董事长	夫妻创业	独资	房地产	4
10	吕××	男	52	高中	25	10	董事长兼总经理	夫妻创业	独资	防盗门制造	10
11	胡××	男	67	高中	42	6	董事长兼总经理	夫妻创业	独资	五金零配件	5
12	吕××	男	54	高中	30	9	董事长兼总经理	夫妻创业	独资	室内门制造	6
13	徐××	男	56	初中	22	10	董事长	夫妻创业	独资	铜产品	4
14	朱××	男	58	大专	27	11	董事长	夫妻创业	独资	铝业	5
15	周××	男	54	初中	20	9	总经理	夫妻创业	独资	纸箱	3
16	应××	女	35	本科	8	10	总经理	子承父业	独资	保温杯	13

(续表)

编号	受访者	性别	年龄	教育水平	企业工作年限（年）	日工作时间（小时）	目前职位	创业类型	股权结构	产业	家族内部成员在职人数（人）
17	丁××	男	49	高中	20	5	总经理	朋友合创企业	合资	锡矿	2
18	吕××	男	58	小学	27	8	董事长兼总经理	夫妻创业	独资	厨具配件	6
19	胡××	男	29	高中	5	11	总经理	子承父业	独资	钢	4
20	吕××	男	50	小学	24	9	董事长兼总经理	夫妻父业	独资	煤气灶	3
21	周××	女	30	本科	8	7	总经理	子承父业	独资	汽车经销	10
22	柯××	男	32	本科	9	10	总经理	子承父业	独资	物流	7
23	童××	男	30	大专	12	11	总经理	自创	合资	快递	2
24	胡××	男	32	本科	10	12	总经理	自创	合资	餐饮/拉杆箱	2
25	黄××	男	57	初中	25	9	董事长	夫妻创业	独资	会议餐桌	3
26	吕××	男	68	初中	34	6	董事长	夫妻创业	独资	休闲娱乐	5
27	方××	男	56	初中	20	8	董事长	兄弟合创企业	独资	有色金属	7
28	沈××	男	52	大专	15	8	总经理	夫妻创业	独资	劳动工具	2
29	方××	男	59	初中	10	5	董事长	兄弟合创企业	独资	服务业	3
30	吴××	男	53	高中	24	8	总经理	夫妻创业	合资	钢材加工	5
31	刘××	女	49	高中	15	10	董事长	夫妻创业	独资	餐饮	12
32	胡××	男	55	高中	35	10	董事长	夫妻创业	独资	太阳能	4

完成了访谈，5名企业家用网络聊天工具进行在线访谈，另外21名企业家则进行了面对面的深度交流和沟通。此次调查的企业家及其所负责经营企业的有关背景资料描述如表4.2所示。

二、家族期望的形成机制

家族期望是如何形成和变化的？针对这一问题，通过对访谈资料的整理，本书认为影响家族期望形成机制的原因主要有以下四点。第一，影响家族期望形成的因素主要包括：家族成员的个体特征（包括创建企业的动机、教育水平、经验、家庭背景、个性，等等）；组织因素，比如组织结构与组织特征（Vissa，Greve，and Chen，2010）（包括过去收益的增长速度、员工的增长速度、母公司集团、董事会及家族委员会的治理等）；组织冗余资源状况（包括企业成长过程中所积累的财务资本、人力资本与社会资本等）；产业特征（包括产业成长阶段、行业竞争压力等）和利益相关者的压力（包括股东与独立董事会的外部压力等）；宏观经济环境，比如在行业环境比较差的时候"失败"参照点就变得更为显著（March and Shapira，1992）。例如，浙江省金华市某纸箱生产企业的周老板（54岁）就表示：

> "每个家庭的情况都不一样，家族期望的设定也各不相同，这和企业家自身的个性也有很大的关系，比如我自己比较追求稳定的生活，所以企业规模是否可以继续壮大或者经营效益是否能更上一个台阶并没有那么强烈的吸引

力,我只追求平稳发展,并不想冒进。现在大环境不景气,办企业更加需要稳妥,不能贸然就进行改革或者转型,风险就会更大。当然很多大企业可能承受的压力比我们这些小企业要大得多,他们要负责几千甚至几万名员工的生活,也需要承担更大的社会责任,所以他们的期望水平的设定就肯定和我们这些小家族企业不一样。"

第二,家族期望的形成和发展具有动态性特征。本书认为家族期望水平不是一成不变的,而是会建立一个弹性期望水平(flexible aspiration levels),以前的期望水平、业绩反馈、社会比较(Mezias,Chen,and Murphy,2002)在期望水平调整过程中起到了重要作用,竞争环境也将影响到家族期望调整的速度。不过对于这种调整是渐进的慢速调整还是快速的激进调整还有待于进一步的分析。采访中,从事金属行业的朱老板(58岁)就曾说:

"家庭目标不可能一成不变,就像人年轻的时候觉得自己可以摘下天上的星星,长大了才知道那是不切实际的幻想。人总是在自己能力范围可以达到的期望值内设定自己的目标的,并且一直都会有变化。比如说今年我们企业的营业收入相比去年下降了20%,那么我明年给自己设定的目标就比今年增长20%,先回到之前的一个正常水平。倘若明年我们企业效益比较好,增长速度超过预期,那么我在后年设定目标的时候也会相应地提高目标水平。就像我对小孩考试成绩的要求是一样的,每次都是根据他当前的水平来进行调整，你不可能要求他在班里最后一名的情况下，一下子就上升到班里第一名，这是不现实的。所以各种目标都是随着当前所取得的成绩而变化的，需要循序渐进。"

第三，父辈期望是形成家族期望的主要组成因素。中国的"家"文化和儒家文化中父亲是家庭的主宰者，也是社会政治的权力基础，父辈期望的形成也奠定了整个家族期望的基调。浙江某五金零配件制造企业的总经理胡先生（67岁）就认为：

"在我们家主要还是听长辈们的意见，儿子听父亲的，妻子听丈夫的，自古以来就是这个道理。我们家还是很传统的，每逢过节在外地读书的孙子、孙女等都必须回家团聚。父母的期望也就是家庭目标的中心了，比如我很希望我孙子可以接我的班，把企业继续好好地办下去，那我孙子在大学里学的就是企业管理，也准备好在毕业后就正式进入企业工作。等他毕业，工作稳定后，我和他父母也希望他能够早点结婚，可以为我们家延续香火，我自己也希望可以实现四世同堂。"

第四，家族期望可能是以核心家庭为分析单位的。在调查样本中较年轻的一位企业家陈先生（50岁）认为，家族期望在年轻人一代的观念中相对比较淡薄，但是家族期望观念强烈存在于核心小家庭中，他谈到：

"对于我个人来说，'家族期望'这种家族观念更多的是来自父辈的言传身教。家庭成长背景，家族亲戚走动很频繁，大家都很有感情。不否认在这里有利益关系，但是更多的是感情成分在起决定作用。目前对于我这个家族来说，我的奶奶是在起着这根纽带作用。联系着各家各户，甚至有时候我们不太愿意出手，看在奶奶的份上，为了不让老人操心，我们也会搭把手。对于我们这一辈来说，由于各个家庭经济情况有所不同，并且文化程度、工作环境、个人视野有区别，对于事物的看法和想法会有所区别。各行各业也比较分散，到我们这一代来说，这种家族观念比父辈来说会淡化了一些。目前我有自己的家庭，有自己的小孩，对于自己小家庭的关注和期望会比较多一些。"

这种以核心家庭为代表的"家族期望"是这次调查当中出现的普遍现象，大多数企业家认为现在生活的重心在于为下一代打拼、为其奠定良好的物质基础以及发展平台，对小孩子寄予厚望。统计资料显示，80%以上的企业家认为核心的家族成员应该包括小孩、父母和兄弟姐妹，但是大多数企业家表示自己在小孩身上投入的精力最多。

三、家族期望内涵的构成要素

关于家族期望的定义，各个受访的家族企业创始人都有自己的理解，主要围绕家庭成员之间的关系、家庭成员的未来发展、家族经济财富积累、家族社会声望等方面展开。本书发现现实情况与之前理论的探讨并没有明显的差异,即在家族期望的理论构念推导过程中得出的结论和家族企业家自身给出的解释比较相符,只是企业家对于家族成员之间的关系有着更深层次的理解,他们关注的不仅仅是和谐,而是代表家族成员之间可以患难与共、相互扶持的深厚感情,尤其是面对外部不确定性和外部压力时,可以保持一致对外同心协力。总体来看家族期望的主要内容体现在以下四个方面。

(一) 家族社会声望

几乎每个受访者都表示对家族在当地的社会关系网络的建立以及在当地的声誉比较关心。例如,浙江某钢材加工厂的吴先生(53岁)就曾说:

> "从小,我父亲就教导我做人一定要有信誉,一旦声誉败了,那就做什么都不成了。事实证明,在我创办企业的十几年间,我父亲的话还是有一定积极意义和指导作用的。人活一张面子,树活一张皮。我们家族在当地也算是有点名气,所以到我这一代,还有我下一代,我们都会把家族的声誉放在首位,待人接事都以诚为先。在经营企业上,需要保证产品的质量,考虑客户的利益,积极做公益,维护企业良好的信誉。在生活上也教导我的孩子要乐于助人、诚实守信,当街坊邻里遇到困难要及时伸出援手。"

江苏某铜业的企业家徐先生(56岁)也曾表达类似的观点:

> "现在这个社会做生意靠的是人脉、社会关系网络以

及声誉。我们这个行业和政府官员搞好关系特别重要,电解铜是生产各种铜制品的一种原材料,我们企业需要进行制作加工,最终的成品可以是铜管、铜板等。金属冶炼的过程中难免会产生大量的废水、废气和废渣,对环境产生一定的污染,尤其是像铜这样的重金属,目前很难去避免产生污染,我们能做到的只能是尽量减少。所以,和环保部门搞好关系也是很重要的,起码我们自己会比较安心。当然我也会尽全力维护好企业的形象,把污染降到最低,多做些公益活动,比如对村里孤寡老人以及困难家庭资助、修建我们当地小学的塑胶跑道、为村里的活动中心购买健身器材等。企业形象和我们整个家族的形象和声誉都还不错,当地村民对我们家的评价都还可以,其实企业的名声已经和我们家族声誉密切绑定在一起,一旦我们企业做了什么不好的事情,我家里的父母都会受到街坊的指责,所以家族声誉和企业声誉更加需要维持。"

吉林省某木材加工企业的杨女士(62岁)也认为家族名誉是企业发展的基石:

"我认为做企业之前首先要学会做人,我把家族的名誉和企业的声誉看得比什么都重要,有时候可以不赚钱,甚至是赔钱也要守住心中的道义。十年前,我丈夫因为癌症去世了,企业一夜之间陷入了瘫痪的状态。之前,很多单子和客户都是我丈夫亲自管理的,企业失去了顶梁柱就乱了套,客户一个个催订单,工厂的经营又出现问题。那

> 个时候我就紧急召开了会议,我向厂里的员工保证会按时发薪水,就算企业破产,我也不会拿走他们一分血汗钱,真心希望他们能陪我渡过这个难关。大部分老员工都留下了,也有很多员工选择别的职业发展,当我给所有员工发完工资,企业的流动资金所剩无几。我亲自拜访了所有客户,尽量赶所有的单子,幸亏企业的信誉一直还不错,很多客户也表示理解愿意宽限一些时日,企业也慢慢走回正轨。我们企业员工的流动率和其他同行业的企业比是最低的,我都希望员工可以把企业当家,每个员工过生日都可以领蛋糕券。企业的声誉也慢慢建立起来,无论是在客户群体、员工、同行业中我们几乎是零差评的。我觉得也正是我对声誉和信誉的看重,才能走到今天。"

维护家族和企业的社会声望可能是家族期望的重要内容之一,在深度访谈过程中几乎所有的受访企业家都认为企业和控制家族的声誉和形象是融为一体的,无论是家族或企业的某一方遭遇声誉或信誉危机,另一方则必然会受到连累,因而维护家族企业声望是家族的重要目标。反之,家族的社会声望也可以提升企业的形象,带来声誉资本。

(二)家族团结和谐

很多受访企业家在谈到"家族期望"时,都提到了家族成员之间的互相支持、互相关爱、可以在困境中互相帮忙的意愿。浙江温州某铁艺企业的接班人李先生曾提到:

> "我的定义就是家族成员之间的团结、友爱、互助、

信任。一个最近也最真实的例子，我的姑姑家去年在安徽承包了一个脱贫小区（下山安置房）工程，结果出现了一例施工死亡安全事故，并且总承包商脱逃，到现在还没有收回工程款项。对于这种情况。家族里的亲戚有钱的出钱：医疗费、安葬费、赔偿款。没钱的出力：当姑姑家大人外出处理纠纷时，帮忙照看孩子及精神安慰。有关系的帮忙上下疏通打点、咨询律师等。很多时候家族力量，可以协助帮忙渡过一个个难关。"

相类似地，浙江金华某饮食连锁的创始人刘女士说道：

"对于家族企业来说，家族内部的团结太重要了，假如每个人都为自己的利益去盘算和捞好处，那么家族企业肯定是干不了的，也是干不长的。我们是做饮食行业的，经营环节也已经不算复杂，但是采购原材料这块也还总是做不好，以前我自己的一个表弟管这块的，那段时间菜的品质很差，有很多顾客都反馈菜不新鲜，后来经调查后才发现原来表弟每次都直接让送菜的人送厨房，菜都没有经过仔细的检查，他也从中收了很多菜农的回扣。古话说得好，兄弟齐心，其利断金，家族成员之间一定要团结，要有一致的目标，不要因为个人的小恩小惠就把企业的发展和声誉抛之脑后，一切要以企业的长期发展作为自己的目标，才能把家族企业发扬光大。"

"家族期望"在访谈中体现出来的另外一个重要特性是关于家族关系和谐、气氛融洽的美好愿望。其中比较典型和传统的某制造企业老板吕先生(52岁)认为"家族期望"的主要内涵包括：

"家族期望对于我而言，就是要一大家子都过得好。家里每个人都能吃穿不愁，一切都平平安安的，其乐融融的。办企业的，几十年的风风雨雨，经历过的事情太多，比如员工在厂里受伤、外来工人打架、火灾、遭遇小偷等举不胜举，每次都提心吊胆的，而家里人对我的支持使我可以跨越这些困难和阻碍一直到现在。家里人团结一致，关系融洽是非常重要的，其实赚钱的目的是什么呢？办企业的目的又是什么？无非就是希望家里人可以过上自己想要的生活。如果家庭关系都处理不好，赚再多钱又有什么意义呢？就算是花钱也要花得开心，为了赚钱而不照顾家里，不管小孩子心理是否健康，学习成绩和学校生活，我觉得是得不偿失。"

在塑料配件制造企业经营7年的吕先生(41岁)就认为家族凝聚力是"家族期望"中重要的内容，他说道：

"我是家庭中比较早的大学生，那时的感觉是跳出'农门'。在我看来，'家族期望'的形成有以下几点，第一，以前有一种说法是'出人头地，光宗耀祖'，族人中能有人事业小有成就，或成就超过父辈的预期，能让族人感觉到骄傲、光荣或者是有面子，最好能体现一种领袖的气质。第二，在我自己的成长过程中，一定不忘家族的共同成长，包括共享、共同价值观的建立形成，目前我弟弟是我企业的技术总监,弟媳也在我企业工作。自己有能力的时候,肯定是要帮助家族里其他成员,希望可以改善他们的生活,整个家族才能有所进步。第三,在与家族成员保持密切联系中,能为家族带来共同的利益,带来更强大的凝聚力。我父亲已经60多岁了,在我建造新厂房的时候,一直在监工,他以前是个木匠,有他的帮忙让我安心很多,工程进度也比较快。总的来说,我觉得家族成员之间的密切交流、天生的血缘关系,还有父辈们对小孩的寄望形成了家族期望。"

(三) 家族人丁兴旺

在深度访谈中可以总结出的"家族期望"的一个方面就是关于家族子嗣的延续、传宗接代以及家族姓氏的延续,大多数的受访企业家都表示对家族人丁兴旺有较高的期盼。例如,浙江永康某制造企业的董事长黄先生(57岁)曾表示:

"现在我们家里生活算得上富足,办了二十多年的企业,客户、市场占有率、生产效率、经营管理等都已经比较稳定。我们夫妻两个自己的生活也很满足,平时都参加体育锻炼,闲暇时候经常出去郊游、钓鱼、打羽毛球。现在也只有我女儿的婚事让我们比较头疼,希望她可以早点成家,我朋友的孩子和她年纪一般大,很早就结婚了,小孩都可以打酱油了。每次外出碰到人,人家都问我,你家闺女结婚没,我们心里是真心比较着急。我女儿在澳大利亚上的大学,硕士毕业后就回到企业帮我打理生意,她眼光比较高也比较挑,总是遇不到合适的。我就盼着她能早点成家,在合适的年龄早点生孩子,让我们也享受一下天伦之乐。"

另外,山西某有色金属冶炼厂的负责人方先生(59岁)也表达了类似关于子嗣延续的期望:

"我们农村出来的人,思想都比较传统,特别是我们父母那一代还是比较注重传宗接代。面对现下年轻人流行的丁克、不婚主义等我表示特别不能理解。结婚生子是每个人必经的阶段,也是一种社会责任。如果每个人都丁克,以后社会还怎么发展,现在社会老龄化的问题已经很严重了。我现在就希望我二儿子能早点结婚,为我们家族再多添一个孙子。我大儿子已经结婚并且有一儿一女了,儿女双全多好。我是一个特别喜欢热闹的人,就喜欢家里人比较多,热热闹闹的。我们中国家文化的传统不就是要一大家子逢年过节围着桌子吃饭嘛,人多才热闹。"

(四)家族经济财富

"家族期望"在访谈中体现出来的另外一个重要特性是关于家族经济财富的积累,其中某厨具制造企业的第二代继承者胡先生就曾说道:

"对于我来说,现在最大的目标就是把企业做大做强,为企业和家族创造更多的经济财富。我们家有两个儿子,我哥哥在高中的时候就被我父亲送去新西兰留学,而我在高中的时候就去了英国留学。我父亲本身文化教育水平不高，但是他有强烈的意识觉得只有国际化了才能把自家的企业发展壮大，小孩子就应该出国见见世面，看看国外的市场和发展的机遇。我们家目前是全市的纳税前五十强的企业，目标是在未来的五年可以争取成为前十，所以现在身上的担子也特别的重，因为全家都对我们两兄弟抱有很大的希望，认为我们留过洋，可以更好地带领企业前进。企业做到一定程度，我们不仅仅得为员工负责，我们还得为社会负责，也为社会创造更多的财富。所以我们每天都工作十个小时以上，有时候超过十二个小时，希望可以早点达成目标，成为纳税前十强，做好我们自己的品牌，让我们的产品可以走向世界。"

另外一位 32 岁的胡先生是某休闲产品制造企业的创办者，他也认为经济财富的积累是他的家庭目前最主要的目标之一，他提道：

"我现在还处于创业的前期阶段，所以企业可以持续盈利对于我来说是最重要的，可以保证全家人舒适的生活。在我创办企业之后，我妻子从银行辞职了，专心在家带孩子，所以经济负担一下子就全压到我身上。目前企业的效益还不错，我现在是淘宝和实体相结合的销售模式，偶尔在天猫上搞一下促销活动，在一些特殊的日子如双十一、情人节等，产品的销量都还不错。我现在一门心思就是怎样提高企业效益，可以保障家庭稳定的收入，可以带给小孩子良好的教育环境。现在我们家女儿上的幼儿园一个学期就是2万多元，一年就是4万多元，还有各种补习班的费用，儿子刚出生不久，吃的都是进口奶粉，现在小孩教育实在是太贵了。而且每年还需要国内或者出国旅游一到两次，要想家里人过上舒适的生活，就必须得将企业经营好。"

同样类似地，浙江某炉具制造公司的董事长52岁的吕先生也曾说：

"办企业最初的目的就是赚钱嘛，我读书没读很多，小时候家里穷，上完小学就没有读了，所以可能想法也比较直白。在我们这个地方攀比心理特别严重，在我们这个工业区，家家户户都认识，每年过年聚会，各个企业老板讨论的都是生意。平时路上碰到面打招呼，第一句话就是你家今年生意怎么样啊？所以这种环境就给我们一种无形的压力，大家都在赛跑，怕一不小心就落后了。不要说隔壁邻居一起办企业的，每次连小学同学会都像是打仗一样，不是讨论谁家生意怎么样，就是讨论谁家企业经营状况如何。连对同学会的赞助费都在比拼，谁赞助了一万元，谁赞助了两万元，所以同学间的各种攀比，也是我们赚钱的动力。不过有时候想想也挺累的，不过我家里开销就特别大，我两个儿子结婚都得买婚房、买车、准备聘礼，哪样的开销都很大，所以趁着现在还没退休，就抓紧努力再赚点钱，以后儿子们的生活也会好一点。"

由此可见，虽然家族企业注重非经济目标如社会声望、子嗣延续、和谐团结等的实现，但也仍然非常关注经济目标的实现程度，焦点访谈小组的结果和深度半结构访谈的结果比较一致。

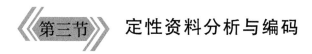 定性资料分析与编码

处理深度调查过程中所获得的各种资料是很关键和复杂的一项工作，这项环节直接会影响家族期望结构的完备性、系统性和科学性。现代的科学统计软件为定性资料的处理提供了很好的帮助，如软件 NUD-IST（Man，2001）。但由于目前缺乏对这种统计软件的获取，暂时采取比较传统的统计方法。对所有的调查资料进行归类和整理，逐步排除重叠的测项，找出相似的测项进行归类，再将所有的测项组合到相应的家族期望的维度中，具体流程如图 4.1 所示。

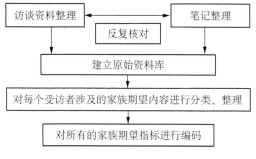

图 4.1　访谈资料处理流程

另外，结合网络搜集到的创始人新闻、网站信息，与焦点小组访谈和深度访谈数据进行多角度证据取证。整个数据收集的过程历时9个月时间，最后我们研究小组将焦点小组访谈、深度访谈和网络资料整理成文字资料，并进行编码分析。

一、编码

首先，秉承开放的研究态度（Glaser，1978）以及遵循早前研究开发量表步骤（杨静和王重鸣，2013），我们对焦点访谈小组以及深度访谈的数据进行分析和开放式编码。根据研究对象自己表达出的一些独特词语，我们使用原生代码来反映家族创始人对于家族期望的内涵的解读。运用"逐行、逐句编码"从16位控制家族主要成员以及32位家族企业创始人所提供的所有数据中抽取了48个初始概念（见表4.3）。

表4.3 研究对象开放性编码示例

原始资料	开放性编码初始概念
A："家族"是一个有血缘关系的大团体，也是一定程度上能紧密联系的利益共同体，"家族期望"是希望家族成员能够在各方面有比较好的成就，积累家族经济财富，能够让整个家族引以为傲，并且能够有利于家族其他成员的成长，或者能为家族的强大、发展带来帮助的美好的期待，与家族的凝聚力强相关 B："家族期望"，有一种说法是"出人头地，光宗耀祖"，族人中能有人事业小有成就，或成就超过父辈的预期，能让族人感觉到骄傲、光荣或者是有面子，最好能体现一种领袖的气质；也包括在自身的成长过程中，一定不忘家族的共同成长，包括共享、共同价值观的建立形成；与家族成员在密切的联系中，能为家族带来共同的利益，带来更强的凝聚力，就会无形中强化"家族期望"	A.1 家族凝聚力 A.2 家族成员成长 A.3 家族经济财富 B.1 家族利益共享 B.2 家族社会声望 B.3 家族面子

嗣延续、和谐团结等的实现,但也仍然非常关注经济目标的实现程度,焦点访谈小组的结果和深度半结构访谈的结果比较一致。

第三节　定性资料分析与编码

处理深度调查过程中所获得的各种资料是很关键和复杂的一项工作,这项环节直接会影响家族期望结构的完备性、系统性和科学性。现代的科学统计软件为定性资料的处理提供了很好的帮助,如软件 NUD-IST(Man,2001)。但由于目前缺乏对这种统计软件的获取,暂时采取比较传统的统计方法。对所有的调查资料进行归类和整理,逐步排除重叠的测项,找出相似的测项进行归类,再将所有的测项组合到相应的家族期望的维度中,具体流程如图 4.1 所示。

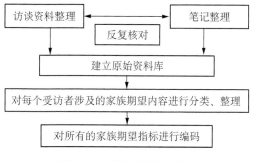

图 4.1　访谈资料处理流程

另外，结合网络搜集到的创始人新闻、网站信息，与焦点小组访谈和深度访谈数据进行多角度证据取证。整个数据收集的过程历时 9 个月时间，最后我们研究小组将焦点小组访谈、深度访谈和网络资料整理成文字资料，并进行编码分析。

一、编码

首先，秉承开放的研究态度（Glaser，1978）以及遵循早前研究开发量表步骤（杨静和王重鸣，2013），我们对焦点访谈小组以及深度访谈的数据进行分析和开放式编码。根据研究对象自己表达出的一些独特词语，我们使用原生代码来反映家族创始人对于家族期望的内涵的解读。运用"逐行、逐句编码"从 16 位控制家族主要成员以及 32 位家族企业创始人所提供的所有数据中抽取了 48 个初始概念（见表 4.3）。

表 4.3　研究对象开放性编码示例

原始资料	开放性编码初始概念
A："家族"是一个有血缘关系的大团体，也是一定程度上能紧密联系的利益共同体，"家族期望"是希望家族成员能够在各方面有比较好的成就，积累家族经济财富，能够让整个家族引以为傲，并且能够有利于家族其他成员的成长，或者能为家族的强大、发展带来帮助的美好的期待，与家族的凝聚力强相关 B："家族期望"，有一种说法是"出人头地，光宗耀祖"，族人中能有人事业小有成就，或成就超过父辈的预期，能让族人感觉到骄傲、光荣或者是有面子，最好能体现一种领袖的气质；也包括在自身的成长过程中，一定不忘家族的共同成长，包括共享、共同价值观的建立形成；与家族成员在密切的联系中，能为家族带来共同的利益，带来更强的凝聚力，就会无形中强化"家族期望"	A.1 家族凝聚力 A.2 家族成员成长 A.3 家族经济财富 B.1 家族利益共享 B.2 家族社会声望 B.3 家族面子

(续表)

原始资料	开放性编码初始概念
C:"家族期望"涉及家里人的团结、友爱、互助、信任。一个最近也最真实的例子,我的姑姑家去年在安徽承包了一个脱贫小区(下山安置房)工程,结果出现了一例施工死亡安全事故,并且总承包商脱逃,到现在还没有收回工程款项。对于这种情况,家族里的亲戚有钱的出钱:医疗费、安葬费、赔偿款。没钱的出力:当姑姑家大人外出处理纠纷时,帮忙照看孩子及精神安慰。有关系的帮忙上下疏通打点、咨询律师等。很多时候家族力量,可以协助渡过一个个难关 D:对于我而言,家族的传承和延续是相当重要的,希望我的小孩可以在合适的年龄成家立业,为我们老李家延续香火,我老母亲今年九十多岁了,就盼着孙子可以早点娶妻生子,可以四代同堂。	C.1 家族团结 C.2 家庭成员之间互相信任 C.3 家庭成员互相关爱 D.1 子嗣延续 D.2 人丁兴旺

其次,我们选择更加有指向性和概念性的选择性编码(Glaser,1978)来筛选代码,提取"家族期望"的核心范畴。遵循关联的重要性,以及频繁重现性两大筛选原则,萃取"家族期望"相关联的核心概念。在该阶段需要将各个企业家的家族期望的测项进行汇总,删除重复的部分,并且对各项测项被企业家提及的次数和优先顺序都做了统计,作为判断该测项重要性的依据,具体操作步骤参照表4.4。

表4.4 家族期望测项选择依据示例

团结和谐	被提及次数	前3个测项提到的次数	前5个测项提到的次数
C1. 我的家庭成员喜欢聚在一起共度时光	15	7	8
C2. 我的家庭成员互相畅所欲言	12	7	9
C3. 我的家庭成员一起解决问题	22	9	12
C4. 我的家庭成员互相支持对方完成目标	9	1	2

(续表)

团结和谐	被提及次数	前3个测项提到的次数	前5个测项提到的次数
C5. 我的家庭成员彼此相爱和关心对方	28	15	19
C6. 我的家庭成员能够互相帮助对方处理生活的起落	14	8	10
C7. 我们家庭母慈子孝，氛围十分和谐	10	2	3

虽然这种归类的方法是在一个理论框架的指导下进行，但由于处理的限制或者掩盖社会调查中的发现，还会有一些遗漏的信息。在社会调查不断进行中，只要有新的内容出现就会及时进行更新和补充。通过对32位家族企业创始人所列出的330条家族期望的具体测项进行筛选、合并、分类，提取出关联度最高以及出现频率最高的22个具体测项，并进一步进行合并，我们同时不断比对相关文献从而确定家族期望的四个核心范畴，进一步确定家族期望的内涵（见表4.5）。

表4.5 选择性编码结果

核心范畴	子范畴	对初始概念的筛选与分类示例
团结和谐	家庭和谐 凝聚力强 沟通交流	A1.1 家庭关系和睦融洽，母慈子孝；A1.2 互相关心，关爱彼此；A1.3 家庭其乐融融；A2.1 家人互相支持，有困难时相互扶持；A2.2 较强凝聚力；A3.1 家里人可以经常聚集在一起聊天；A3.2 有较好的沟通氛围；A3.3 共享闲暇时光
社会声望	政治关系 社会地位 面子(中国特色)	B1.1 与当地政府官员关系比较好；B1.2 与银行等金融部门的关系比较好；B1.3 家族的人在社会上有较多的人脉；B2.1 家里的朋友都有一定的社会地位；B2.2 家里人都有体面的工作；B3.1 家族办事，街坊邻里都比较给面子；B3.2 家族在当地有较好的声誉；B3.3 家里人很受人尊敬

(续表)

核心范畴	子范畴	对初始概念的筛选与分类示例
经济财富	教育条件 医疗条件 生活条件	C1.1 为子女创造良好学习环境；C1.2 可以负担参加各种培训班、发展兴趣爱好的费用；C1.3 有足够费用支持子女出国留学深造；C2.1 全家人有较好的医疗保障，C2.2 存有一定的医疗基金；C2.3 家人都有购买医疗保险；C3.1 有钱可以全家定期出去旅游；C3.2 房子比较宽大和舒适；C3.3 比较有品质的生活
人丁兴旺	子嗣延续 大家族男性数量	D1.1 家族的香火一直延续；D1.2 在合适年龄成家；D1.3 在合适年龄有小孩；D1.4 生儿子延续香火；D2.1 兄弟姐妹数量多；D2.2 家族庞大，亲戚朋友多

二、异同性比较

为了提高家族期望测量指标的有效性，本书将其核心范畴与其他经验性研究以及理论性研究做了相关比较（Bird，1995），之前相关文献的研究可以在一定程度上修正、弥补定性研究的结果。由于社会调查的时间和资源有限，受访者在规定时间内可能没有办法清晰完整表述其想法，因而综合国内外研究文献中关于控制家族目标或期望的研究，这在一定程度上有助于修正上述定性研究结果的偏差，使量表更加有效且可信（具体比较结果请参见表4.6）。

（一）家族团结和谐的测量

现有文献大多数将家庭和谐定义为一种家庭成员之间保持高度一致性的家庭行为，主要是指家族内部成员有基本相同的价值观、没有什么冲突的和谐状态。尽管不同的家庭可能在冲突、合作和信仰上存在一定的差异性（Heck，2004），但是相比非家族企业，家族企业仍然比较容易获取一致性，冲突也相对较

表 4.6　核心范畴与文献比较与验证

核心范畴	相关文献
团结和谐	Zellweger and Astrachan(2008)；Chrisman et al.(2012)；Dyer and Whetten(2006)；Lounsbury and Glynn(2001)；Eddleston and Kellermanns (2007)；贺小刚、连燕玲、余冬兰(2010)；王重鸣、刘学方(2007)；苏琦、李新春(2004)
社会声望	Anderson and Reeb(2003)；Romano, Tanewski, and Smyrnios(2001)；Dyer (2006)；Aronoff and Ward(1995)；Gómez-Mejía et al.(2007)；储小平(2000)；储小平(2003)；李新春、刘莉(2009)
经济财富	Churchill and Hatten(1997)
人丁兴旺	Lee, Parish, and Willis, 1994；Goldenberg, Gallimore, Reese, and Garnier, 2001；杨在军(2011)

少。家族企业内部的沟通与交流会形成成员之间的互相信任和高度承诺，从而影响企业家行为（Eddleston and Kellermanns, 2007）。家族治理的经典研究文献也认同家族成员具有利他主义的特性，出于血缘和道义的影响自然会比较团结一致（Stewart, 2003）。很多二手数据研究的文献都采用代理变量来衡量家族和谐，如贺小刚等（2010）借鉴赫芬达尔指数（Herfindal Index）测量家族和谐的程度。一手数据的研究有学者采用了Beehr 等（1997）开发的家庭和谐感知度的四个指标：与其他家庭相比，我的家人相处得比较好；我的家人在大多数问题上总是同意对方的想法；我的家人都能够互相容忍；在我家里，我们几乎不吵架。

根据定性研究的结果分析，本书发现家族企业家所希望的家庭关系并不仅仅是和谐，他们需要的是一种互相扶持，在遇到危机时可以一致对外的团结精神。相比之前研究家庭和谐的测量，家族团结和谐的期望可能还包括困难时期的相互理解和扶持以及家庭内部良好的沟通机制等内容。

（二）家族社会声望的测量

家族企业的相关研究表明相比于非家族企业，家族企业家更加热衷于慈善事业（Deniz and Suarez，2005）、更加关注员工的福利（Stavrou and Swiercz，1998）、提供一个稳定的就业平台（Block，2010；Stavrou，Kassinis，and Filotheou，2007）、更加关心外部招聘的员工如非家族雇员。家族企业往往比较注重自己的声誉和社会形象，Dyer 和 Whetten（2006）研究了世界 500 强企业的数据，发现家族企业比非家族企业更加注重环境保护，有损社会或者环境的活动比较少。

（三）家族经济财富的测量

尽管家族企业研究者强调非经济目标对于行为导向的重要性，积累经济财富可能是很多企业家创办企业的初衷。近期的研究也表明过度强调社会情感财富等非经济目标的实现而忽略企业的经济效益，可能导致企业陷入经营危机。经济基础决定上层建筑，焦点访谈小组和半结构深度访谈的结果表明企业家只有在满足家庭稳定收入的情况下才会思考一些非经济目标。

（四）家族人丁兴旺的测量

家族企业传承的意愿在家族企业的理论和实践研究中都起着重要的作用。理论上，很多学者将传承意愿作为区分家族企业和非家族企业的重要标志（Chua et al.，1999）。研究表明家族内部传承是家族企业家最关心的问题（Chua et al.，2003），这与控制家族的影响和其对企业的承诺有关（Holt et al.，2010），也是以家庭为中心的非经济目标的重要内容（Chrisman et al.，2012）。

 家族期望的量表开发与构思的检验

一、量表的开发

基于扎根理论分析所获得的家族期望的概念和内涵，回顾和总结关于家族企业非财务目标的相关因素和测量方法，如家族和谐、家族姓氏的影响力以及家族在当地的社会地位及声誉等（Chrisman，Chua and Sharma，2005；Chrisman et al.，2012；Chrisman and Patel，2012），编制出对应四个维度的24个家族期望内涵条目作为原始量表。为确保原始量表的内容效度，我们请五位家族企业的创始人就初试问卷项所描述的家族期望的内容与现实情况的符合程度进行评价，调整表述使题项更加清晰并容易理解。另外再请人力资源、家族企业研究与组织行为学专家对问卷的科学性和合适性进行评定。进一步修改家族期望的初始测量工具，删除2个题项，得到由22个题项组成的调查工具。本书采用家族期望预试量表，共22个测项。根据吴明隆（2010）的量表信度指标，并考虑到参加问卷调研对象的辨识能力以及认真程度，本书采用了李克特（Likert）七点量表（"1"代表"家族期望完全没有实现"、"7"代表"家族期望完全实现"）。为了检验家族期望与理想水平的差距，本书设计了问

卷题目:"与你理想水平相比,你们家族期望的实现程度是?",受访者根据现实中其家族各个期望与理想水平的差距进行打分。

二、数据收集

在正式运用大规模问卷调查之前,本书进行了探测性试验,进一步检验家族期望测量工具的效度,尽可能排除有问题或者多余的测项,精简问卷的内容。量表效果的评价主要包括信度和效度,本书采取了专家效度法(吴明隆,2001),邀请了五位人力资源管理系的专家来评价问卷内容的有效性,基于这些学者的建议,本书对初步的家族期望量表做了进一步的修正和调整,总共有 22 个测项。

数据的采集主要通过邮件、邮寄和现场调研相结合的方式来发放和回收问卷。通过研究者个人关系网络,采取滚动抽样法(Snowball Sampling)获取样本,即先发放 20 份初试问卷给五位熟识的企业家,然后通过这五位企业家的个人关系联系其他企业家,采取类似滚动法将问卷发放给之后的几位企业家,总共历时 2 个月,要求企业家在每次发放问卷后确保在两个星期之内回收。这次初试问卷总共发放了 150 份问卷给 50 位家族企业家,而这 50 位企业家主要来自浙江、上海、江苏、福建、海南等地,拥有不同的教育背景、创业背景、工作经验以及处于不同的企业发展阶段等。结果总共回收问卷 98 份,其中 5 份无效问卷,共得到有效问卷 93 份,有效回收率为 62%。

三、探索性因子分析

我们采用探索性因子分析（exploratory factor analysis，EFA）检验量表的信度和效度，以获取最适合测量家族期望的条目。统计工具采用 SPSS 19.0。探索性因子分析主要利用主成分分析方法（principle component analysis）和最大变异旋转法（varimax rotation），检验各个测项相对应变量的因子负载，可以对测项进行进一步筛选，选择是否予以保留（见表 4.7）。

表 4.7 家族期望探索性因子分析结果

	测量题项	方差最大旋转因子负荷			
		因素 1	因素 2	因素 3	因素 4
家族团结和谐	我的家庭成员喜欢聚在一起共享时光	**0.771**	0.122	0.012	0.173
	我的家庭成员互相畅所欲言	**0.807**	0.083	0.076	0.155
	我的家庭成员一起解决问题	**0.846**	0.021	0.148	0.140
	我的家庭成员互相支持对方完成目标	**0.835**	0.040	0.146	0.059
	我的家庭成员彼此相爱和关心对方	**0.783**	0.146	0.033	0.119
	我的家庭成员能够互相帮助对方处理生活的起落	**0.743**	0.193	0.114	0.168
家族经济财富	我家经济条件足以支持家庭成员去追求自己的事业	0.111	**0.826**	0.092	0.198
	我家经济条件足以支持家庭成员接受良好的教育	0.116	**0.905**	−0.005	0.098
	我家经济条件足以支持家庭成员接受良好的医疗保障	0.109	**0.894**	0.093	0.131
	我家经济条件使家庭成员都过上了舒适的生活	0.146	**0.851**	0.010	0.142

(续表)

	测量题项	方差最大旋转因子负荷			
		因素1	因素2	因素3	因素4
人丁兴旺	我家庭成员中男性的数量较多	0.077	−0.044	**0.590**	0.356
	我家庭成员中兄弟姐妹的数量比较多	0.055	0.066	**0.753**	0.070
	我的子女已经在适当的年龄组建自己的家庭	0.137	0.080	**0.885**	0.055
	我的子女已在最佳生育年龄生小孩	0.130	0.055	**0.850**	0.050
家族社会声望	我家在当地有较好的信誉和声誉	0.368	0.270	0.104	**0.588**
	我家有较强的社会关系网络	0.234	0.142	0.096	**0.844**
	我家有较好的政府关系与背景	0.008	0.105	0.182	**0.809**
	我家在当地办事情，街坊邻里比较给面子	0.260	0.188	0.059	**0.695**
	信度系数	0.904	0.910	0.854	0.805
	平方和（特征值）	8.755	2.723	2.586	1.829
	方差累积解释率(%)	23.262	41.384	55.595	69.710

注：N=93；采用主成分分析法萃取因子，方差极大法正交旋转。

本书探索性因子分析严格遵循以下标准：各个题项的因子负荷（factor loading）的值都大于0.4；因子特根值都大于1；不存在交叉负荷（cross loading）的情况；每个因素的题项数不少于4项；因子对方差的解释度大于60%。根据以上的标准，删除了4个题项，保留了18个题项，分别有4个题项分属于"家族经济财富""家族社会声望"和"家族人丁兴旺"因素，另6个题项属于"家族团结和谐"因素。标准化的因子负荷明显高于有关研究所建议的最低临界水平0.50（本书中相应的最小值0.588），并且都具有较强的统计显著性（$p<0.01$）。此外，没有题项存在多个交叉载荷，充分显示了极强的内敛效度。各变量的Cronbach's Alpha系数都遵循Nunnally（1978）可接受的信度

为0.7的建议：家族团结和谐（Cronbach's Alpha 为0.904）、家族经济财富（Cronbach's Alpha 为0.910）、家族社会地位（Cronbach's Alpha 为0.854）以及人丁兴旺（Cronbach's Alpha 为0.805）。家族期望四个因素的信度范围是0.805～0.910，因素解释总变差达到69.71%，这表明量表具有良好的信度和效度。所有四个因子的信度系数均在0.8以上，这表明该量表具有良好的信度。分析结果如表4.7所示。

四、家族期望因子信度和效度检验

根据Anderson和Gerbing(1988)的研究方法，在探索性因子分析（EFA）之后，我们采取结构方程模型（AMOS 17.0）进行验证性因子分析（EFA）来评估各个测量因子的一致性。通过测试不同的结构方程模型比较（卡方检验）检验就家族期望四个因子之间的区别效度。本书拟采用以下的拟合度指标：（1）$\chi^2/df<5.0$（Schumacker and Lomax, 2004），（2）RMSEA<0.1（MacCallum et al., 1996），（3）CFI>0.8，（4）GFI>0.8，也有许多研究者认为 *GFI* 或者 *AGFI* 在0.80至0.89内为合理范围（Doll et al., 1995）。

一阶模型的结果表明家族期望具有四个维度，包括家族团结和谐（FU）、家族经济财富（FW）、家族人丁兴旺（FC）以及家族社会声望（FSS）。验证性因子分析的结果表明本书的测量模型具有很好的拟合度，其中$\chi^2/df=2.967$，严格小于Schumacker和Lomax（2004）建议的5；RMR/RMSE=0.096小于0.1；CFI=0.882；GFI=0.814属于之前研究者建议的0.80～0.90的合理范围。结果表明，四个维度团结和谐（FU）、家族经济财富

(FW)、家族人丁兴旺(FC)以及家族社会声望(FSS)的因子载荷分别为 0.66~0.87、0.80~0.90、0.43~0.96 以及 0.66~0.97(具体请参见图 4.2)。

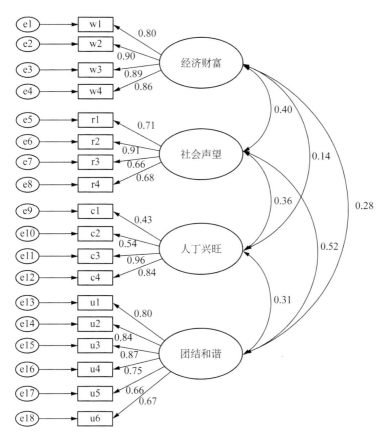

图 4.2　家族期望的一阶模型

根据 Fornell 和 Larcker(1981)通过组合信度以及平均变异量(average variance extracted,AVE)的方法来判定家族期望四个维度的构思效度、聚合效度与区分效度。本书的结果表明家族期望四个因素的组合信度介于 0.81~0.92，显著高于 Fornell 和 Larcker(1981)提出的组合信度应该不低于 0.70 的标准，表明家族期望的四个维度结构具有良好构思效度(参见表 4.8)；表 4.8 描述了最优组合模型的组合信度与平均变异量的分析结果，AVE 值在 0.543~0.741，均超过经验判断标准 0.50(Bagozzi and Yi，1988)，表明潜变量构念的解释变异量大于测量误差对构念的解释变异量，也就是说明家族期望的量表具有较好的聚合效度。

表 4.8 模型的组合信度与平均变异量结果

	测项	因子载荷	T 值	组合信度	AVE
团结和谐	FU1	0.77	_a	0.906	0.619
	FU2	0.82	12.332***		
	FU3	0.86	12.952***		
	FU4	0.80	11.901***		
	FU5	0.73	10.733***		
	FU6	0.73	10.695***		
经济财富	FW1	0.81	_a	0.919	0.741
	FW2	0.89	14.645***		
	FW3	0.90	14.943***		
	FW4	0.84	13.565***		
人丁兴旺	FC1	0.43	_a	0.813	0.543
	FC2	0.57	5.333***		
	FC3	0.96	6.171***		
	FC4	0.86	6.185***		

(续表)

	测项	因子载荷	T 值	组合信度	AVE
社会声望	FSS1	0.80	_a	0.8558	0.598
	FSS2	0.78	11.208***		
	FSS3	0.72	10.253***		
	FSS4	0.79	11.475***		

为了检验家族期望四个维度之间的区别效度,我们同时采用了相关性分析与卡方比较法。表 4.9 中列示出了本书四个因子的均值、标准差和相关系数。其中家族社会声望(FSS)与家族团结和谐(FU)的相关系数最高为 0.43,而家族人丁兴旺(FC)与家族经济财富(FW)之间的相关系数最低为 0.14,由此可知任何两个因子之间的相互关系均小于 0.7,这证实了家族期望量表的区别效度(Bhattacherjee,2002)。

表 4.9 家族期望四因素相关性分析

	FU	FC	FSS	FW
团结和谐(FU)	1.00			
人丁兴旺(FC)	0.26	1.00		
社会声望(FSS)	0.43	0.27	1.00	
经济财富(FW)	0.30	0.14	0.39	1.00

另外,我们对家族期望的四个子范畴做卡方检验,将其作为单一构念进行验证性因子分析,将结果与双构念的验证性因子分析结果进行比较(Fornell and Larcker,1981)。表 4.10 的结果表明,约束模型拟合程度优于无约束拟合程度,约束模型显示 $\Delta \chi^2 (\Delta d.f = 1)$ 都大于临界值 3.84,因此,家族期望的四个维度

具有较高区别效度(结果请参见表 4.10)。

表 4.10 家族期望四因素卡方检验比较结果

	$\chi^2(df)$ 未约束模型	$\chi^2(df)$ 约束模型	$\Delta\chi^2$
将团结和谐和经济财富并为一个潜在因子	193.3(34)	260.7(35)	67.4
将团结和谐和人丁兴旺并为一个潜在因子	204.4(34)	311.2(35)	106.8
将团结和谐和社会声望并为一个潜在因子	225.7(34)	277.7(35)	52
将人丁兴旺和经济财富并为一个潜在因子	151.3(19)	228.1(20)	78.6
将经济财富和社会声望并为一个潜在因子	50.8(19)	107.6(20)	56.8
将人丁兴旺和社会声望并为一个潜在因子	75.2(19)	178.09(20)	102.89

第五节 家族期望的四维度

本章节的主要目的在于构建家族期望的测量体系,为之后的实证研究奠定基础。企业行为理论强调期望水平在决定组织学习和搜寻(Baum and Dahlin,2007;Levinthal and March,1993)以及战略决策行为(Greve,2003a;Shinkle,2012)中的重要性。组织管理者主要根据企业历史财务绩效或与参考群体业绩的社会比较来确定其期望水平(Chen,2008;Greve,2003b,2008;Miller and Chen,2007),经济目标参考点被认为是企业行为决策的重要依据。而家族企业研究者强调了非经济目标在企业行为决策导向中的重要性，如社会情感财富理论等（Gómez-Mejía, et al., 2007）。本书以"家"为分析单元提出家族期望的构念，重新整合家族企业的经济与非经济目标，为家族企业研究提供更加完整的参考点。

通过焦点访谈小组和半结构深度访谈法，我们获取了家族期望的具体测项，根据大规模的问卷调研以及因子分析，我们将家族期望聚焦到四个维度。我们同时检测了家族期望四个维度的可靠性和区别效度。结果表明，家族期望具有家族团结和谐、家族经济财富、家族人丁兴旺和家族社会声望四个维度，共18个测项。我们检验了家族期望构念的结构效度和信度，为家族期望与家族企业行为决策的研究提供了具有良好信度的量表。与Chirsman等（2008）提出的以家庭为中心的非经济目标和社会情感财富（Gómez-Mejía, et al., 2007; Gómez-Mejía, Cruz, et al., 2011）的构念相比，家族期望增加了经济目标参考点即家族经济财富期望。本节将分别探讨家族期望四个维度的内涵与早先研究文献中家族期望目标的差异。

一、团结和谐

家族团结和谐是家族期望的重要内容，在主成分因子分析中对方差的解释率达到23.26%。我们用六个测项来解释家族团结和谐的内涵，将家族团结和谐定义为家庭成员互相关爱与支持，面对危机时可以团结一致对外，系最强的一种家庭关系模式。几乎所有家族都追求家庭凝聚力、家庭支持和家庭忠诚度，大量研究证实家族团结和谐是家庭层面最重要的非经济目标(Sorenson，Goodpaster，Hedberg，and Yu，2009）。Sharma 和 Manikutty(2005)认为维护家庭和谐、家庭归属感以及家庭内部充满信任的关系是家族企业保持竞争优势的必要条件。

与相近的家庭和谐构念相比，我们认为家族团结和谐不仅关注没有内部冲突的和谐关系，更关注建设有快速决策能力的更加团结的家庭队伍。家庭并不是简单的单个或者同质性的群体，家庭成员之间存在利益冲突，因而代理问题在家族企业同样存在。组织认同理论的研究表明家庭成员可能出现家庭与企业之间不同身份认知的问题(Zellweger，Eddleston，and Kellermanns，2010)，而这种家庭与企业身份认知之间的差异和不一致性会产生一定的代理成本(Zellweger et al.，2013)。家族团结和谐可以通过家庭成员开放的沟通交流大大降低代理成本，实现更有效率的企业决策，是家族期望的最重要维度。与非家族企业不同，创始家族和谐关系对于企业目标的设定有重要影响(Astrachan and Jaskiewicz，2008；Sharma et al.，2001)。大量实证研究检验了家族内部关系对企业行为决策的影响，如 Malone(1989)和 Brockhaus(2004)表明家庭关系如兄弟姐妹之间的关系影响到企业的传承决策。同样地，我们认为家族团结和谐作为最强的家庭关系模式对于家族企业行为决策有着重要的意义，也是家族企业的重要目标之一。

二、经济财富

尽管家族企业学者强调非经济目标的重要性(Chrisman et al.，2012；Gómez-Mejía，2007)，赢利仍是企业经营的重要目标。

在政治经济学和经济学研究中,利润最大化是最基本的重要假设(Simon,1979)。企业行为理论认为企业追求多重目标,而目标参考点的选择是企业内部协商的结果。通过设定目标水平或参考点并比较目标变量的实现程度,管理者决定企业是否要进行搜寻或战略调整(Cyert and March,1963;Fiegenbaum et al.,1996;Kahneman and Tversky,1979)。虽然管理者被认为具有多重目标如盈利能力、销售和企业地位等,但经济目标通常被认为是管理者决策最重要的参考点,也是企业行为理论研究的重点(Greve,2008)。企业的盈利能力是决定管理者薪酬的关键性因素,决定了管理者在市场上的价值(Berle and Means,1965),也决定管理者职业生涯的发展(Mezias,Chen,and Murphy,2002)。出于这些原因,企业管理者普遍最关注与经济效益相关的参考点。虽然家族企业管理者不同于非家族企业管理者,相对而言比较少关心薪酬与职业发展(Gómez-Mejía,Larraza-Kintana,and Makri,2003;Gómez-Mejía,Nunez-Nickel,and Gutierrez,2001),但是经济目标仍然是家族企业决策过程中的重要参考点,因为经济目标的实现是非经济目标实现的重要前提。所以,伴随着企业经营失败的风险,即当企业经营业绩低于期望水平时,家族企业仍会感知到严重的威胁(Chrisman and Patel,2012;Gómez-Mejía et al.,2010)。

与企业经济目标不同,家族经济财富目标是为家族成员的成长所服务的。本书用四个维度来衡量家族经济财富期望:我家经济条件足以支持家庭成员去追求自己的事业;我家经济条件足以支持家庭成员接受良好教育;我家经济条件足以支持家庭成员接受良好的医疗保障；我家经济条件使家庭成员都过上舒适的生活。家族企业经常被认为是保守的、风险规避的或者是谨慎对待创新的（Chrisman，Steier，and Chua，2006；Nordqvist and Melin，2010），其中很重要的一个依据是家族企业家更加关注家族企业的可持续发展从而确保稳定的家庭收入为下一代家族成员发展提供稳定的经济保障。以家庭为中心的财富需求决定了企业追求经济利益目标，因为企业经济收入是控制家族收入的重要来源。家族经济财富期望与企业经济期望是密不可分的，而家族经济财富期望的实现水平也会对企业行为决策产生影响。

三、人丁兴旺

控制家族的人丁兴旺程度与企业传承紧密相关，也是家族期望的重要内容，在主成分因子分析中对方差的解释率达到14.2%。家族企业延续包括多维度的概念，涉及家族企业跨代传承（Drozdow，1998；Gioia and Chittipeddi，1991；Gioia，Schultz and Corley，2000）。内部的家族成员对于企业延续与继承有不同解释，而人丁兴旺是家族得以延续之根本，也为家族企业传承提供人力资源。抚养和培育下一代接班人是家族企业重要的目标（Otten，2012），增加家族成员人数和延续家族香火是企业长期发展的保障。直到今天仍然可以发现，许多家族企业的名字仍然与人们熟悉的全球跨国企业紧密相连，如美国摩根金融、荷兰飞利浦、日本三菱、英国宾利以及我国的王致和、张小泉、李锦记等企业都和创始人名字紧密联系。我们认为家族人丁兴旺是控制家族的重要目标之一，也是家族企业得以延续的前提。

代际传承是关于家族企业成长的问题，而家族企业领导人更加倾向于家族内部人之间进行传承是不争的事实。陈凌（2003）把家族企业"传内不传外"的原因归结于中国传统文化的影响，"子承父业"模式仍然是家族企业继任的主流模式。国外的学者认为家族企业在企业内部寻找接班人的原因是企业理性选择的结果，考虑到家族企业的异质性，选择家族内部人可以有效规避风险和降低代理成本。另外，接班人的选择是企业延续和传承的重要问题，Ibrahim（2001）认为，相比女性，家族中的男性有更多的机会接班，即使他们的能力可能不如女性。储小平（2002）认为应聘职业经理人的人力资源模式在中国家族企业中还是行不通，需要一个比较长的发展过程，而且也不会成为华人企业组织行为的普遍模式，大多数的华人企业还是会选择长子继承，这是和中国家文化的影响密不可分的。因此，家族企业"内部传承"的需求和"长子继承"制的普遍性决定了控制家族的"人丁兴旺"目标。

本书用四个测项来衡量家族人丁兴旺的期望：我家庭成员中男性的数量较多；我家庭成员中兄弟姐妹的数量较多；我的子女已经在适当的年龄组建自己的家庭；我的子女已在最佳年龄生小孩。由此可见，深受中国传统家庭文化的影响，人丁兴旺期望的主要内容在于家族内部男性的数量，而家族姓氏的延续主要是指家族男性的延续。家族人丁兴旺也是和文化紧密相关的概念，受不同文化的影响在不同的国家和地区会产生不同的期望水平。追溯历史，受中国传统文化的影响，台湾地区家族的子嗣延续往往是指男性子嗣的延续，只有儿子可以承担送终和跪拜祖先的责任和义务（Lee，Parish，and Willis，1994）。保证男性在家庭当中的领导地位仍是孔子文化中的普遍思想。基于继承的角度，长子或者儿子继承企业或家族经济财富仍比较常见。在一些亚洲国家如中国、印度、韩国和越南（Bélanger，2002），重男轻女的思想仍旧存在。本书"人丁兴旺"的四个测项，可能在不同的国家和地区有不同程度影响。亚洲文化更为强调家庭当中男性数量的重要性，因为女性角色在社会活动中仍处于从属地位（Nussbaumand Glover，1995）。虽然男性继承在西方国家中也普遍存在，家庭不太看重孩子出生的顺序和性别，也有越来越多企业选择女儿作为家族企业的继承者（Otten，2012）。因此，本书也认为之后的研究需要探讨不同文化对于"人丁兴旺"期望形成的影响以及四个维度在不同国家文化影响下适用的普遍性。

四、社会声望

家族社会声望是家族期望的重要维度，在主成分因子分析中对方差的解释率达到 14.1%。声望是企业利益相关者对于企业信任的总体评价水平，体现了股东们与其期望相比在多大程度上信任和看好企业发展（Deephouse and Carter，2005；Fombrun，1996；Pfarrer et al.，2010）。良好的声誉不仅可以为企业和家族创造情感财富，同时还可以提高企业的财务绩效（Barney，1991；Deephouse，2000；Rindova et al.，2005；Roberts and Dowling, 2002)。Chrisman 等(2012)将家庭社会地位作为以家庭为中心的非经济目标的重要维度, Zellweger 和 Astrachan(2008)认为家族社会身份和地位是创业家族宝贵的情感资源。考虑到家族企业本身是企业和家族的结合体, 家族社会声望是家族企业目标设置中的一个关键要素。控制家族往往比较在意自身的声誉, 最近的研究表明良好声誉是家族企业的重要社会情感财富目标, 而声誉也可以为家族成员带来重要的情感价值(Berrone et al., 2010; Dyer and Whetten, 2006; Zellweger et al., 2011)。

家族企业成员通常具有提高身份识别的动机, 通过提升家族企业和家族的声誉可以使家族成员提高身份认同感并更好定义自身价值, 如家族企业声望可以让他们更好认识到自己是谁、在做什么(Haslam and Ellemers, 2005, p.43)。我们认为家族社会声望是家族企业声望的重要组成部分, 家族成员在建设企业声誉方面起着重要作用, 因为通常他们比非家族成员拥有更强烈的动机去提升家族企业声望(Ashforth and Mael, 1989; Dyer and Whetten, 2006; Mahto et al., 2010; Tajfel and Turner, 1979)。同时, 家族成员也需要企业权力去追求更好的声誉, 因为非家族成员的股东经常对社会情感财富目标持怀疑态度(Gómez-Mejía et al., 2007, 2011)。因而, 我们认为家族社会声望是家族目标的重要维度, 这与社会情感财富研究的结论相一致。本书同样也采用了四个测项来衡量家族社会声望: 我家在当地有良好的信誉和声誉; 我家有较强的社会关系网络; 我家有较好的政府关系和背景; 我家在当地办事情, 街坊邻里比较给面子。

本书认为家族社会声望是控制家族所拥有的独特社会资源，是家族在当地社区的声望、与政府相关部门良好关系以及其他社会关系等，家族企业可以积累社会资本（Lounsbury and Glynn，2001）。资源基础观认为企业可以利用自身异质资源创造企业竞争优势（Wernerfelt，1984；Barney，1991；Barney and Arikan，2001），家族社会声望作为一种家族企业重要的社会资本，对企业生产决策、学习过程以及创业行为有重要影响（Adler and Kwon，2002）。

根据行为代理理论（Wiseman and Gómez-Mejía，1998），社会情感财富研究的主要论点在于家族企业的行为决策依据社会情感财富的参考点，而不仅仅根据经济参考点（Gómez-Mejía et al.，2010；Jones et al.，2008；Zellweger et al.，2012）。举例来说，Gómez-Mejía et al.（2007）研究显示西班牙的一家橄榄油生产企业不愿意参与合作，尽管商业合作可以带来巨大经济效益，因为其家族想要实现家族企业传承以及家族对企业的长久控制。另外，Berrone et al.（2010）的研究表明家族企业比非家族企业更加愿意投资于污染控制，即便最初的污染控制会降低企业收益并且投资的未来经济收益是不确定的。控制家族投资环保是因为他们更关心家族企业的合法性、家族企业的声誉以及拥有做良好企业公民的强烈愿望。而企业行为理论重点探讨企业绩效评价、搜寻（search）和决策行为之间的关系（Cyert and March，1963；March，1994；Greve，1998，2003），Greeve（2003）的业绩反馈决策模型体现了该理论精髓。虽然企业行为理论学者意识到企业存在非经济目标参考点，但大量研究仍旧主要关注经济目标参考点对于企业行为决策的影响。

　　本书基于社会情感财富理论和企业行为理论，以"家"作为分析单位构建了"家族期望"测量体系。我们认为家族企业目标的构成是一个复杂的问题，深受控制家族的影响，具有社会情感财富等非经济目标，而企业本身性质又决定了家族企业同时兼具经济目标。根据定性和定量研究的结果，我们认为家族期望包括团结和谐、经济财富、人丁兴旺和社会声望四个维度，而不同期望水平的实现程度对家族企业行为决策有不同的影响。家族团结和谐、人丁兴旺和家族社会声望是家族企业非经济目标的重要维度，而家族经济财富体现了家族企业的经济利益诉求。

第五章
理论分析与研究假设

 家族期望、冒险性行为选择与创业精神

冒险偏好（risk-taking propensity），或者说投资决策，是家族企业研究领域的重要内容，国内学者也对此进行了一定的研究（陈德球和钟昀珈，2011；陈爽英等，2010）。不过对于这种家族制产权到底是促进了冒险创新还是遏制了冒险行为的选择，这一直是一个有争议的问题，并没有得到规律性的认识（Lim，Lubatkin，and Wiseman，2010）。包括企业行为理论与前景理论（Wiseman and Catanach，1997）、行为代理理论等行为理论的支持者对其进行探讨和实证检验。值得关注的一个领域是，家族企业对非经济利益的期望将对投资决策产生何种程度的影响。就目前来看，主要存在以下三个假说：其一，由于家族企业更加注重非经济利益的期望实现，这就决定了它们的经营理念是长期导向的，不会轻易地退出经营领域，否则就无法实现诸如家族和谐等非经济利益的期望，进而促使这些企业从事投资研发等变革活动与创新投入（Zellweger，2007；Zellweger，Nason，and Nordqvist，2012）。其二，既然家族企业偏好社会情感财富等非经济利益，那么考虑到投资的风险性，它们从事合作创新项目的动力应该降低了（Massis，Frattini，and Lichtenthaler，2012）。代表的观点是 Gómez-Mejía 等（2007）提出

的损失规避假说(loss adverse)。他们根据企业行为理论、前景理论及行为代理模型(Cyert and March, 1963; Wiseman and Gómez-Mejía, 1998),认为与家族所有权相关的社会情感财富是衡量获得和损失的重要的决策参照点,在此参照点上除非所有者得到了相当于社会情感财富损失的补偿,否则就不会做出类似研发等冒险行为,尤其是在投资会威胁到他们维持对企业的代际控制的情况下。所以为了保护其社会情感财富,相对于其他企业,家族制企业更少地投资研发活动。其三,Chrisman和Patel(2012)为了融合长期经营假说与损失规避假说这两个看似有点矛盾的观点,提出了一个短视损失规避假说(myopic loss aversion),主要是认为,虽然家族企业相对于非家族企业更少在研发方面投资,但由于家族的长期与短期目标和企业的经济目标的兼容性存在差异,以至于它们的投资可变性更大。也就是说,在家族制企业经营业绩低于期望值的情况下,由于家族目标与企业的经济目标将趋于一致,家族企业相对于非家族企业的研发投资将更高,并且这些投资的可变性下降了。

很多的家族企业研究者是支持目标与期望的不同将影响企业各种决策行为的观点。既然家族企业同时追求经济利益与非经济利益,那么就势必在两者之间进行权衡(Zellweger and Nason, 2008)。但从研究的文献来看,大多数学者还是更关注非经济利益的期望诉求对投资决策行为的影响,这是因为对非经济目标的期望诉求的分析更有利于解释家族企业中那些复杂的看似矛盾或模糊的现象与行为。比如 Westhead、Cowling 和 Howorth(2001)认为,由于家族成员除了关注财务收益之外还存在非财务收益的期望，所以他们就不太倾向于雇佣外部执行董事，既然这些董事更关心的是财务绩效（Cromie et al.，1995）。Zellweger等（2012）还将营销学和经济学中的一个重要概念"情感依恋（emotional attachment）"引入家族企业的研究，并结合前景理论的禀赋效应假说进行实证研究。结果发现，这种情感依恋促进了社会情感财富的形成，并且随着家族成员意识到这一点之后又进一步提高了他们对家族企业的财务价值的评价，以至于他们只能接受高价出售企业所有权的决策。Croce、Martí和Rottke（2012）则研究了保护社会情感财富的意愿如何影响家族企业风险资本的投入。他们的研究发现，接受风险投资的第一代家族企业的生产率增长速度明显地低于其他的企业，这是因为第一代家族企业存在更高程度的不愿意失去控制权的心理，除非企业陷入经营的困境。Lim等（2010）认为由于不同的家族结构，比如创业者控制的家族、兄弟姐妹控制的家族或者堂兄弟和姐妹等远亲所主导的家族，其利他主义的程度与内涵存在很大的差异，所以家族企业冒险投资与否以及程度如何还与家族结构存在紧密的关系。

另外，近来不少的实证研究表明，为了维持和追求社会情感财富，家族企业会表现出一些积极的行为。比如家族控制下的企业具有很强的慈善行为承诺（Deniz and Suarez，2005）；对雇员高质量的工作福利（Stavrou and Swiercz，1998），包括稳定的工作环境（Block，2010；Stavrou，Kassinis，and Filotheou，2007），或者是实施"关怀"导向的外部招聘，尽管这种行为对企业的财务绩效并没有什么直接的促进关系。Dyer和Whetten

（2006）还发现，家族企业相对于非家族控制下的企业实施了更少的对社会或环境有害的活动。另外，也有一些学者研究发现了相反的情况，即家族企业在进行决策时，如果社会情感财富是其最主要的决策参照点，那么，对这种财富的追求也会引致家族企业做出败德的决策。比如 Kellermanns 等（2012）认为，追求社会情感财富会使家族企业表现出消极的、不利于甚至是牺牲非家族利益相关者利益的行为。不管财务结果将出现什么变化，社会情感财富的存在也导致了企业更加在乎战略认同、社会合法性等影响企业利益相关者的决策的问题（Miller, Breton-Miller, and Lester, 2013）。也就是说，社会情感财富这样的非经济利益的期望诉求确实对战略选择、治理、投资等产生不可忽视的影响。

　　家族企业的非经济目标的本质及其对企业组织的影响等问题仍需要学者进行深入的探讨（Chrisman, Kellermanns, Chan, and Liano, 2010），社会情感财富理论虽然刚刚开始，还有很多问题并没有解决，比如 Berrone 等（2012）列出了 24 个有待解决的家族企业研究重要问题，但这一领域的研究是值得关注的。既然社会情感财富也是确定决策参照点的依据，那么，家族成员对其也同样存在一种"满意/不满意"的期望状态，正如对经济业绩一样。如此，这种期望的差异本身也将对冒险的投资决策行为具有一种直接的影响，而不是仅仅由于这一因素的"存在/不存在"通过经济期望的变化影响到投资决策的判断。另外，Chrisman 和 Patel（2012）以及该领域的其他研究并没有考虑到家族企业的其他可选择性的冒险行为，如寻租、关联交易、利益侵占等，而这在中国这样的经济转型期的发展中国家是非常普遍的投资行为(涂国前、刘峰，2010；冯旭南，2012)。

不同类型的冒险性行为，包括积极创新投入和消极寻租投入，对于家族企业家创业精神的持续性会有什么样的影响？这在家族创业学研究领域还是一个未解决的问题。鲍莫尔(2010)指出创业精神具有多元性的特点，可以将才能配置到创新投入、模仿性活动、非生产性活动甚至是寻租投入当中。吴敬琏和黄少卿(2006)认为在中国这种处于经济和司法体制双重转型的国家，创业精神会体现出两面性，有可能同时产生寻租投入和创造性生产活动。如果寻租投入可以为企业家带来足够丰厚的报酬，则其会将更多的才能配置到该活动(庄子银，2007)。然而，目前创业精神与冒险性行为活动的关系大多是关于创业精神影响研发投入或者寻租投入的机理，并没有考虑到不同类型的冒险性行为活动对于创业精神持续性的影响作用。齐结斌和安同良(2014)的实证研究表明，存在寻租的情况下，企业家将耗费时间、精力与资源与政府建立联系，因此其生产活动将因此而受损，会减少对研发投入的配置。寻租投入具有较高的机会成本和惩罚机制，也会打击正面的创业精神，导致企业退出生产经营领域。然而，目前关于不同冒险性行为活动对于企业家坚持或退出行为的影响机理的研究比较缺乏，因而本书探讨了家族期望差距对于不同冒险性活动配置的影响，以及正面和负面的冒险性活动在家族期望与创业坚持和退出之间不同的传导机制。

 家族期望与创业坚持

坚持或者放弃创业是很多企业家面临的重要艰难抉择，很多新创企业在创业中途放弃创业，只有少数创业者选择坚持并且能成功创建新企业（Reynold，2007；杨俊、张玉利，2010）。现实中许多新创企业在"领风骚几年"后便悄然退市，而有的企业却可以实现持续经营，而其中的主要原因在于创业精神的坚持。例如，邵逸夫就曾对公众表达他对工作的热情以及永远坚持经营企业的态度，并表示永远不会退休，而王健林也曾表示企业家精神的核心在于创造力、坚持和责任。持续经营企业意味着继续投入以期望获取相应回报，但由于创业伴随着高收益和高风险，继续坚持经营有可能实现创业成功获得较高回报，也可能遭受失败造成更多损失（牛芳、张玉利和杨俊，2012）。目前大量创业学的研究重点把个体特征、创业活动或者社会环境等作为企业家继续坚持创业的影响因素。在个体特征方面，已有文献关注创业者能力、经验、受教育程度、社会资本以及个人性格特征等因素对于企业家坚持创业的影响，强调这些特征可以帮助企业家在创业过程中识别机会以及更加有效管理企业，促使企业家持续和坚持创业活动。然而，对于新创的家族企业（founding family business）而言，由于其家族成员投入了专有的物资资本与人力资本，他们的决策依据往往不再

是关注企业的价值实现程度,而是家族目标的实现程度,因而"家族"是影响企业家创业坚持的重要分析维度。

一、家族期望对创业坚持的影响效应

(一)家族经济期望与创业坚持

企业行为理论重点探讨企业绩效评价、搜寻(search)和决策行为之间的关系(Cyert and March,1963;Greve,1998,2003),其中,业绩反馈决策模型是经典的理论模型,主要解释实际业绩与目标期望水平之间的差距对后续决策行为的影响。相关的实证研究文献表明,期望水平的设定对企业创新行为决策产生重要影响(Chen and Miller,2007;Chen,2008;Dosi,1988;Greve,2003a)。对比现实业绩反馈与期望水平之间的差距是企业家保持创业动机的重要因素(Klein,1989)。总体来说,当业绩接近或超过期望水平之时,企业家会感觉到满意;反之,业绩与期望水平出现落差即业绩没有达到企业家的期望水平时,决策者会感到不满意(Locke,1997)。而这种不满意信号的传达会导致企业家调整战略或行为来减少期望落差(Carver and Scheier,1998),如果没有这种消极的信号作用,那企业家会坚持原来的行为决策。创业环境比较宽松时,企业家面临的困难比较少,他们更愿意坚持创业,因为他们甚至有可能不会花精力去考虑其他的战略选择或者投资机会。当家族经济期望实现程度越高,企业家接收到的企业和家庭反馈都比较积极,这种正面信号会使企业家坚持原来的创业活动。

另外,家族经济期望实现程度越高会进一步激发企业家对之前创业行为的自我肯定，坚定其坚持继续创业的信心。假定创业家庭收入的主要来源有可能是企业的盈利，家族经济期望的高实现程度至少在某种程度上反映出创业者在之前的创业活动中积累了一定的经济财富，这有可能是企业家能力一个重要的体现。基于社会学、心理学中的归因理论研究，任务绩效成功与失败的原因在于个体能力与环境力量的匹配程度，其中个体能力包括个人能力与努力的程度，而环境理论是指难度以及不可控的运气因素（Helder，1958）。如果企业家将家族经济期望较高的实现程度以及创业阶段性的成功归因为个人因素如能力，那么对其接下来的创业活动的选择或坚持具有一定的鼓励作用。在创业过程当中，企业家自身的性格特征（如自我效能）是影响企业家能否成功创业的重要因素（Hmieleski and Corbett，2008）。创业学研究者认为，自我效能是影响企业家面对创业风险的重要调节机制，因为自我效能代表了个体对于自己在未来是否可以达到高业绩水平的信念，自我效能可以提高决策的质量和创业的绩效。大量实证结果表明，自我效能对于承担风险能力、决策质量、创业绩效以及创业企业的成长都有显著的正向影响（Baum，2004；Forbes，2005）。随着家族经济期望实现程度越高，前面创业活动带来可观的收入让企业家进一步肯定自己的决策能力、判断力、机会识别能力等，企业家对未来企业的经营充满信心，提高了其创业效能以及评估创业成功的可能性，更加愿意坚持创业。因而，本书认为随着家族经济期望实现程度越高，企业家自我评价越高，越有信心成功创业，坚持创业的可能性就越高。

影响企业家创新投入能力的另一个重要因素就是财务冗余，丰富经济资源可以为决策者提供更多的自主权和关键性资源去探索新的创业机会（Kim，Kim，and Lee，2008）。Cyert 和 March（1963）认为增加组织冗余可以使企业管理者有更多实验的成本，可以更多地尝试冒险性行为（如风险性极高的创新活动）。所以，当家族经济期望实现程度很高的情况下，表明创业家族经济财富资源富足，可以为企业家提供较多的财力支持，提高了企业家在创业活动中的风险承担能力，因为他们不需要担心创业失败之后造成的经济损失会影响其家庭的生活水平和质量，会更加倾向于坚持创业。

从家族创业者的角度来看，企业家往往具备将企业延续经营的意愿，跨代传承是家族企业异质性根源之一（Steward，2003），家族经济期望实现程度越高，表明该家族企业目前积累的经济财富比较充裕，出于利他主义思想的考虑，企业家更加愿意继续坚持创业，积累更多的家族经济财富并传承给下一代。增加和保护家族内部成员的福利以及家族经济财富是家族创业的主要驱动力，区别于其他类型的创业模式，家族企业家注重内部的利他主义行为（Grant and Berg，2010）。一般而言，家庭财富的数量对于传承的意愿会有重大影响，当家族积累的经济财富越多，那么，企业家对于传承策略的考虑就越慎重；同时，也会有更强的意愿将经济财富进行传承。综上所述，本书认为当家族经济期望实现程度越高，越能满足创业者及其家人的期望水平时，企业家有较多的冗余资源投入创业活动并且有较高的风险承担能力；而过去成功积累经济财富的经验也提高了企业家创业的自我效能，使其对成功创业更加有信心，也更加希望把经济财富传承给下一代，因而会表现出更强的坚持创业的意愿。因此，本书得到第一个假设。

假设1：家族经济期望实现程度越高，企业家坚持创业的可能性越高。

（二）家族非经济期望与创业坚持

创业退出对于家族企业家而言是一个比较艰难的选择，因为从创业初期开始，企业家就倾注了较多的精力、时间和情感，对企业往往有较强的情感依赖（DeMassis et al., 2008; Gimeno et al., 1997）。在家族企业情境下，企业家较强的情感依赖会导致首要关注非经济目标的实现程度（Zellweger and Astrachan, 2008; Zellweger et al., 2013）。有部分学者认为，当情感逻辑比理性逻辑更为重要的时候，退出创业的决策可能性会下降，家族企业家更加有可能选择继续经营企业（DeTienne, 2010）。已经有大量的实证结果表明，保护社会情感财富等非经济类财富是家族企业家做决策（如退出策略）时的重要参考点（Salvato et al., 2010）。在这样的情况下，以经济收益为目的出售企业或者清算企业有可能导致社会情感财富的流失，控制家族拥有的社会情感财富越多时，家族企业家因为短期经济利益而出售家族企业或者清算的可能性越低（DeTienne et al., 2012; Kellermanns, Chrisman, and Chua, 2012）。因此，本书认为当家族非经济期望实现企业家理想水平时（即家族团结和谐、社会声望以及人丁兴旺实现程度较高的情况下），企业家越容易选择坚持创业。

第一,家族非经济期望实现程度高意味着控制家族内部治理效率较高、家庭关系比较和谐、内部家庭成员之间互相支持,为企业家持续经营减少后顾之忧,增加其创业动力。和谐的家庭氛围尤其是父辈和子女之间良好的沟通和交流可以促进隐性知识的传播,为进一步内部传承尤其是隐性知识、创业精神的传承提供先天优势。尽管在家族企业知识的传承过程中可以同时采取隐性和显性的方式,但是大多数家族企业中的异质性来源于隐性知识,这也会为家族企业中异质性资源带来竞争力(Sirmon and Hitt, 2003; Zahra, Neubaum, and Larraneta, 2007)。因此,家族期望实现理想水平的程度越高,企业之后可以成功传承和延续的可能性也越高,家族企业家越有可能继续坚持创业。

第二,家族企业家往往视企业为自己毕生的心血,初创以来的苦心经营使创始人对企业逐渐产生了很强烈的情感依恋,而这种情感依恋实际上就是一种无形的社会情感财富(Gómez-Mejía et al., 2007, 2011)。由于创业者对企业付出较多心血和精力,对企业有较强的情感依赖,创业者在一般情况下不会放弃对家族企业的经营而选择继续坚持(Flamholtz, 1990; Rubenson, 1989)。尤其是在其家庭关系和睦的情况下,家庭成员对企业家创业行为表示充分理解、关心、肯定以及支持是其选择继续创业的前进动力。当家族内部比较和谐、团结时,创业家族给予企业家的情感支持就比较多,也可以进一步坚定企业家继续经营的信心,所以当家族非经济期望实现程度越高,企业家选择坚持创业的可能性更高。

第三，家族非经济期望实现程度越高，控制家族越可以为企业提供更丰富的社会关系网络资源并且为企业持续经营和发展提供丰富的资源和保障。家族社会声望实现程度比较高，意味着控制家族在当地比较有面子，与当地政府建立了良好的关系，社会地位比较高，可以为企业家持续创业保驾护航。家族资本除了财务资本以外还包括人力和社会资本，这些家族资源与创业活动是紧密相关的（Peter，Christopher，and Sean，2009）。家族内部社会声望实现程度越高，家族累积的社会资本较为充足，可以为创业者提供较强的社会关系网络，包括与政府、金融部门、上下游厂商等的良好关系，为其继续坚持创业提供有力支持的同时也增加了创业成功的可能性。Slotte-Kock 和 Coviello（2010）总结了社会关系网络与创业关系的文献，认为"社会关系网络可以提供各种资源来提高创业效率"。社会资本为创业者带来嵌入网络中的信任和互惠的关系（Halpern，2005；Mustafa and Chen，2010；Ostrom，2009；Slotte-Kock and Coviello，2010）。社会关系资本对于创业的贡献可以从自我雇佣的方式去理解：企业家可以利用其社会关系网络当中的资源，而关系中相互信任和互惠范式降低了获取资源的成本、提高了创业效率（Galbraith，Rodriguez，and Stiles，2007；Nahapiet，2009）。当家族非经济期望实现程度越高，家族社会关系网络资源积累相对比较丰富的时候，从理性假设的角度出发，创业者认为其后续创业成功的可能性会有所提升，因而在这种情况下更加有可能选择坚持创业。

第四，家族人丁兴旺实现程度越高，越可以为企业的发展提供充足的人力资本，也为家族企业潜在继承者提供较大可选择范围，企业家会有更强的意愿将企业传承下去，更加可能选择坚持创业。我国是一个人情社会，比较讲究"圈子"，在"圈子"里的成员之间具有高度信任并且交易成本比较低，而家族就是最核心的圈子（朱卫平，2004）。家族企业内部的信任机制也是其独特竞争优势之一，家族子嗣繁多可以为企业输入低成本高效率的劳动力，增加了企业持续发展的动力，导致企业家选择继续坚持创业的可能性更高。

总的来说，家族企业创业者具有长期导向且兼具家族和企业的双重目标，大部分家族企业更加倾向于将企业传给家族后代以实现长期的家族经济财富（Ward，2004），以及世代延续的意愿（Poza，2007）。企业家有着在企业内部保全家族社会资本、履行血缘关系的家族义务的强烈愿望，他们往往把建立企业看作一种长期的投资，并希望可以代际传承。家族非经济期望实现程度越高，控制家族累积的非经济财富越多，企业家想实现家族企业长久经营的意愿越强，创业家族富足的人力和社会资本提高了后续创业成功的可能性，团结和谐的家庭关系给予创业者强烈的情感支持，使其更加有坚持创业的动力和恒心，因此本书得到第二个假设。

假设2：家族非经济期望实现程度越高，企业家坚持创业的可能性越高。

二、创新投入的传导效应

企业家之所以在家族期望实现程度越高的情况下更有可能

坚持其创业活动，其中存在一个重要的传导机制，便是创新投入的涉入，这是与家族企业长期目标导向紧密相关的。由于创业活动有潜力为家庭成员带来收入和经济财富，通常被视为家族企业生存的重要前提（Kellermanns and Eddleston，2006；Zahra et al.，2004）。比尔·盖茨曾经提到企业的繁荣和发展中存在自我毁灭的因素，要防止这些消极影响的唯一对策就是坚持不断创新。从演化经济学来看，每一种企业的竞争技术都是不断累积的结果，换言之，企业可以以现阶段所获取的技术为基础进行不断发展和改进（Dosi，1997）。由此可知，当前创新活动的投入和产出是企业之后技术创新的基础，也是影响企业持续竞争力的关键。

区别于非家族企业，资源基础观、管家理论与委托代理理论等研究认为家族企业具有管理权和所有权高度重合的属性，这可以降低代理成本并形成企业行为的长期导向（Block，2012），因而家族企业家有可能采取创新投入来提高家族企业长期的竞争力。虽然社会情感财富理论认为家族企业为了保护家族控制、跨代传承等而不愿意承担创新所带来的风险，倾向于不创新或者少创新（Gómez-Mejía et al.，2007）。但对于家族企业而言，他们通常具有将家族王朝世世代代延续的意愿，也倾向于将企业传承给下一代（Berrone et al.，2012），而创新活动成果的积累为家族创造了新的财富，这会增加企业家持续经营的期望。家族企业研究学者们认为，企业传承与延续是家族企业的主要目标之一（Zellweger et al.，2011；Zellweger，2007），而这种强烈的传承意愿使家族企业领导者在投资和决策时更加注重长期目标而非短期的投资结果（Gallo and Vilaseca，1996；James，1999；McConaughy and Phillips，1999）。因此，本书认为家族企业的长期导向使管理者更加倾向于采取创新投入，尽管创新投入的收益比较慢并且存在高度不确定性，一旦成功却可以为企业带来长远的利益。

企业行为理论的研究表明经验、组织惯例或者绩效反馈是影响企业创新战略的重要因素（Chen and Miller，2007；Chen，2008；Dosi，1988；Greve 2003a），而其中影响创新决策的必要条件是资源冗余尤其是财务冗余，决定了企业是否有自主权以及资源去开发新的机会或新市场（Kim，Kim，and Lee，2008）。Cyert 和 March（1963）也表明，增加企业的冗余资源可以使企业有足够的资本去试验、提高其承担高风险能力和增加创新投入。有研究表明，当经营业绩高于期望水平时，企业管理者有更高的信心去承担风险，企业也具备更多的资源和能力去支持创新投入等风险性投资（Greve，2003）。家族经济期望实现程度高代表创业家族经济财富积累到一定程度，这为实施后续创新投入提供了坚强的财务资源基础。决策者实施任何的战略都需要充足的资源作为后盾，资源是否充足被认为是影响管理者自主决策权的重要因素（Finkelstein and Hambrick，1990）。家族经济期望实现程度越高，企业家越不需要担心家庭收入来源，有足够的自主权去支配财务资源到创新活动中，也有更多资本进行探索性行为（Cyert and March，1963），如新产品研发（Sahayma，Len，and Steensma，2012）。相对于其他陷入财务困境的创业家庭而言，家庭财富富余的企业对于创新活动的失败也具有更高的承受力。所以,本书认为当家族期望实现程度较高时,企业家具有更加充足的财务资源投入到创新活动,这提高了其对创新风险的承受力,更加倾向于采取创新投入为创业家族积累财富。

创新投入的成果具有长期收益的特点,符合家族企业的长期目标,也会激励企业家继续坚持创业。对任何企业而言,创新活动是帮助企业构建核心竞争力,寻找增长契机并获得高额回报的重要搜寻机制(Franko,1989;Lengnick-Hall,1992)。经济学家们一直认为创新是经济持续增长的引擎,因为创新活动可以实现有效的资源配置(Murphy et al.,1991;1993),也已经有学者表明创新活动是企业实现持续竞争力的关键资源(Lengnick-Hall,1992)。创新投入的长期效益符合家族企业延续的意愿,而家族企业本身的长期导向会形成一种耐心资本,这也是创新成功的必备条件。大量实证研究表明,导致创新活动失败的一个重要因素就是缺乏耐心资本,具备耐心资本的家族企业往往有更好的能力去实现创新战略(Kang,2000;Teece,1992;Dobrzynski,1993)。所以对于家族企业而言,他们具有得天独厚的条件去进行创新。技术创新是企业保持竞争优势的重要来源,而创新水平决定了企业竞争力以及企业家持续经营的信心。对于企业管理者而言,虽然创新活动是高风险战略决策行为,因为创新往往成功率较低并且获取创新成果的时间通常比较长(Hitt,Hoskisson,Johnson,and Moesel,1996),但是创新投入带来的收益是长期的。企业长期发展和世代延续是其重要目标,也被认为是家族企业社会情感财富的一个重要维度,创新投入符合家族企业长期发展的规划和目标。因此，本书认为创新活动投入和成果会对企业家持续创业有正向影响，坚定他们持续发展和经营企业的信心。

创新投入是需要高昂的成本的，企业家在创新活动上投入的时间、精力和金钱越多，前期创新互动产生的沉没成本就越高。创业初期的沉没成本是企业家不愿意放弃创业的一个重要影响因素。创新成果的获取通常需要比较长的时间，如果企业家选择在中途放弃，那么前面投入的成本都不能产生回报从而造成巨大的损失。考虑到前期投入到创新活动中的大量资源，当企业家自身有一定决定权选择坚持或放弃创业时，很多企业家都会进行承诺升级而坚定自己创业决策。承诺升级是指创业者对未来结果不确定的情况下，而之前的投资并没有达到预期结果时，选择继续投入的非理性决策（Brockner，1997）。相关实证研究表明，尤其是关于新产品开发、投资以及市场营销的研究结果表明，前期投入的沉没成本越多如前期创业者个人时间、金钱、精力、关系网络资源等投入越多，创业者出现承诺升级现象的可能性就越大，就越容易坚持继续投资和创新（Schmidt and Calantone，2002；Kell et al.，2002；Hayward and Shimizu，2006）。基于上述理论，本书认为家族经济期望实现程度越高，家族企业越可能为创新投入提供充足的财务资源和实验成本，而创新投入与实施符合家族企业长期发展目标，并且创新活动投入的沉没成本也会导致企业家承诺升级选择继续坚持创业，因此本书得到第三个假设。

假设3：创新投入在家族经济期望与创业坚持之间具有中

介效应。

企业的创新投入受制于企业的冗余资源,而家族企业资源并不仅仅指经济类财富,也包括家族内部非经济类财富的积累如家族社会声望和家族团结和谐等。当家族非经济期望满足创业者及其家人的理想水平时,表明家族非经济类财富都积累到一定程度,如人力资源储备丰富、家庭关系和谐、社会关系资源充足等,都为实施创新活动策略提供了资源基础,企业家越有可能选择增加创新投入为家族积累各种财富。

当家族非经济期望实现程度较高时,家族内部关系团结和谐为创新投入的实施奠定了良好基础。家族和谐是一种协调有序、配合适当的家庭关系状态,是影响家族企业能否取得竞争优势的关键性因素之一(贺小刚、连燕玲、余东兰,2010)。Graves和Thomas(2008)的研究结果表明,家族和谐对家族资产积累有积极促进作用,为家族的长期目标制定和战略定位(如国际化)奠定了基础。同样地,创新活动符合家族企业长期发展目标,一旦创新产品被创造出来,则可以无成本地不断复制,为企业创造巨额利润以及维持竞争优势(庄子银,2007)。所以当家族和谐为创新投入提供稳定基础时,企业家越有可能采取创新活动为家族创造经济财富和持续竞争优势。

国内外学者普遍证实了社会资本在企业创新活动过程中的重要性,认为社会资本对技术创新有正面显著影响(Greve,2001;Landry,2002;严成梁,2012)。韦影(2007)的实证研究结果表明社会资本能有效地促进企业创新绩效的改善。创业者社会资本可以增加其获取知识的来源,尤其是家族内部的社会关系网络具有高度信任和知识共享的特点，会提高其知识获取的程度。家族与政府部门、技术研发企业等建立的良好关系，能够降低企业引进新技术的难度，并且可以强化技术和知识的吸收。另外，社会资本具有外溢性，家族内部成员和研究部门人员获得的信息越多，其生产效率也就更高。信息共享和相互沟通也可以使创新产品得到更好的推广，从而可以进一步激励创新。通过家庭内部的有效沟通以及各种获取信息渠道的增加，创业者可以及时了解市场发展动态、消费者流行趋势以及各类新产品相关信息，对其思维方式和理念都会产生重大影响。严成梁(2012)基于 Ishise 和 Sawada(2009)研究模型，假定创业家庭会将其收入作为社会资本积累，认为社会资本重要性越强时，创业家庭更加倾向于投资社会资本，从而促进知识生产和经济增长的速度。当家族社会声望实现程度比较高即社会资本积累达到创业者的期望水平时，创业者更有可能通过社会关系网络获取新产品信息以及形成创新思维，这会激励其进行创新投入。

由上述可知，创新活动成果符合家族企业长期发展的目标，相比其他类型的冒险性活动而言，家族企业家更加倾向于选择积极的或可能带来长期潜在竞争优势的创新活动，并以此来实现家族经济财富的积累。创新活动的投入可以进一步激发创业者持续经营并传承企业的意愿，更加可能导致其创业坚持的决策。前期创新活动投入所形成的沉没成本越多，即使在前期绩效反馈不容乐观的情况下，创业者也更加容易进行承诺升级，更有可能坚持当前的创业活动，因此本书得到第四个假设。

假设4：创新投入在家族非经济期望与创业坚持之间具有中介效应。

三、创新投入与创业坚持：制度感知的调节效应

制度环境是转型经济中影响企业行为的关键性宏观环境因素（Peng，2003）。以 North 等人为代表的新制度经济学强调了制度环境对于组织行为的影响，相关实证研究表明，政治环境不确定性不仅仅会影响到宏观的经济增长（Jones and Olken，2005），也会影响微观层面企业行为决策（Durnev，2011；Julio and Yook，2012；徐业坤、钱先航、李维安，2013）。政策和法律环境可以为私营企业创造发展机遇，同时也可能制约企业的持续发展，政府政策往往是外部环境中影响最大、最复杂且最难预测的因素（Peng and Luo，2000）。制度理论认为组织因为制度环境施加的压力必须遵循一系列结构规范、政策或程序（Kostova and Roth，2002），而这些制度规范对企业行为和战略决策产生重要影响（Peng et al.，2008）。创业企业作为市场经济中最有活力的主体，总是在不同的制度环境中寻求生存与发展，企业通常依照外部制度环境所要求的基本规则运行，在从事各种社会活动的过程中必须遵循潜在的社会秩序规则。通过相关政治策略的制定，企业接受并且遵循相关规定适应制度环境，同时也可以控制和影响那些试图控制他们的政府机构（Oliver，1991；Rao and Giorgi，2006）。制度环境是指引导、支持或限制组织行为活动的稳定的规则、社会准则以及社会认知结构（Scott，1995）。制度环境给企业经营带来各种不同的压力，促使企业采取一些行为活动去获

得组织合法性（Meyer and Rowan，1977；Scott，1995）。Scott（1995）提出制度环境的三个维度，包括规制性、规范性以及认知性，而这种分类观点是被组织研究领域广泛接受的（Ahlstrom and Bruton，2002，2010；Busenitz et al.，2000；Kostova and Roth，2002）。现有文献探讨了制度环境对于创业活动的影响，学者们认为创业活动不仅受到企业资源和组织文化的影响，制度环境也是影响创业精神的关键性因素，尤其是在面临经济转型的国家，制度环境的影响显得尤为重要。

现有创业研究中探讨制度的文献大多数是描述性的（Stephen et al.，2005）。近年来，一些文献开始关注文化、历史、价值观和教育对创业活动的影响，将其纳入经典制度环境的讨论范畴中，这就需要了解人们的态度、偏好以及能力对于创业活动的影响（Lim et al.，2010，Spencer and Gomez，2004）。学者们已经开发大量的研究模型来识别内部和外部环境因素对创业活动的影响（Alpkan et al.，2010；Ireland et al.，2009），然而关于管理者制度环境感知对创业的影响研究还比较少（Gómez-Haro，Aragón-Correa，and Cordón-Pozo，2011）。先前大量的研究对于中国制度环境的衡量主要关注客观的制度环境，如樊纲、王小鲁和朱恒鹏（2011）设计的市场化指标被实证研究广泛采用。企业应对环境变化而采取的战略决策深受管理者对环境的解释和感知的影响（Daft and Weick，1984；Hamhrick and Mason，1984；Thomas，Clark，and Gioia，1993），因为外部环境和企业的匹配度会影响组织效率（Doty，Click，and Huher，1993；Miles and Snow，1978）。决策行为是企业家和外部环境感知互相作用的结果，其中企业家自身的因素包括动机、认知以及个体特征等，而环境感知是指企业家在做决策时的情境干扰因素（Bandura，1986）。管理者对于环境变化的解释会影响其之后的战略行为决策，他们将各种环境变化进行归纳和总结，如竞争威胁或者机会（Dutton and Jackson，1987）。同样地，制度环境对于企业行为的影响主要是通过企业领导者对于制度环境的感知起作用的（何轩等，2015），企业管理者将自身对外部环境的感知和判断作为企业行为决策的依据（Miller and Shamsie，1999）。因而，本书主要探讨企业家制度环境感知在创新投入与企业家创业坚持关系之间的调节作用。

我国仍处于经济转型期，政府掌控关键性资源并且对创业活动进行管制，这种过度的政府管制、缺乏有效公正的法律体系以及低市场化程度成为了培育企业家精神的障碍（庄子银，2003）。倘若政府对于企业管制力度越大，那么创业企业获取资源的自由度就越低，这将会打击企业家持续进行创业的积极性以及降低其进行研发投入的可能性。因此在制度环境不完善的区域，由于政府官员相对比较官僚、行政效率低下、法规和政策缺乏公平性，创业企业家对未来企业的发展表示担忧，从而会严重打击其创新精神并会导致企业家更加有可能退出经营市场。反之，法律制度的完善和政府执行效率会对创业活动产生积极影响。创业活动在市场宽裕的环境中更为活跃，尤其是在新型经济体国家，宽松的产业和市场环境以及健全的法律制度，对创业企业发展有积极促进的作用。邓海滨和廖进中（2009）的研究结果表明，制度环境可以通过影响创新投资影响技术创新。另外，王立清等（2011）也表明外部制度环境的完善可以促进企业增加创新投资，进而提高技术创新的能力。企业所处地区的政府干预水平越低，产权保护水平就会越高，企业越有可能进行创新活动并且提高研发投入的强度。

此外，知识产权已经成为当代企业获得持续竞争优势的焦点，而知识产权保护制度的完善性以及执行的有效性，影响着企业家对于创新投入的态度。较多的实证研究结果已经表明知识产权保护有利于促进创新活动的发展。与国有企业不同，家族创业企业受自身资源的限制，对于研发风险承担力较低。在这样的情况下，政府的政策支持和营造的保护环境对于企业家是否要进行创新投入的决策产生尤为重要的影响。大量实证研究表明，严格知识产权的保护会激励发展中国家的自主创新，并增加社会福利（Yang and Makus, 2009；郭春野和庄子银, 2012）。Reuters（2010）研究报告结果表明，在中国从1985年开始实施专利法的25年时间，专利局每年受理发明专利申请量已经排在世界第三位，超过欧洲各国和韩国，仅次于美国、日本。调研数据表明，完善的知识产权保护制度对于创业者的创新投入有较强的激励作用。因此，本书认为在制度环境比较完善的情况下，知识产权保护制度相对完善，创业企业家对于创新活动成果的保护有较高的信心，更加倾向于继续坚持创新活动和持续经营企业，由此得到第五个假设。

假设5：企业家制度感知在创新投入与创业坚持之间具有调节作用，当企业家对外部制度环境信心较高时，采取创新投入的企业家更加倾向于坚持创业。

 家族期望与创业退出

一、家族期望对创业退出的影响效应

(一) 家族经济期望与创业退出

绩效反馈是行为决策理论的精髓(Greve,1998),组织学习的反馈理论认为,企业组织是善于学习的,它们通过收集到的业绩反馈而做出适应性调整。产业组织经济学与组织研究文献等都将财务绩效作为企业家恰当地调整其战略与行动的重要信息源泉,是创业学习的重要源泉。企业家发现机会,但这种机会与创意的价值事先并不知道。在竞争优势清楚地展现出来之前,创意必须经过尝试的环节,需要投入时间、金钱与努力(Ericson and Pakes,1995)。因此,预期可以得到回报的企业家(Ericson and Pakes,1995)为了了解机会的价值,他们不得不进行专有性的投资,比如创建企业并且进入适当的产业。企业家对机会的投资往往是不确定的,所有的投资进入都只是一种沉没成本,它们只能部分地被回收。企业家创建企业,这实际上是一个学习过程,并且是"积极学习"(active learning)的过程(Ericson and Pakes,1995),创业是否具有价值完全取决于企业家所学习到的价值(相对于已经发生的成本)。当企业家发现自己处于这样一种状态下时,即创意已经不具备进一步开发的价

值了,他就会清理企业并将其剩余资源转为他用。作为新创的家族企业家,他们也是基于前期的价值表现而采取决策行为的,除了创业学习理论能够有效地解释绩效的不良反馈将提高企业家的退出动机之外,关注力理论(attention-based view,ABV)也能够很有效地解释这种现象(Ocasio,1997)。该理论认为,决策者的行为将取决于其所关注的事件,而这又受到情境因素与决策者的交互结构的影响。由于企业家处理信息的能力是有限的,他们不可能对于每个事件都配置同等的精力与关注(Cho and Hambrick,2006;Cyert and March,1992),他们会基于所面对事件的重要性而配置其关注力(Ocasio,1997)。结合前景理论的基本观点(Kahneman and Tversky,1979),决策者经常会用更多的时间与行为去关注如何避免损失而不是获得更多的收益。由此我们认为,关注力将由于绩效的偏离而产生不同的配置,期望水平实现程度比较小会给予更多的关注,也就更有可能导致其倾向于选择退出活动。

　　导致企业家是否进入退出状态还有一个非常重要的原因,即机会成本问题,家族期望与理想水平的差距越大则持续经营的机会成本就越高。企业家是在坚持现有创业与获得其他就业机会之间进行选择的人,坚持经营是存在机会成本的,即重新分配企业家资源去追求其他事业所能够实现的报酬。家族企业家可以继续当前的创业也可以选择其他就业机会,之所以仍旧坚持创业是因为其他就业机会没有多大的吸引力,也就是说,如果其他就业机会的期望效用减去转型的成本超过了坚持现有创业的期望效用,企业家就应该终止经营(Gimeno et al.,

1997)。对于新创的家族企业而言,坚持现有的创业所产生的效用不仅仅包括企业家个体层面的,更为重要的是包括创始人的家族成员的效用,因为这些家族成员在企业进行了专有的物质资本与人力资本的投资,他们的经济期望都与创业活动存在极为紧密的关联性。所以,创业家族的经济期望如果得不到满足(与其理想水平有明显差距),则意味着创业对于企业家来说可能不是最优的职业选择,选择退出可能具有更好的机会去实现家族期望。

如果家族经济期望实现程度过低,有可能会导致企业家对之前创业行为的自我否定,降低创业信心。在家族企业中,企业经济效益往往与控制家族收入紧密绑定,假定创业家庭收入的主要来源是企业的利润,家族经济期望实现程度比较低可能是由创业者在之前的创业活动中投资失败、经营或管理不善、战略决策失误等导致的。在这样的情况下,面对企业经济困境和家庭财务困难的双重压力,创业者很有可能将家族期望没有达到理想水平归因于自身的企业家能力,认为自己个体能力的欠缺导致家族和企业陷入了财务困境,会降低其自我效能从而降低其坚持创业的信心,进而增加其退出创业活动的可能性。随着家族经济期望实现程度越来越低,前面创业效率低下或失败的经验,创业者从中学习并且意识到之前的创意可能没有进一步开发的价值而倾向于选择其他职业保证家庭稳定的收入。此外,企业家也可以将家族期望未能达到理想水平的状态归因于自身决策失误和能力,降低其对坚持创业的信心,对企业未来的发展持悲观的态度,退出创业的可能性就更高。基于上述分析，本书得到第六个假设。

假设6：家族经济期望实现程度越低，企业家退出创业的可能性越高。

（二）家族非经济期望与创业退出

创业家族期望与其理想水平的差距将通过反馈机制影响创始人的决策。只不过，由于他们的决策依据不再仅仅是单一的财务业绩，而是更为广泛地包括了经济与非经济利益诉求在内的家族期望。对于那些新创的家族企业而言，家族期望水平的状态将直接地影响企业家持续经营企业的意愿。基于Cyert和March（1963）的行为观点，相比于那些大企业的管理者，那些由所有者管理的家族企业的决策者将更倾向于投机取巧，且很少依赖于利益相关者（Cyert and March，1963），即他们能够非常容易地转移战略或通过关闭企业而放弃创业努力。所以，家族非经济期望实现程度越低，家族创业者更能轻易地转移经营领域、退出目前市场或者当前创业项目，选择其他比较有潜力的项目实现家族的非经济期望。

对于创业者来说，坚持创业是一种默认的行为决策，但是业绩没有达到创业者预期水平时，创业者就会终止其不考虑其他战略选择的状态，他们有可能重新思考当前的创业活动的收益并且会重新评估未来创业成功的可能性，而在评估未来成功可能性的时候企业家有可能更为苛刻（Carver and Scheier，1998）。所以，当家族非经济财富实现程度比较低，即家族社会声望、团结和谐以及人丁兴旺没有达到企业家及其家人的理想水平时，企业家同时面临着严峻的家庭和企业的双重挑战。

若家族社会声望实现程度比较低,创业家族无法为企业家提供充足的社会资源。此时企业无法建立与政府、其他相关企业、银行等金融机构的关系网络时,经营会遇到一定的困境。处于这样的困境下,个体决策者会更加认真和严苛地判断其他的创业活动是否比当前的创业活动更有前景(Taylor,1991),一旦发现其他可替代选择,企业家便很有可能选择退出当前的经营领域。由此可得出本书的第七个假设。

假设7:家族非经济期望实现程度越低,企业家退出创业的可能性越高。

当家族非经济期望实现程度比较低时,如团结和谐期望实现程度比较低,创业家族内部容易发生争吵,成员之间缺乏关爱和互相支持,相应地对于创业者的情感支持度就会比较低,削弱创业者持续经营企业的动机。家族和谐也是家族企业成功传承的必备要素之一,内部不和谐很容易导致传承失败,会降低企业家持续经营企业并传承到下一代的意愿,使其更有可能选择创业退出。另外,家族企业的行为不仅是体现在积极的创新投入中,还体现在从事消极的、社会所不认可的具有破坏性的活动中。尤其是对于这些新创的家族企业而言,它们不会冒险去创新,因为它们缺乏创新的基础性条件,而是更加有可能去冒险寻租。虽然前期很多企业行为理论的研究者将冒险限定于创新等活动(Chrisman and Patel,2012),但实际上对于中国这样的经济转型期的发展中国家而言,寻租、关联交易、利益侵占等是非常普遍的投资行为(涂国前、刘峰,2010),这些活动是很常见的可替代性的冒险行为,在中国经济转型期很普遍

(涂国前、刘峰，2010；申明浩，2008；冯旭南、李心愉、陈工孟，2011；冯旭南，2012）。

本书认为，家族期望中经济期望实现程度较低将进一步提高企业家冒险从事破坏性活动的动机。这主要因为，决策者是损失规避者而不是财富的最大化追求者（Zhang et al.，2008），当他们面临确定的损失或已经经历了这些损失时更有可能忍受风险，倾向于采取更为主动的方法以减少损失或重新夺回失去的利益，即使这样会牺牲其他人的利益（Kahneman and Tversky，1979）。这与"最后期限假说"的结论一致（Arlen and Carney，2012），即期望落差是企业家从事破坏性生产的导火线。另外，处于经营期望落差状态下的企业家将面临很大的压力（Alexander and Cohen，1996），这种压力将促使他们做出违背社会规范的冒险决策（Baucus，1994）。从一些经验研究结果来看，这种观点也是有依据的。比如Harris和Bromiley（2006）的经验研究发现，当企业的业绩低于期望水平就会提高破坏性活动（如财务误报）的可能性；Kellermanns等（2012）认为，对于那些由企业家及其家族成员所控制的企业而言，由于他们在决策过程中以社会情感财富作为主要的参照点，这就导致他们在经营业绩出现落差时倾向于为了社会情感财富会而表现出消极的，甚至是牺牲其他利益相关者财富的行为，而企业的非法性行为在发展转型中的国家尤为普遍。

本书主要考察的是腐败贿赂行为，即滥用公权以谋取私人利益的行为（Calhoun，2011），很多企业也认为贿赂是获取政治资源的捷径。腐败贿赂行为包括私营企业以合同回扣、金钱交易、送礼等方式贿赂政府官员以实现自身利益。早先，大部分关于腐败问题的研究都集中在国家层面的影响，如制度环境和文化影响（Husted，1999；La Porta et al.，1999），较少研究以私营企业作为腐败行为的研究主体（Hellman et al.，2003；You and Khagram，2005）。由于腐败对经济造成严重的负面影响，学者们都比较关心一个问题：为什么企业会从事贿赂等腐败行为（Blackburn and Forgues-Puccio，2009；Foellmi and Oechslin，2007；Rodriguez et al.，2005）。Shinkle（2012）通过总结和整理企业行为理论相关研究，我们发现相比对期望水平与其他战略行为决策关系的研究，对期望水平与贿赂行为关系的研究相对较少。探讨期望水平与贿赂行为的关系可以进一步解释创业行为决策的影响机制。

尤其当家族经济期望实现程度比较低时，即没有满足创业者及其家人的期望水平时，企业家面临的是整个家族生活的经济压力以及前期创业活动经营不善的心理压力，在这种情况下创业家族无法再给企业家提供足够的经济资源，而企业本身又可能已经陷入经营的困境，为了更加快速解决目前的困境，企业家可能会选择铤而走险采取非法性的寻租投入。很多经验研究在早期就表明，陷入财务困境的企业更有可能采取破坏性生产活动来改善企业绩效（Alexander and Cohen，1996；Baucus，1994）。家族内部的经济压力和企业财务困境的双重压力，使企业家更加倾向于选择见效快的寻租投入。相比积极合法的冒险活动，如创新活动、战略联盟等，具有高风险且收益时间比较长的特点，贿赂官员可获得政府关键性资源（如土地、扶持政策、政府合同等寻租利益），可以较快改善企业现状，对陷入家庭和企业双重困境的企业家来说更加具有吸引力。因此，本书认为随着家族经济期望实现程度越来越低，企业家面临的家庭和企业财务双重压力越大，他们就越有可能选择寻租投入来实现其短期经济利益，改善企业现状。

但是，寻租投入是具有高昂的成本的，除了企业家在行贿过程中投入的个人精力、时间、金钱之外，更重要的是这种寻租行为违背社会道德，处于违规的边缘并且存在极高的政治风险和惩罚成本。Douhan 和 Henrekson（2008）认为企业家能力是稀缺的资源，他们选择放弃积极合法的生产性活动而选择消极违法的投机活动时，产生了较大的机会成本。寻租投入带来短期高收益的同时，还造成将来需要接受惩罚的风险。企业非法的寻租投入的决策行为存在重要的潜在威胁，一旦寻租行为暴露，企业的合法性就会被剥夺。企业的合法性是企业生存的根本（Meyer and Rowan，1977），每个企业都必须依靠合法性而生存（Zaheer and Kostova，2001）。为了避免日后丧失合法性的危险，企业家往往将寻租投入视为短期追求利润的手段，在获取短期利益之后会尽快撤离市场。

寻租投入违背了企业家社会责任感，打击正面积极的创业精神，会造成企业家更加容易退出经营市场。从很大程度上来说，我国企业社会责任的承担者是企业家（胡刚，2006）。当企业家采取寻租投入来实现自己家庭和企业的经济利益时，心理需要承受巨大的压力，其社会责任感受到巨大的挑战。对于很多企业家而言，从事公益事业、提供就业岗位、善待员工、遵守法律法规是发自内心的自然需要，也是企业家素质的重要表现形式。在家族经济期望实现程度较低的情况下采取的寻租投入是与积极的创业精神相违背的，寻租投入越多，对积极创业精神打击就越大，越有可能导致企业退出创业。本书提出第八个假设。

假设8：寻租投入在家族经济期望与创业退出之间起到中介效应。

随着家族非经济期望实现程度较低（即家族团结和谐、社会声望以及人丁兴旺没有达到企业家及其家人的理想水平），企业家采取寻租投入的可能性就越大。第一，倘若家族社会声望实现的程度比较低，相比其他声誉较好的家族企业，较差的家族社会声望可能会诱使企业家从事非法的寻租行为，因为当声望处于一个较低水平时惩罚的成本就严重下降了。家族企业总体来说比较在意自己的名誉，一旦面临较严重的家族经济财富损失时，企业家有可能会选择损害公众利益来保全自己的家族经济财富，进而选择寻租行为。第二，家族团结和谐期望实现程度比较低，即家庭关系不和谐，内部人员之间经常出现斗争，凝聚力比较差的情况下，企业家有可能出现不持续长期经营的打算，降低了其将家族企业延续经营的意愿，越倾向于采取低成本、见效快的非法寻租投入来实现家族经济财富而不考虑长期利益。第三，家族非经济期望实现程度较低也反映了控制家族的人力资源较为匮乏，意味着家族内部继承人选择比较少，会打击企业家将企业进行传承的积极性，更加有可能设定短期目标谋取短期的经济效益，而寻租投入就成为实现短期经济收益的重要战略选择。社会情感财富理论认为社会情感财富是家族企业管理者在决策时最重要的参考点,那么对这些非经济目标的追求,也可能导致家族企业做非法的寻租投入。Kellermanns 等(2012)就表示,追求社会情感财富会使家族企业表现出消极的、不利于甚至会牺牲非家族参与者利益的行为。因此,当家族非经济期望实现程度较低时,企业家有可能倾向于实现短期目标而并非传承的长期目标,为了尽快实现家族非经济期望,则会采取非法的寻租投入。另外,如上文所述,非法寻租投入违反法律以及违背道德底线,打击了积极的创业精神,降低其创业的动力。寻租投入的高昂机会成本和惩罚机制,导致企业家更加容易在寻求短期利益之后就立即撤离以避免日后严重的惩罚。因此,本书得到第九个假设。

假设 9:寻租投入在家族非经济期望与创业退出之间起到中介效应。

二、寻租投入与创业退出:制度感知的调节效应

我国目前处于转型时期,经济政治发展不平衡成为了经济体制改革的阻力同时也成了民营企业发展的障碍。周黎安(2007)认为我国地方政府及官员掌握一些关键性的资源并且控制行政审批、土地征用、贷款担保以及税收优惠政策等,对企业决策行为具有超强控制力和影响力。所以,对于民营企业而言,政治关联的培育显得更加重要(Li et al.,2008),与当地政府的关系以及对政府政策和规章制度的把握对企业的发展产生致命的影响。政治不确定性通常伴随未来政府政策的不确定性,降低了

投资相关的信息质量，增加了外部融资成本(Durnev，2011)。Katz和Kahn(1978)强调任何一个企业的战略要持续实施的前提条件在于必须要有一定程度的可预测性，然而外部政治环境的不确定性影响了这个可预测性。Bloom等(2007)、Yonce(2010)以及Pastor和Veronesi(2012)等的理论模型均表明，在面临政治不确定性时，企业通常会削减投资。在经济转型国家，外部制度环境是有效解释企业家行为差异的重要变量(Elenkov，2002)。

由于政府体系仍旧存在严重的官僚主义现象(red tape)，如企业比较难获取官方的经营许可(Blackburn and Sarmash，2006)，新创企业就必须花费大量的时间、精力以及金钱去建立政府关系，这就大大增加了企业经营成本(吴一平、王健，2015)，新创企业许多行为内生于制度环境。如果企业所在地可以提供完善的产权保护制度，那么企业进行创新所识别的机会和技术就不容易被模仿和被抄袭，企业家也会认为其继续投入资源会受到法律的保护。反之，如果企业处于官僚主义严重的地区，企业家很可能对专利保护、企业发展环境和前途表示担忧，对法律治理效率信心的丧失会严重打击企业家创业活动的积极性。在我国政府干预和市场机制共同作用，政府仍旧掌握大量关键性资源并且在一定程度上代替了市场机制(陈信元、黄俊，2006)，而制度环境已经成为构成企业外部环境的重要部分，政治关系已经成为企业成长的必要条件之一。缺乏良好政治关系的企业在发展过程中会遭遇更多困难与问题(Aldrich and Wiedenmayer，1993；Bird，1989)，这一定程度上给新创企业带来生存压力。在经济转型的国家，官僚主义(red tape)严重存在，企业往往比较难获得政府官方的经营许可（Blackburn and Sarmah，2006），这就增加了其经营成本。我国政府仍控制大量关键性资源，并且有可能压低土地、资本、劳动力等生产要素的价格来实现 GDP 增长，这种政府强有力的干预为企业寻租投入提供了强大的动力。大量的实证研究表明了官僚主义和不完善的制度环境对于创业的危害。根据 Kaufman（1997）的调查结果显示，乌克兰有 64% 的企业承认为了建立良好的政府关系克服官僚主义造成的企业经营困境而进行了贿赂。但是寻租活动的开展毫无疑问消磨了企业家提高生产经济效率的动力，对创业精神的持续性具有打击性作用。政府权力和国有企业的扩张会挤压家族企业的生存空间，对私有产权制度的歧视会降低企业家持续经营的意愿（何轩等，2015）。

建立与相关政府部门的关系需要较高的培育成本，企业家只有向政府支付了足够的寻租费用才能获得相应的支持（Shleifer and Vishny，1994）。当新创企业浪费大量的金钱、时间、精力等各种资源来建立政府关系和增加寻租投入时，企业往往更加愿意追求短期的利润而非企业的长期发展。有效的市场机制、私营企业可以公平自由地获取资源是创业企业实现其产权权利的基础。由于关键性资源被政府控制，私营企业在获取其需要的资源时需要付出高昂的成本（朱沆等，2012）。在制度环境不完善的情况下，企业家对制度环境治理效率持怀疑的态度，更加依赖于寻租投入所带来的短期效益，进一步消磨其持续长期经营企业的动力，更容易出现企业发展的后劲不足，增加企业经营失败的风险。

创业企业家通常对制度环境保持高度敏感性，不断思考在当前制度环境下是否能实现企业的持续经营或延续家族企业经营的梦想。企业家意识到制度环境不利于私有产权保障，并且当前从事的寻租活动存在高风险，非法性投机活动可能得到相应的制裁和惩罚（Harris and Bromiley，2007），会威胁到组织的合法性（Zucker，1977），就会选择退出。虽然制度环境不完善提供了寻租活动的温床，但随着寻租投入增多，企业家面临更高的风险和更高昂的惩罚成本，为了保护家族经济和非经济财富，他们更加有可能退出市场。由此本书认为，相对于处于完善制度环境下的新创家族企业而言，随着家族经济期望实现程度降低，企业家更有可能增加寻租投入来实现其理想水平，也将导致其创业精神更加消极从而退出经营。因此，本书得到第十个假设。

假设10：企业家制度感知在寻租投入与创业退出之间具有调节作用，当企业家对外部制度环境信心较高时，采取寻租活动的企业家更加倾向于退出创业。

基于上述理论分析，本书的理论模型如图5.1所示。

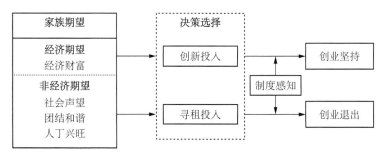

图 5.1 研究模型

第六章

数据收集与假设检验

经过定性调研以及小范围的定量研究，我们得到了一个比较简洁的有关家族期望的测量工具。本书以此为基础，扩大到全国范围内并通过邮寄问卷、电子邮件、面对面收发等形式向家族企业家发放问卷，收集足够的数据和资料。本章节主要介绍问卷调查的过程、数据获取、变量测量、对样本进行描述性统计和相关性统计、通过回归模型和结构方程模型对假设进行检验。

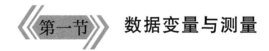

第一节　数据变量与测量

一、样本选取与数据收集

本书重点研究的内容是检测家族期望与家族企业家坚持或者退出创业行为决策之间的关系，因此，本书选择国内的家族企业作为样本来源。在我国大部分的私营企业都是由创业家族或者个人控制的，中国家族企业在增加就业人数、企业规模、企业数量、对税收的贡献率、占国民经济比重等关键指标中都有出色的表现（何轩等，2014）。家族企业的组织形态是我国国民经济的重要组成部分，然而目前对于如何区分家族企业，学者们还存在一定的争议，定义家族企业是家族企业研究中一个重要的挑战（Poza，2004）。早期对于家族企业的定义主要考虑了家族对企业的所有权、控制权以及代际传承的意愿等指标

（Chua et al.，1999），近期也有一些学者将文化和家族愿景作为家族企业的属性(Fletcher，2012)。我们根据 Zellweger 等（2012）对家族企业较为严格的三个标准来确定家族企业的性质：(1)家族企业所有者是否承认其企业是家族企业（Westhead and Cowling，1998）;(2)控制家族具有绝对决策权和控制权，并且占一定持股比例(Claessens，Djankov，and Lang，2000；Faccio and Lang，2002；Holderness，2009）;(3)调研企业至少雇佣两名或两名以上家庭成员为公司高管（Eddleston and Kellermanns，2007；Eddleston，Kellermanns，and Sarathy，2008）。根据这三个标准，对被试企业进行严格筛选，根据浙江某高校创业实验班的数据来源进行选择。另外，本书还确定了样本的其他选取标准，包括：(1)企业规模在 10 人以上;(2)企业寿命在 3 年以上;(3)参与问卷填写的被试对象必须是家族企业的总经理或者董事长，或两者兼任。被试者主要来自浙江、上海、福建、广东、吉林、新疆等地区的私营企业家，涉及行业有电信、制造、服务、高新技术、工程以及房地产等。

数据采集通过邮件与现场调研相结合的手段进行成套问卷的发放与回收，历时 3 个月，每次发放问卷确保在一个月之内回收，企业家有一个月的时间填写。在问卷的开头，明确此次调研的目的和意义，还标明这是国家自然科学基金项目，可以引起问卷填写者的注意以及填写时更加认真。另外，承诺这次调研资料只用作学术研究，并且对个人资料进行严格保密以及与其共享研究成果。为了激励问卷的回收率，每一个完整填写问卷的受访者会收到 50 元的现金红包。研究小组还在课题组落款处加盖了"上海财经大学国际工商管理学院"的公章以显示调研的正式性，也会引起填写者足够的关注和重视。

此次调研总共发放问卷580份，回收问卷239份，回收率为41.2%。为进一步检验所收集问卷信息的完整性和有效性，研究人员随机抽选20份问卷并电话联系受访者以确认其所填信息的准确性。排除25份不完整问卷和13份无效问卷，共得到201份有效问卷。本书对回收的问卷进行了初步的分析和处理，请参见表6.1。

本书以SPSS19.0和AMOS17.0作为主要分析工具，将所有收集到的有效问卷进行编码，一一对应输入到SPSS系统，确保观测值编号与问卷编号相吻合。从样本特征来看，家族企业家的个体特征，如性别、年龄、文化程度等以及企业背景如行业、所有权结构等都被看作是与创业精神紧密相关的因素。从此次调研的结果来看，家族企业家男性有174人，占86.6%，女性27人，占13.4%；从受教育程度来看，初中或以下43人，占21.4%，高中或中专108人，占53.7%，本科40人，占19.9%，硕士研究生及以上10人，占5%。具体的行业分布和企业家文化程度交叉表格请参见表6.2。由表6.2可知，高学历企业家基本上从事金融、计算机等行业，其中从事计算机行业的有博士2人和硕士1人，从事金融业具有博士学位的企业家有3人。在本书样本中从事传统制造行业的企业家最多，占总样本量的45.3%。

表6.1 问卷处理分析总汇

问卷发放形式	问卷回收			无效问卷检验及处理			有效问卷比例
	发放量	回收数量	回收率	原因	数量	处理意见	
电子邮件发放（随机抽样）	280	54	19.3%	员工人数小于10人； 寿命不足1年、职位不符合要求； 没有超过2位以上家庭成员在企业工作； 企业家不承认家族企业身份； 问卷内容不全	1 2 1 1 1 11	所有不符合条件的问卷，本书都不加以利用	37/280 （13.2%）
面对面发放（滚动法）	150	118	78.7%	员工人数小于10人； 寿命不足1年/职位； 不符合要求； 没有超过2位以上家庭成员在企业工作； 企业家不承认家族企业身份； 问卷内容不全	0 1 0 0 0 5	以保证研究结果的科学性以及研究的严谨性	112/150 （74.7%）
邮寄问卷（滚动法）	150	67	44.7%	员工人数小于10人； 寿命不足1年/职位； 不符合要求； 没有超过2位以上家庭成员在企业工作； 企业家不承认家族企业身份； 问卷内容不全	1 3 0 1 1 9		52/150 （34.7%）
总数	580	239	41.2%		38		201/580 （34.7%）

表 6.2 企业家教育水平与行业分布交叉表格

行业	企业家教育水平						占总样本比
	小学	初中	高中	本科	硕士	博士	
电信	0	0	1	1	0	0	2(1%)
计算机	0	0	5	2	1	2	10(5%)
纺织业	0	0	3	2	0	0	5(2.5%)
制药业	2	8	18	3	1	0	32(15.9%)
食品	2	1	4	1	0	0	8(4%)
化工	0	2	5	2	0	0	9(4.5%)
建筑	1	0	6	3	0	0	10(5%)
制造业	4	17	49	20	1	0	91(45.3%)
交通运输	0	1	6	1	1	0	9(4.5%)
批发零售	2	3	10	4	0	0	19(9.5%)
金融业	0	0	1	1	1	3	6(3%)
总数	11	32	108	40	5	5	201(100%)

二、变量测量

本书主要包含的变量有：创业坚持、创业退出、家族期望、创新投入和制度环境。

（一）自变量：家族期望（Family Aspiration）

根据第四章关于家族期望定性的研究结果，本书用 18 个测量指标以及 4 个维度来衡量家族期望，包括家族经济财富（FW）、家族社会声望（FSS）、家族团结和谐（FU）和人丁兴旺（FC）的内容。采用 Kaiser-Meyer-Olkin 方法，家族经济财富（FW）的 KMO 值为 0.843（$\chi^2 = 553.938$, 6 df, $p < 0.001$），Cronbach's Alpha 值为 0.910，表明家族经济财富期望的子量表

具有较高可信度。家族社会声望(FSS)的 KMO 值为 0.733(χ^2 = 291.860,6 df,p<0.001),Cronbach's Alpha 值为 0.854,表明家族社会声望的子量表具有较高可信度。家族团结和谐(FU)的 KMO 值为 0.842(χ^2 = 804.785,10 df,p<0.001),Cronbach's Alpha 值为 0.904,表明家族团结和谐期望的子量表具有较高可信度。家族人丁兴旺(FC)的 KMO 值为 0.701(χ^2 = 345.362,6 df,p<0.001),Cronbach's Alpha 值为 0.805,表明家族人丁兴旺的子量表具有较高可信度。

(二)因变量:创业坚持(Persist)

创业坚持是创业学研究中比较新的内容,缺乏相关文献和量表,目前极少的创业坚持研究都是以创业退出的对立面的方式进行衡量,如对股权、管理权的坚持。本书主要测量了创业坚持的三个方面,包括企业家对于其管理权的坚持、股权的坚持以及精神层面的坚持如企业方针的贯彻等。因此,本书采用了 4 个指标来衡量创业精神坚持:"我会付出毕生的精力来支持企业发展""我会坚持自己的经营理念在企业贯彻执行""我会在近期仍然坚持对公司的股权控制"以及"我会在近期仍然坚持对公司的管理权控制"。采用 Kaiser-Meyer-Olkin 方法,得到 KMO 值为 0.703(χ^2 = 298.125,6 df,p<0.001),Cronbach's Alpha 的值为 0.807,表明量表具有较高可信度。另外,为了衡量家族创业者创业精神的坚持,本书用创业者的传承意愿来衡量其对于创业坚持的意愿,主要依据 Lee 和 Rogoff(1996)以及 Zellweger、Kellermans、Chrisman 和 Chua(2011)的家族传承的 4 个测项,采取"中翻英"和"英翻中"的方法得到以下四个指

标:"我很少去考虑短期投资的收益""我不太可能考虑出售家族企业""延续家族传统和遗产是我们家族企业的一个重要目标"以及"将企业成功传承给下一代是我们家族成员的一个重要目标"。采用 Kaiser-Meyer-Olkin 方法,得到 KMO 值为 $0.761(\chi^2=348.155, 6\ df, p<0.001)$,Cronbach's Alpha 的值为 0.846,表明量表具有较高可信度。

(三)因变量:创业退出(Exit)

创业退出是创业精神中新的内容,缺乏相关文献和量表。企业家退出有多种形式,而关于企业家退休(retire)的相关研究已经很成熟(Kim,Kwon,and Anderson 2005;Wang and Schultz,2010),本书主要衡量企业家退出经营的意愿,借鉴 Wennberg 等(2010),从企业的出售与关闭两个角度去测量企业家的退出行为,即采取了以下 4 个测量指标分别衡量企业家退出(关闭企业与出售企业):"我会在近期关闭我的企业""我会在临近退休年龄时关闭我的企业""我会在近期出售我的企业""我会在临近退休年龄时出售我的企业"。其中,关闭企业的 Cronbach's Alpha 的值为 0.898,出售企业的 Cronbach's Alpha 的值为 0.865,表明该测量具有较高可信度。

(四)中介变量:创新投入(Innovation)

本书根据熊彼特对于创新的定义包括新产品、新生产方法、获得新原材料或者半制成品、新市场开发等内容,采用 5 个指标来测量:新原料、新半成品、新部件的开发与引入数量;产品新功能的开发与引入数量;新设备的开发与引入数量;自动化水平的改进程度;新能源的利用程度。采用 Kaiser-

Meyer-Olkin 方法，得到 KMO 值为 0.883（$\chi^2 = 1\,047.773$，15 df，$p<0.001$），Cronbach's Alpha 的值为 0.936，表明量表具有较高可信度。

（五）中介变量：寻租投入（Corruption）

本书采用 Collins、Uhlenbruck 和 Rodriguez（2009）的方法，通过诸如"我们会以提供优惠的方式来改善和维持与政府官员的关系""我们会以提供佣金的方式来改善和维持与政府官员的关系""我们会以提供实质性礼品的方式来改善和维持与政府官员的关系"等 6 个指标进行测量。基于 Kaiser-Meyer-Olkin 方法，我们发现这些指标的 KMO 值为 0.916（$\chi^2 = 1\,640.775$，15 df，$p<0.001$），Cronbach's Alpha 的值为 0.968，这表明此量表具有较高可信度。

（六）调节变量：制度感知（Institution）

法律制度环境本书采用企业家对于外部法律制度环境的信心来衡量，根据 Pen、Lee 和 Wang（2005）提出的企业家制度环境信心 4 个测量指标，通过"英翻中"以及"中翻英"的校对方式得到 4 个中文版测量项目：我们对现行的法律制度没有太大信心；我们对国家与地方的立法程序没有太大信心；我们对地方执法机构的工作效率没有太大信心；总体而言，我们所碰到的政府官员仍然存在问题。采用 Kaiser-Meyer-Olkin 方法，得到 KMO 值为 0.810（$\chi^2 = 841.475$，6 df，$p<0.001$），Cronbach's Alpha 值为 0.948，表明量表具有较高可信度。

（七）控制变量

根据 Cliff（1998）以及 Moller 和 Schilingemann（2004）等以往

研究文献，本书控制了企业规模与寿命、家族管理、行业、企业经营业绩、创业者个体特征、海外背景以及环境不确定性的因素对于创业坚持或退出的影响，具体测量方法如下。

1. 企业规模与寿命

根据 Borokhovich 等(1996)的方法，本书取员工数量的自然对数(Employee)来衡量企业规模，同时取企业资产的自然对数(Assets)来衡量企业规模。由于老的企业更容易出现企业家离任，因此我们控制了企业寿命(Year)对于创业坚持或退出的影响。

2. 家族管理权 (Family_m)

家族涉入是影响企业家退出经营的重要因素之一，比如 Tsai 等(2006)研究表明家族对于台湾企业家退出经营有显著影响，Lausten(2002)发现家族控制有效降低了丹麦企业家退出经营概率。所以家族成员的涉入对企业经营决策有重要影响，因此我们在研究模型中控制了家族成员出任高管职位的人数量。

3. 行业 (Industry)

不同的行业会对企业的盈利和业绩以至于退出还是维持企业造成影响(Amaral et al., 2007)，比如 DeFond 和 Park(1999)研究表明在高度竞争行业企业家退出经营的频率较高，为此我们控制了行业环境的虚拟变量。

4. 经营业绩

企业经营业绩是影响创始人退出经营的重要因素，先前研究表明业绩与企业家退出之间往往呈现负相关（Renneboog，2000；Huson et al.，2004；Lausten，2002；Easterwood and Raheja，2008）。为了有效排除经营业绩对于创业退出的影响，我们同时控制了企业的行业业绩期望（Industrial）和历史业绩期望（Historical）的实现程度。其中行业业绩期望，根据先前文献（Cyert and March，1963；Chen，2008），采用了李克特（Likert）七点量表法（"1"代表"极低"、"7"代表"极高"）。其中行业业绩期望，根据先前文献（Cyert and March，1963；Chen，2008），采用李克特七点量表（"1"代表"极低"、"7"代表"极高"），用四个题项来衡量：与同行业其他企业相比，本公司生产和服务的成本；与同行业其他企业相比，本公司产品和服务的质量；与同行业其他企业相比，本公司每个员工的产量；总体而言，与同行业其他企业相比，本公司的业绩提高程度。类似地，我们采用四个题项来衡量历史业绩期望（Historical）：与你所期望的相比，本公司生产和服务的成本；与你所期望的相比，本公司产品和服务的质量；与你所期望的相比，本公司每个员工的产量；总体而言，与前些年相比，本公司的业绩提高程度。我们采用 Kaiser-Meyer-Olkin 方法，其中，行业业绩期望（Industrial）KMO 值为 0.774（$\chi^2 = 306.048$, 6 df, $p < 0.001$），Cronbach's Alpha 的值为 0.813，历史业绩期望（Historical）KMO 值为 0.712（$\chi^2 = 214.229$, 6 df, $p < 0.001$），Cronbach's Alpha 的值为 0.748，表明量表具有较高可信度。

5. 创业者个体特征

所有的个体层面分析中需要控制性别和其他一些与企业家生活状态相关的因素（Taylor，1999），因此本书控制了创业者的性别（Gender）（虚拟变量，即男性为1，女性为0）、年龄（Age）和信仰（Belief）（模型中以二值变量表示，即1代表有宗教信仰，0代表无信仰）的影响效应。

6. 海外背景特征

众多文献证实留学海外可以为创业带来人力资本和社会资本的优势（Liu et al.，2010；Filatochev et al.，2011；Li et al.，2011）。Vanhonacker 等（2006）认为海归在海外学习得到管理知识、先进的技术以及积累的关系资源可以为企业带来竞争优势。因此，为了控制海归效应对于创业精神持续性的影响，本书控制了企业家小孩的留学背景（模型中以二值变量表示，即1代表有留学背景，0代表无留学背景）。

7. 外部环境不确定性（Uncertainty）

本书整合了外部环境的动态性和复杂性来衡量外部环境的不确定性。Duncan（1972）和 Jurkovich（1974）认为管理者对外部环境的动态性和复杂性的感知是衡量外部环境不确定性的最重要因素。因此，我们采用了4个测项来衡量环境不确定性：本公司外部社会经济环境非常复杂；本公司外部社会经济环境变化非常快、不可预测；本公司所处的环境竞争很激烈；其他企业试图抢夺本公司的客户或顾客。同时，我们采用 Kaiser-Meyer-Olkin 方法，KMO 值为 0.785（$\chi^2 = 568.70$，6 df，$p < 0.001$），Cronbach's Alpha 的值为 0.910，表明量表具有较高可信度。

 描述性统计与相关性分析

表 6.3 总结了主要变量的平均值、标准差以及相关系数。从表 6.3 给出的结果看，家族期望中经济财富期望的均值为 5.544，标准差为 1.016；家族社会声望的均值为 5.503，标准差为 0.967；家族团结和谐期望的均值为 5.218，标准差为 0.986；家族人丁兴旺的均值为 4.686，标准差为 1.234。创新投入的均值为 4.407，标准差为 1.107，而寻租投入的均值为 3.697，标准差为 1.585。由此可见，在总体样本中企业家从事创新投入的平均水平略高于从事寻租投入的平均水平。创业退出（关闭企业）的均值为 3.715，标准差为 1.759，而创业退出（出售企业）的均值为 3.278，标准差为 1.738。企业家倾向于以关闭企业的形式进行退出的平均水平也略高于企业家选择出售企业来实现退出的平均水平。

从相关性表格中，我们可以得知寻租投入与创业退出（关闭）（$r= 0.649$，$p < 0.01$）正相关，寻租投入同样与创业退出（出售）正相关（$r= 0.632$，$p < 0.01$）。创新投入与创业坚持正相关

表 6.3　主要变量描述性统计与相关性分析

代码	变量名称	均值	标准差	1	2	3	4	5	6	7	8	9	10	11
1. Employee	企业员工人数	3.994	1.25	1										
2. Assets	企业总资产	6.838	1.760	0.774**	1									
3. Life	企业寿命	2.282	0.714	0.384**	0.330**	1								
4. Family_m	家族成员任职人数	3.690	3.541	0.271**	0.243**	0.117	1							
5. Industry	行业虚拟	0.464	0.500	0.191**	0.12	0.004	−0.058	1						
6. Industrial	业绩期望(行业)	4.766	0.803	0.033	−0.043	−0.062	0.046	−0.09	1					
7. Historical	业绩期望(历史)	0.822	0.890	0.07	−0.034	−0.058	0.026	−0.05	0.865**	1				
8. Gender	企业家性别	0.944	0.338	0.032	−0.028	−0.086	−0.01	0.155*	0.021	0.054	1			
9. Age	企业家年龄	48	6.644	0.373**	0.367**	0.400*	0.155*	0.026	0.021	0.011	−0.00	1		
10. Belief	企业家信仰	0.437	0.497	0.035	0.111	0.081	0.034	0.146*	0.021	0.01	−0.09	−0.029	1	
11. Education	企业家教育水平	2.975	0.842	0.203**	0.139	0.068	0.049	0.016	0.131	0.163*	0.085	−0.053	0.161*	1
12. Child_forei	子女留学经历	0.109	0.314	0.297**	0.268**	0.167*	0.138	0.077	0.052	0.097	−0.08	0.218**	0.093	0.095
13. Uncertainty	环境不确定性	4.522	1.122	0.217**	0.169*	0.13	0.198*	−0.07	0.184**	0.104	0.028	0.12	−0.157*	0.099
14. FW	经济财富	5.544	1.016	0.241**	0.228**	0.146*	0.071	0.126	0.204**	0.235**	−0.173	0.187**	0.083	−0.099
15. FU	社会声望	5.503	0.967	−0.018	−0.081	0.059	0.03	0.107	0.289**	0.260**	−0.141	0.071	0.198**	0.114
16. FSS	团结和谐	5.218	0.986	0.082	0.014	0.022	0.052	0.131	0.333**	0.337**	0.069	0.159*	−0.034	0.063
17. FC	人丁兴旺	4.686	1.234	0.102	−0.041	0.072	0.131	0.014	0.279**	0.278**	−0.00	0.231**	−0.013	0.051
18. Innovation	创新投入	4.407	1.107	0.193**	0.066	0.087	0.192*	0.023	0.528**	0.552**	0.058	0.183*	0.023	0.210**

（续表）

代码	变量名称	均值	标准差	1	2	3	4	5	6	7	8	9	10	11
19. Corruption	寻租投入	3.697	1.585	0.044	-0.123	-0.018	0.194*	-0.08	0.251**	0.278**	0.113	0.013	-0.202*	0.193**
20. Institution	制度感知	3.962	1.311	-0.003	0.188**	0.046	-0.049	0.09	-0.203**	-0.216*	-0.06	-0.022	0.112	-0.157*
21. Persist	创业坚持	5.346	0.963	0.023	0.085	0.041	0.122	-0.00	0.176*	0.174*	-0.162	0.001	0.255**	-0.001
22. Close	（关闭）企业	3.715	1.759	-0.015	-0.149*	0.031	0.084	-0.11	0.108	0.119	0.103	-0.001	-0.189**	0.230**
23. Sell	（出售）企业	3.278	1.738	-0.008	0.330**	0.006	0.081	-0.09	0.105	0.136	0.088	-0.015	-0.221**	0.231**

代码	变量名称	均值	标准差	12	13	14	15	16	17	18	19	20	21	22
13. Uncertainty	环境不确定性	4.522	1.122	0.027										
14. FW	家族经济财富	5.544	1.016	0.191**	0.215**									
15. FU	家族社会声望	5.503	0.967	0.039	-0.046	0.282*								
16. FSS	家族团结和谐	5.218	0.986	0.124	0.009	0.394**	0.449*							
17. FC	人丁兴旺	4.686	1.234	0.063	0.101	0.147*	0.261*	0.315*						
18. Innovation	创新投入	4.407	1.107	0.11	0.247**	0.293*	0.189*	0.365**	0.272**					
19. Corruption	寻租投入	3.697	1.585	-0.037	0.309**	-0.047	-0.033	0.186*	0.301**	0.438**				
20. Institution	制度感知	3.962	1.311	0.111	-0.071	0.088	-0.155*	-0.179	-0.271**	-0.252**	-0.527			
21. Persist	创业坚持	5.346	0.963	0.036	0.150*	0.282*	0.14	0.124	0.032	0.166*	-0.170	0.207**		
22. Close	（关闭）企业	3.715	1.759	-0.117	0.247**	-0.164*	-0.12	0.001	0.219**	0.280**	0.649**	-0.458**	-0.293*	
23. Sell	（出售）企业	3.278	1.738	-0.08	0.270**	-0.142*	-0.12	0.014	0.241**	0.297**	0.632**	-0.465**	-0.257*	0.945**

注：** 表示 $p<0.01$，* 表示 $p<0.05$；样本量 = 201。

（r=0.160，p＜0.05），而寻租投入与创业坚持负相关（r=-0.170，p＜0.05）。家族的经济财富期望与创业坚持正相关（r=0.282，P＜0.01），而经济财富期望与创业退出（关闭）负相关（r=-0.164，p＜0.05），与创业退出（出售）的相关性同样为负并显著（r=-0.142，p＜0.05）。家族人丁兴旺期望与创业退出（关闭）正相关（r=0.219，p＜0.01），也同样与创业退出（出售）正相关（r=0.241，p＜0.01）。结果表明，家族经济财富期望与创新投入正相关（r=0.147，p＜0.05），家族社会声望与创新投入正相关（r=0.261，p＜0.01），家族团结和谐期望与创新投入也正相关（r=0.315，p＜0.01）。

在进行回归实证检验前，为了确保模型估计的有效性和一致性，对数据做了以下检验与处理：(1)首先为了避免多重共线性的影响，本书对所有交互项涉及变量都进行了标准化处理；(2)对所有进入模型的变量进行方差膨胀因子（VIF）诊断，VIF的值范围为1.107～4.321，严格小于10，因此排除了多重共线性问题。

第三节　检验模型

本书主要探讨了两个主要的研究模型，包括家族期望与创业坚持关系检验模型以及家族期望与创业退出关系检验模型。

一、家族期望与创业坚持的检验模型

为了检验家族期望与创业坚持之间的关系,创新投入的中介效应以及制度环境的调节效应,我们将创业坚持作为被解释变量。为检验创新投入的中介作用,根据 Baron 和 Kenny(1986)的建议采用层级回归(Hierarchical Regression Modeling)方法对假设进行检验,构造了如下回归模型。

模型 1:CEO_persist $= \beta_0 + \beta_1 \text{FA\_economic} + \beta_2 X + \varepsilon$ (1)

模型 2:CEO_persist $= \beta_0 + \beta_1 \text{FA\_economic} +$
$\beta_2 \text{FA\_noneconomic} + \beta_3 X + \varepsilon$ (2)

模型 3:Innovation $= \beta_0 + \beta_1 \text{FA\_economic} + \beta_2 X + \varepsilon$ (3)

模型 4:Innovation $= \beta_0 + \beta_1 \text{FA\_economic} +$
$\beta_2 \text{FA\_noneconomic} + \beta_3 X + \varepsilon$ (4)

模型 5:CEO_persist $= \beta_0 + \beta_1 \text{Innovation} + \beta_2 X + \varepsilon$ (5)

模型 6:CEO_persist $= \beta_0 + \beta_1 \text{FA\_economic} +$
$\beta_2 \text{Innovation} + \beta_3 X + \varepsilon$ (6)

模型 7:CEO_persist $= \beta_0 + \beta_1 \text{FA\_economic} +$
$\beta_2 \text{FA\_noneconomic} + \beta_3 \text{Innovation} +$
$\beta_4 X + \varepsilon$ (7)

其中,CEO_persist 为本书的被解释变量即企业精神坚持,FA_economic 表示解释变量即家族经济期望,FA_noneconomic 代表的是家族的非经济期望,Innovation 表示本书的中介变量即新创企业的创新投入。X 表示一系列的控制变量,其选择的理论依据请参见研究设计的"控制变量"部分。

主效应假设1预测家族经济期望实现程度越高，企业家越容易选择创业坚持，即家族经济期望实现程度与创业坚持呈正相关。我们将通过检验 FA_economic 的净效应是否显著大于0来测试这一假设。因此从模型1开始预测 FA_economic 的净效应为正，同时 FA_economic(β_1)的系数也为正（＋）并且显著。假设2预测家族非经济期望实现程度越高，企业家越容易坚持创业，则家族经济期望的实现程度与创业坚持正相关，因此从模型2中开始预测 FA_noneconomic(β_2)的系数也为正（＋）并且显著。

中介效应假设3预测创新投入在家族经济期望与创业坚持之间起到中介效应。假设4预测创新投入在家族非经济期望与创业坚持之间具有中介效应。采用 Baron 和 Kenny（1986）的建议，中介效应存在须满足四个条件：(1)自变量对因变量存在显著影响；(2)自变量对中介变量存在显著影响；(3)中介变量对因变量存在显著影响；(4)自变量与中介变量同时代入回归方程解释因变量时，中介变量的效应显著而自变量的效应消失（完全中介效应）或者减弱（部分中介效应）。因此，我们预测 FA_economic 的净效应为正（模型1中 β_1 为正并显著），模型2中我们预测 FA_noneconomic 的净效应为正（模型1中 β_2 为正并显著）。FA_economic 对于创新投入的净效应显著（模型3中 β_1 显著），FA_noneconomic 对于创新投入的净效应显著（模型4中 β_2 显著）。另外，创新投入对创业坚持（CEO_persist）有显著影响（模型5中 β_1 显著）。同时，在模型6中 FA_economic 对创业坚持（CEO_persist）的影响不显著并且创新行为对被解释变量有显著影响（模型6中 β_1 不显著，β_2 为正并显著）。最后，在模型 7 中 FA_economic 以及 FA_noneconomic 对创业坚持（CEO_persist）的影响不显著并且创新行为对被解释变量有显著影响（模型 7 中 β_1、β_2 都不显著，β_3 为正并显著）。

另外，为了检验制度环境的调节作用，假设 5 提出制度环境对创新投入与创业精神之间的正向关系具有调节作用，我们在之前研究模型的基础上增加了模型 5，加入了创新投入与制度环境的乘积项。为了消除共线性的影响，我们对中介变量和调节变量分别进行了标准化处理，具体模型如下：

模型 8：$CEO\_persist = \beta_0 + \beta_1 FA\_economic + \beta_2 FA\_noneconomic + \beta_3 Innovation + \beta_4 Innovation\_Institution + \beta_5 X + \varepsilon$ (8)

其中，Innov_Institution 代表创新投入与制度环境感知的乘积项，因此我们预测模型 8 中 β_4 显著性。

二、家族期望与创业退出的检验模型

为了检验家族期望与创业退出之间的关系以及寻租投入的中介效应，我们将家族企业关闭与家族企业出售作为被解释变量，根据 Baron 和 Kenny(1986)的建议采用层级回归（Hierarchical Regression Modeling）方法对假设进行检验，构造了如下回归模型。

模型 1：$CEO\_exit = \beta_0 + \beta_1 FA\_economic + \beta_2 X + \varepsilon$ (1)

模型 2：$CEO\_exit = \beta_0 + \beta_1 FA\_economic + \beta_2 FA\_noneconomic + \beta_3 X + \varepsilon$ (2)

模型 3: $Corruption = \beta_0 + \beta_1 FA\_economic + \beta_2 X + \varepsilon$ (3)

模型 4: $Corruption = \beta_0 + \beta_1 FA\_economic + \beta_2 FA\_noneconomic + \beta_3 X + \varepsilon$ (4)

模型 5: $CEO\_exit = \beta_0 + \beta_1 Corruption + \beta_2 X + \varepsilon$ (5)

模型 6: $CEO\_exit = \beta_0 + \beta_1 FA\_economic + \beta_2 Corruption + \beta_3 X + \varepsilon$ (6)

模型 7: $CEO\_exit = \beta_0 + \beta_1 FA\_economic + \beta_2 FA\_noneconomic + \beta_3 Corruption + \beta_4 X + \varepsilon$ (7)

其中,CEO_exit 为本书的被解释变量即创业退出,FA_economic 表示解释变量即家族经济期望实现程度(FA_economic 的值越小表示家族期望与理想水平差距越大),Corruption 表示本书的中介变量即新创企业的寻租投入。X 表示一系列的控制变量,其选择的理论依据请参见研究设计的"控制变量"部分。

主效应假设 6 预测家族经济期望实现程度越低,企业家越有可能退出创业,即家族经济期望实现程度与创业退出负相关。我们将通过检验 FA_economic 的净效应是否显著小于 0 来测试这一假设。因此,从模型 1 开始预测 FA_economic 的净效应为负,同时,FA_economic(β_1)的系数也为负(-)并且显著。

假设 7 为预测家族非经济期望实现程度越低,企业家越容易退出创业,即家族非经济期望的实现程度与创业退出负相关,因此从模型 2 中开始预测 FA_noneconomic(β_2)显著为负并且显著。

中介效应假设 8 预测寻租投入在家族经济期望与创业退出之间起到中介效应，假设 9 预测寻租投入在家族非经济期望与创业退出之间具有中介效应。本书仍旧采用 Baron 和 Kenny（1986）的建议，中介效应存在须满足四个条件：（1）自变量对因变量存在显著影响；（2）自变量对中介变量存在显著影响；（3）中介变量对因变量存在显著影响；（4）自变量与中介变量同时代入回归方程解释因变量时，中介变量的效应显著而自变量的效应消失（完全中介效应）或者减弱（部分中介效应）。因此，我们预测 FA_economic 的净效应为负（模型 1 中 β_1 为负并显著），模型 2 中我们预测 FA_noneconomic 的净效应为负（模型 1 中 β_2 为负并显著）。FA_economic 对于寻租投入的净效应显著（模型 3 中 β_1 显著），FA_noneconomic 对于寻租投入的净效应显著（模型 4 中 β_2 显著）。另外寻租投入对创业退出（CEO_exit）有显著影响（模型 5 中 β_1 显著）。同时在模型 6 中 FA_economic 对创业退出（CEO_exit）的影响不显著并且寻租投入对被解释变量有显著影响（模型 6 中 β_1 不显著，β_2 为正并显著）。最后在模型 7 中 FA_economic 以及 FA_noneconomic 对创业退出（CEO_exit）的影响不显著并且寻租投入对被解释变量有显著影响（模型 7 中 β_1、β_2 都不显著，β_3 为正并显著）。

另外，为了检验企业家制度环境感知的调节作用，假设 10 提出制度环境对寻租投入与创业退出的正向关系具有调节作用，我们在之前研究模型的基础上增加了模型 8，加入了寻租投入与企业家制度环境感知的乘积项。为了消除共线性的影响，我们对中介变量和调节变量分别进行了标准化处理，具体模型如下：

模型 8：CEO _ exit = $\beta_0 + \beta_1 FA\_economic + \beta_2 FA\_noneconomic + \beta_3 Corruption + \beta_4 Corrupt\_Institution + \beta_5 X + \varepsilon$

(8)

为了防止模型 1 和模型 2 的交叉影响，在检验模型 1 的时候本书控制了寻租投入的影响，而在检验模型 2 的时候控制了创新投入的影响。

第四节　检验结果

一、家族期望与创业坚持的关系

为了检验家族期望与创业坚持的模型，本书分别检验了家族经济期望以及非经济期望与创业坚持的关系，用 SPSS19.0 进行层次回归（Hierarchical Regression Modeling）对假设进行检验模型，主要有以下几个步骤：模型 1 为基础模型，只包括控制变量；模型 2 在控制变量的基础上增加了家族经济期望即家族经济财富期望（FW）；模型 3 检验了家族非经济期望与创业坚持的关系，在之前模型的基础上增加了家族非经济期望包括家族团结和谐（FU）、家族社会声望（FSS）以及家族人丁兴旺（FC）；为了进一步验证家族期望与创业坚持的线性关系，本书在模型 4 中增加了家族期望各个维度的二次项作为稳健性检验。表 6.4

描述了家族经济期望与非经济期望与创业坚持（控制权与管理权坚持）关系检验的结果。

表 6.4　家族期望与创业坚持关系检验（坚守管理权与控制权）

	因变量：创业坚持（坚守管理权与控制权）			
	（1）	（2）	（3）	（4）
常数项	5.334***	5.332***	5.411***	4.576***
	(1.195)	(1.182)	(1.234)	(1.368)
1.控制变量				
Employee	−0.095	−0.115	−0.106	−0.099
	(0.113)	(0.112)	(0.113)	(0.114)
Assets	0.029	0.022	0.013	0.018
	(0.078)	(0.077)	(0.079)	(0.079)
Year	0.025	0.017	0.022	0.065
	(0.133)	(0.132)	(0.132)	(0.134)
Fmember	0.161*	0.163*	0.167*	0.150
	(0.088)	(0.087)	(0.088)	(0.092)
Industry	0.338	0.382	0.379	0.337
	(0.245)	(0.243)	(0.245)	(0.247)
Industrial	0.017	0.035	0.027	0.092
	(0.210)	(0.207)	(0.212)	(0.219)
Historical	0.318*	0.235	0.232	0.189
	(0.191)	(0.192)	(0.193)	(0.197)
Gender	−0.375	−0.274	−0.341	−0.212
	(0.257)	(0.258)	(0.264)	(0.272)
Age	−0.001	−0.004	−0.003	−0.001
	(0.015)	(0.015)	(0.015)	(0.016)

(续表)

	因变量：创业坚持（坚守管理权与控制权）			
	（1）	（2）	（3）	（4）
Education	−0.020	0.033	0.034	0.051
	(0.109)	(0.110)	(0.112)	(0.113)
Belief	0.535***	0.509***	0.553***	0.561***
	(0.180)	(0.178)	(0.183)	(0.183)
Child_foreign	−0.160	−0.215	−0.253	−0.233
	(0.284)	(0.282)	(0.285)	(0.295)
Corruption	−0.335***	−0.311***	−0.334***	−0.312***
	(0.097)	(0.097)	(0.101)	(0.103)
Uncertainty	0.284***	0.241**	0.257***	0.234**
	(0.092)	(0.093)	(0.096)	(0.098)
2. 自变量：家族经济期望				
FW		0.209**	0.174*	0.153
		(0.095)	(0.103)	(0.114)
3. 自变量：家族非经济期望				
FU			−0.077	0.007
			(0.104)	(0.116)
FSS			0.147	0.064
			(0.107)	(0.117)
FC			−0.024	0.022
			(0.097)	(0.106)
4. 自变量平方项				
FW^2				0.020
				(0.083)
FU^2				0.113
				(0.075)

(续表)

	因变量：创业坚持（坚守管理权与控制权）			
	（1）	（2）	（3）	（4）
FSS^2				−0.079
				(0.067)
FC^2				0.081
				(0.084)
N	201	201	201	201
R^2	0.217	0.239	0.248	0.269
adj. R^2	0.154	0.173	0.168	0.171
ΔR^2	0.217	0.022	0.009	0.021
ΔF	3.433***	4.887**	0.647	1.190

注：(1)括号内为标准误，* 表示 $p<0.1$，** 表示 $p<0.05$，*** 表示 $p<0.01$，双尾检验；(2)表中回归系数均为非标准化回归系数。

由表6.4的结果可知，模型1中家族管理权与创业坚持（坚守管理权与控制权）正相关（$\beta=0.161$，$p<0.1$），在家族企业中工作的家族内部成员人数越多，越有可能出现创业坚持的现象。寻租投入与创业坚持（坚守管理权与控制权）负相关（$\beta=-0.335$，$p<0.01$）。从模型2的结果可知家族经济期望与创业坚持（坚守管理权与控制权）之间显著正相关（$\beta=0.209$，$p<0.05$），证明当家族经济财富期望实现程度较高时企业家更加愿意坚持继续创业，假设1得到支持。模型3的结果证明，家族非经济期望包括家族团结和谐、家族社会声望与人丁兴旺与创业坚持的关系都并不显著，假设2没有得到支持。模型4的结果表明，家族期望四个维度的二次项都不显著，则进一步

证实了家族期望与创业坚持的线性关系。

由于创业坚持是一个多维度的概念,在家族企业中创业者传承意愿是其创业精神延伸的重要表现形式,因此本书检验了家族期望与创业坚持(创业者传承意愿)之间的关系。其中模型1为基础模型只包括控制变量;模型2在控制变量的基础上增加了家族经济期望即家族经济财富期望(FW);模型3检验了家族非经济期望与创业坚持(创业者传承意愿)的关系,在之前模型的基础上增加了家族非经济期望包括家族团结和谐(FU)、家族社会声望(FSS)以及家族人丁兴旺(FC);为了进一步验证家族期望与创业坚持(创业者传承意愿)的线性关系,本书在模型4中增加了家族期望各个维度的二次项作为稳健性检验。表6.5描述了家族经济期望与非经济期望与创业坚持(传承意愿)关系检验的结果。

表6.5 家族期望与创业坚持关系检验(传承意愿)

	因变量:创业坚持(传承意愿)			
	(1)	(2)	(3)	(4)
常数项	−1.904**	−1.884**	−1.488*	−1.816*
	(0.95)	(0.948)	(0.97)	(1.083)
1. 控制变量				
Employee	−0.08	−0.085	−0.087	−0.1
	(0.092)	(0.092)	(0.09)	(0.092)
Assets	−0.04	−0.043	−0.041	−0.035
	(0.062)	(0.062)	(0.062)	(0.063)
Year	0.136	0.131	0.142	0.162
	(0.106)	(0.106)	(0.104)	(0.106)

(续表)

	因变量：创业坚持（传承意愿）			
	（1）	（2）	（3）	（4）
Fmember	0.146**	0.146**	0.142**	0.119
	(0.071)	(0.071)	(0.069)	(0.073)
Industry	0.023	-0.002	-0.022	-0.001
	(0.141)	(0.142)	(0.141)	(0.143)
Industrial	0.284	0.289	0.258	0.26
	(0.167)	(0.167)	(0.167)	(0.174)
Historical	0.076	0.039	0.024	0.01
	(0.151)	(0.154)	(0.151)	(0.154)
Gender	-0.371	-0.322	-0.42**	-0.381
	(0.203)	(0.206)	(0.206)	(0.214)
Age	0.017	0.016	0.011	0.013
	(0.012)	(0.012)	(0.012)	(0.012)
Education	0.074	0.097	0.109	0.124
	(0.086)	(0.088)	(0.087)	(0.089)
Belief	0.136	0.126	0.199	0.212
	(0.145)	(0.145)	(0.145)	(0.146)
Child_foreign	0.006	-0.018	-0.083	-0.043
	(0.227)	(0.227)	(0.224)	(0.233)
Corruption	0.19**	0.202***	0.131	0.134
	(0.077)	(0.078)	(0.079)	(0.082)
Uncertainty	0.057	0.035	0.06	0.065
	(0.073)	(0.075)	(0.075)	(0.078)

2. 自变量：家族经济期望

FW		0.099	0.056	0.044
		(0.077)	(0.081)	(0.09)

(续表)

	因变量：创业坚持（传承意愿）			
	(1)	(2)	(3)	(4)
3. 自变量：家族非经济期望				
FU			−0.158*	−0.146
			(0.082)	(0.093)
FSS			0.207**	0.182*
			(0.085)	(0.093)
FC			0.124*	0.159*
			(0.076)	(0.083)
4. 自变量平方项				
FW^2				−0.002
				(0.065)
FU^2				0.021
				(0.06)
FSS^2				−0.004
				(0.053)
FC^2				0.099
				(0.066)
N	201	201	201	201
R^2	0.247	0.254	0.297	0.308
adj. R^2	0.186	0.189	0.222	0.215
ΔR^2	0.247	0.007	0.043	0.011
ΔF	4.054	1.661	3.407**	0.658

注：(1) 括号内为标准误，* 表示 $p<0.1$，** 表示 $p<0.05$，*** 表示 $p<0.01$，双尾检验；(2) 表中回归系数均为非标准化回归系数。

由表 6.5 的结果可以得知，家族管理权与创业坚持即创业者的传承意愿正相关（$\beta=0.146$，$p<0.05$），与创业坚持（管理权

和控制权坚持)结果比较一致。然而在模型 2 中,家族经济财富期望实现程度与创业坚持(创业者传承意愿)正相关但并不显著($\beta=0.146$,n.s.)。模型 3 中,家族社会声望和人丁兴旺实现程度与创业坚持(传承意愿)显著正相关($\beta=0.207$,$p<0.05$;$\beta=0.124$,$p<0.1$),说明当家族社会声望和人丁兴旺达到创业者和其家族的理想水平时,创业者将企业传承给下一代的意愿更高,越有可能继续坚持创业,假设 2 得到部分支持。然而家族团结和谐的实现程度与创业坚持(传承意愿)显著负相关($\beta=-0.158$,$p<0.05$),这和本书的假设具有比较大的差异,本书认为导致这样一个结果有可能是因为家族气氛越和谐和团结导致另外一个极端,即家里内部人越谦让都不愿意接手家族企业,因此降低了企业家继续传承的意愿。现实中,也有可能是因为家里人都有各自的职业规划和发展,并没有在家族企业里面任职,从而形成一种比较和谐的家庭氛围,没有利益纠纷。在这样的情况下,家族团结和谐对于创业者的传承意愿统计意义上的正向影响便消失了。为了进一步检验家族期望与创业坚持(创业者传承意愿)的线性关系,模型 4 中增加了家族期望四个因子的平方项,结果显示四个因子的二次项都不显著,再次验证家族期望与创业坚持的线性关系。

从表 6.4 和表 6.5 的结果来看,一方面,对于创业者管理权和控制权坚持的决策而言,家族经济期望是一个比较重要的经济参考点,结果也比较显著,而家族非经济期望包括团结和谐、社会声望与人丁兴旺的影响并不显著。总体来说,创业者对管理权和控制权的坚持是比较理性的行为,以经济参考点作为主要依据。另一方面，针对创业者对家族持续经营的坚持意愿而言，非经济期望尤其是社会声望与人丁兴旺是比较重要的决策参考点，而经济财富期望的影响效应并不显著。家族创业者作为控制家族的大家长，身上肩负振兴家族的使命，这种家族性令其并不能只考虑经济利润最大化，社会声望与人丁兴旺的非经济参考点对于其传承意愿的影响更为显著。因此，创业精神的坚持是一个多维度的概念，不同的衡量方法会产生不一致的结果，创业坚持的不同维度侧重的参考点将有所不同。

二、创新投入的传导效应

为了检验关键变量创新投入在家族期望和创业坚持（坚守管理权与控制权）之间的中介效应，本书采用层级回归（Hierarchical Regression Modeling）方法对假设进行检验，具体分析结果参见表6.6。根据 Baron 和 Kenny（1986）的建议，创新投入中介效应的存在必须满足以下四个条件：（1）家族期望对创业坚持存在显著影响；（2）家族期望对创新投入存在显著影响；（3）创新投入对创业坚持存在显著影响；（4）当家族期望与创新投入同时进入回归方程时，家族期望的主效应消失。由表6.5呈现的结果可以得知，家族经济期望即财富期望实现程度对创业坚持（坚守管理权与控制权）有显著正向影响（M_2，$\beta = 0.229$，$p < 0.05$），而家族经济财富期望实现程度对创新投入存在显著正向影响（M_2，$\beta = 0.267$，$p < 0.01$），创新投入本身对创业坚持（坚守管理权与控制权）存在显著正向影响（M_4，$\beta = 0.230$，$p < 0.1$）。在因变量为创业坚持的模型4中，同时进入家族经济财富

期望和创新投入时，家族期望财富对于创业坚持（坚守管理权与控制权）的影响变得不显著（M_4，$\beta= 0.125$，n.s.）。因此，符合中介效应的四个条件中，创新投入在家族经济财富期望与创业坚持（坚守管理权与控制权）之间起完全中介作用，假设 3 得到支持。另外，由于家族非经济期望家族团结和谐对创新投入的影响并不显著（M_3，$\beta= 0.011$，n.s.），家族社会声望对创新投入有显著正向影响（M_3，$\beta= 0.116$，$p<0.1$），家族人丁兴旺对于创新投入的影响并不显著（M_3，$\beta= 0.065$，n.s.）；家族团结和谐对创业精神影响并不显著（M_3，$\beta= -0.077$，n.s.），家族社会声望对于创业精神影响并不显著（M_3，$\beta= 0.147$，n.s.），家族人丁兴旺对于创业精神影响并不显著（M_3，$\beta= -0.024$，n.s.）。因此，创新投入在家族非经济期望与创业坚持（坚守管理权与控制权）之间的中介效应比较弱，假设 4 并没有得到支持。

表 6.6 创新投入的传导效应（坚守管理权与控制权）

	因变量：创新投入			因变量：创业坚持(坚守管理权与控制权)			
	（1）	（2）	（3）	（1）	（2）	（3）	（4）
常数项	-2.181^{***}	-2.183^{***}	-1.710^{**}	5.334^{***}	5.332^{***}	5.411^{***}	5.804^{***}
	(0.741)	(0.698)	(0.719)	(1.195)	(1.182)	(1.234)	(1.247)
1. 控制变量							
Employee	0.175^{**}	0.149^{**}	0.143^{**}	-0.095	-0.115	-0.106	-0.139
	(0.070)	(0.066)	(0.066)	(0.113)	(0.112)	(0.113)	(0.114)
Assets	-0.116^{**}	-0.125^{***}	-0.110^{**}	0.029	0.022	0.013	0.038
	(0.048)	(0.045)	(0.046)	(0.078)	(0.077)	(0.079)	(0.080)
Year	-0.028	-0.039	-0.036	0.025	0.017	0.022	0.030
	(0.083)	(0.078)	(0.077)	(0.133)	(0.132)	(0.132)	(0.131)

(续表)

	因变量：创新投入			因变量：创业坚持（坚守管理权与控制权）			
	（1）	（2）	（3）	（1）	（2）	（3）	（4）
Fmember	0.074	0.076	0.069	0.161*	0.163*	0.167*	0.151*
	(0.055)	(0.052)	(0.051)	(0.088)	(0.087)	(0.088)	(0.088)
Industry	−0.076	−0.019	−0.033	0.338	0.382	0.379	0.387
	(0.152)	(0.144)	(0.143)	(0.245)	(0.243)	(0.245)	(0.243)
Industrial	0.321**	0.344***	0.290**	0.017	0.035	0.027	−0.040
	(0.130)	(0.123)	(0.124)	(0.210)	(0.207)	(0.212)	(0.214)
Historical	0.358***	0.253**	0.251**	0.318*	0.235	0.232	0.174
	(0.118)	(0.114)	(0.112)	(0.191)	(0.192)	(0.193)	(0.195)
Gender	−0.303*	−0.173	−0.208	−0.375	−0.274	−0.341	−0.293
	(0.159)	(0.153)	(0.154)	(0.257)	(0.258)	(0.264)	(0.264)
Age	0.017*	0.014	0.009	−0.001	−0.004	−0.003	−0.005
	(0.009)	(0.009)	(0.009)	(0.015)	(0.015)	(0.015)	(0.015)
Education	−0.007	0.060	0.046	−0.020	0.033	0.034	0.023
	(0.068)	(0.065)	(0.065)	(0.109)	(0.110)	(0.112)	(0.112)
Belief	0.158	0.125	0.137	0.535***	0.509***	0.553***	0.522***
	(0.112)	(0.105)	(0.107)	(0.180)	(0.178)	(0.183)	(0.183)
Child_foreign	−0.156	−0.225	−0.244	−0.160	−0.215	−0.253	−0.197
	(0.176)	(0.167)	(0.166)	(0.284)	(0.282)	(0.285)	(0.285)
Corruption	0.178***	0.209***	0.179***	−0.335***	−0.311***	−0.334***	−0.375***
	(0.060)	(0.057)	(0.059)	(0.097)	(0.097)	(0.101)	(0.103)
Uncertainty	0.104*	0.049	0.076		0.241**	0.257***	0.239**
	(0.057)	(0.055)	(0.056)		(0.093)	(0.096)	(0.096)

2. 自变量：家族经济期望

	（1）	（2）	（3）	（1）	（2）	（3）	（4）
FW		0.267***	0.215***		0.209**	0.174*	0.125
		(0.056)	(0.060)		(0.095)	(0.103)	(0.106)

(续表)

	因变量：创新投入			因变量：创业坚持（坚守管理权与控制权）			
	（1）	（2）	（3）	（1）	（2）	（3）	（4）
3. 自变量：家族非经济期望							
FU			0.011			−0.077	−0.080
			（0.061）			（0.104）	（0.104）
FSS			0.116*			0.147	0.120
			（0.063）			（0.107）	（0.108）
FC			0.065			−0.024	−0.039
			（0.057）			（0.097）	（0.097）
4. 中介变量：创新投入							
Innovation					0.284***		0.230*
					（0.092）		（0.131）
N	201	201	201	201	201	201	201
R^2	0.526	0.582	0.598	0.217	0.239	0.248	0.261
adj. R^2	0.488	0.545	0.555	0.154	0.173	0.168	0.178
ΔR^2	0.526	0.055	0.016	0.217	0.022	0.009	0.013
ΔF	13.739***	22.804***	2.286*	3.433***	4.887**	0.647	3.058*

注：(1)括号内为标准误，* 表示 $p<0.1$，** 表示 $p<0.05$，*** 表示 $p<0.01$，双尾检验；(2)表中回归系数均为非标准化回归系数。

本书验证了家族期望对于创业坚持（坚守管理权与控制权）直接效应和创新投入的完全中介效应的结构方程模型，探测"家族期望"中影响创新投入的因素和创新投入在家族期望实现程度与创业坚持（坚守管理权与控制权）之间的中介效应。本书同时检验了"家族期望"四因子的直接效应模型和"家族期望"四因子的完全中介模型，其中家族期望与创业坚持（坚守管理权与控制权）模型的拟合度相关指标为 $\chi^2/df= 2.865$，

RMSEA：0.105，GFI：0.814，IFI：0.879，TLI：0.854，CFI：0.878。在加入寻租投入的中介效应后，模型的拟合度相关指标为 χ^2/df= 2.277，RMSEA：0.1，GFI：0.815，IFI：0.881，TLI：0.854，CFI：0.880，相比直接效应模型，χ^2/df 下降了 0.588，RMSEA 下降了 0.05，并且 GFI、IFI 和 CFI 都有所上升，模型拟合程度还属于可接受范围，因此我们得到了创新活动的中介效应模型如图 6.1 所示。

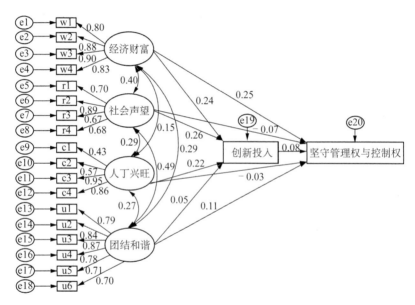

图 6.1　家族期望、创新投入与创业坚持（坚守管理权与控制权）

本书同时检验了创新投入在家族期望与创业坚持（创业者传承意愿）之间的传导效应。由表 6.7 的结果可以得知，家族经济期望即财富期望实现程度对创业坚持（创业者传承意愿）有正向影响但并不显著(M_2,β= 0.099,n.s.),而家族经济财富期望实现程度对创新投入存在显著正向影响(M_2,β= 0.267,$p<0.01$),创新投入本身对创业坚持(创业者传承意愿)存在显著正向影响(M_4,β= 0.250,$p<0.05$),在因变量为创业坚持的模型4中,同时进入家族经济财富期望和创新投入时,家族期望财富对于创业坚持(创业者传承意愿)的影响仍旧不显著(M_4,β= 0.001,n.s.),并没有完全符合中介效应的四个条件,因此假设3并没有得到进一步验证。而家族团结和谐对创新投入的影响并不显著(M_3,β= 0.011,n.s.),家族社会声望对创新投入有显著正向影响(M_3,β= 0.116,$p<0.1$),家族人丁兴旺对于创新投入的影响并不显著(M_3,β= 0.065,n.s.);家族团结和谐期望实现程度本身对创业精神(创业者传承意愿)有显著负向影响(M_3,β= - 0.158 $p<0.1$),社会声望的实现程度对创业坚持有显著正向影响(M_3,β= 0.207,$p<0.05$),人丁兴旺的实现程度对创业坚持也有显著正向影响(M_3,β= 0.124,$p<0.1$)。当在模型4中同时进入家族非经济期望变量和中介变量创新投入时家族团结与社会声望实现程度对创业坚持(创业者传承意愿)影响仍旧显著(M_4,β= - 0.162,$p<0.05$;M_4,β= 0.177,$p<0.05$),而人丁兴旺实现程度对创业坚持(创业者传承意愿)的影响变得不显著(M_4,β= 0.108,n.s)。因此,创新投入在家族非经济期望与创业坚持(创业者传承意愿)之间的中介效应比较弱,假设4在因变量为创业者传承意愿的模型中也没有得到支持。

表6.7 创新投入的传导效应（传承意愿）

	因变量：创新投入			因变量：创业坚持（传承意愿）			
	（1）	（2）	（3）	（1）	（2）	（3）	（4）
常数项	−2.181***	−2.183***	−1.710**	−1.904**	−1.884**	−1.488	−1.077
	（0.741）	（0.698）	（0.719）	（0.95）	（0.948）	（0.97）	（0.971）
1. 控制变量							
Employee	0.175**	0.149**	0.143**	−0.08	−0.085	−0.087	−0.126
	（0.070）	（0.066）	（0.066）	（0.092）	（0.092）	（0.09）	（0.090）
Assets	−0.116**	−0.125***	−0.110**	−0.04	−0.043	−0.041	−0.013
	（0.048）	（0.045）	（0.046）	（0.062）	（0.062）	（0.062）	（0.062）
Year	−0.028	−0.039	−0.036	0.136	0.131	0.142	0.152
	（0.083）	（0.078）	（0.077）	（0.106）	（0.106）	（0.104）	（0.103）
Fmember	0.074	0.076	0.069	0.146**	0.146**	0.142**	0.126*
	（0.055）	（0.052）	（0.051）	（0.071）	（0.071）	（0.069）	（0.069）
Industry	−0.076	−0.019	−0.033	0.023	−0.002	−0.022	0.009
	（0.152）	（0.144）	（0.143）	（0.141）	（0.142）	（0.141）	（0.14）
Industrial	0.321**	0.344***	0.290**	0.284	0.289	0.258	0.188
	（0.130）	（0.123）	（0.124）	（0.167）	（0.167）	（0.167）	（0.168）
Historical	0.358***	0.253**	0.251**	0.076	0.039	0.024	−0.038
	（0.118）	（0.114）	（0.112）	（0.151）	（0.154）	（0.151）	（0.151）
Gender	−0.303*	−0.173	−0.208	−0.371	−0.322	−0.42**	−0.378
	（0.159）	（0.153）	（0.154）	（0.203）	（0.206）	（0.206）	（0.204）
Age	0.017*	0.014	0.009	0.017	0.016	0.011	0.009
	（0.009）	（0.009）	（0.009）	（0.012）	（0.012）	（0.012）	（0.012）
Education	−0.007	0.060	0.046	0.074	0.097	0.109	0.098
	（0.068）	（0.065）	（0.065）	（0.086）	（0.088）	（0.087）	（0.086）

(续表)

	因变量：创新投入			因变量：创业坚持（传承意愿）			
	(1)	(2)	(3)	(1)	(2)	(3)	(4)
Belief	0.158	0.125	0.137	0.136	0.126	0.199	0.161
	(0.112)	(0.105)	(0.107)	(0.145)	(0.145)	(0.145)	(0.143)
Child_foreign	−0.156	−0.225	−0.244	0.006	−0.018	−0.083	−0.023
	(0.176)	(0.167)	(0.166)	(0.227)	(0.227)	(0.224)	(0.222)
Corruption	0.178***	0.209***	0.179***	0.19**	0.202***	0.131	0.087
	(0.060)	(0.057)	(0.059)	(0.077)	(0.078)	(0.079)	(0.08)
Uncertainty	0.104*	0.049	0.076	0.057	0.035	0.06	0.042
	(0.057)	(0.055)	(0.056)	(0.073)	(0.075)	(0.075)	(0.074)
2. 自变量：家族经济期望							
FW		0.267***	0.215***		0.099	0.056	0.001
		(0.056)	(0.060)		(0.077)	(0.081)	(0.083)
3. 自变量：家族非经济期望							
FU			0.011			−0.158*	−0.162**
			(0.061)			(0.082)	(0.081)
FSS			0.116*			0.207**	0.177**
			(0.063)			(0.085)	(0.084)
FC			0.065			0.124*	0.108
			(0.057)			(0.076)	(0.075)
4. 中介变量：创新投入							
Innovation							0.25**
							(0.103)
N	201	201	201	201	201	201	201
R^2	0.526	0.582	0.598	0.247	0.254	0.297	0.321

(续表)

	因变量：创新投入			因变量：创业坚持（传承意愿）			
	（1）	（2）	（3）	（1）	（2）	（3）	（4）
adj. R^2	0.488	0.545	0.555	0.186	0.189	0.222	0.244
ΔR^2	0.526	0.055	0.016	0.247	0.007	0.043	0.024
ΔF	13.739***	22.804***	2.286*	4.054	1.661	3.407**	5.909**

注：(1)括号内为标准误，* 表示 $p<0.1$，** 表示 $p<0.05$，*** 表示 $p<0.01$，双尾检验；(2)表中回归系数均为非标准化回归系数。

另外，我们验证了家族期望与创业坚持（传承意愿）的直接效应和创新投入完全中介效应的结构方程模型，主要为了检验家族期望四个不同维度对于创新投入的影响，创新投入对于创业坚持（传承意愿）的作用以及创新投入的中介效应。本书同时检验了"家族期望"四因子的直接效应模型和创新投入的完全中介模型，其中家族期望与创业坚持（传承意愿）模型的拟合度相关指标为 $\chi^2/df=2.808$，RMSEA：0.102，GFI：0.817，IFI：0.883，TLI：0.859，CFI：0.882。

在加入创新投入的中介效应后，模型的拟合度相关指标为 $\chi^2/df=2.675$，RMSEA：0.099，GFI：0.818，IFI：0.886，TLI：0.860，CFI：0.884，相比直接效应模型，χ^2/df 和 RMSEA 都略微有所下降，并且 GFI、IFI、TLI 和 CFI 都有所上升，模型拟合程度属于可接受范围，因此我们得到了创新投入、家族期望与创业坚持（传承意愿）的中介效应模型如图6.3所示。图6.3的结果显示，家族经济财富的实现程度与创新投入正相关（$r=0.24$），社会声望的实现程度与创新投入也正相关（$r=0.26$），人丁兴旺实现程度与创新投入正相关（$r=0.22$），团结和谐与创新投入正相关（r = 0.05），结果与回归模型的结果没有本质上差异。

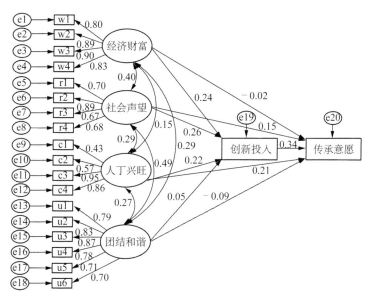

图 6.2　家族期望、创新投入与创业坚持（传承意愿）

三、制度感知在创业坚持中的调节效应

为了检验企业家制度环境感知在创新投入与创业坚持（坚守管理权与控制权）关系之间的调节效应，本书还是采用了层级回归模型，在原先有中介效应模型的基础上增加了模型 5 和模型 6。模型 5 加入了调节变量即企业家制度环境感知（Institution）的变量，模型 6 增加了调节交互项。在进入交互项之前，本书对创新投入和制度环境感知变量进行了标准化处

理。由表 6.8 的结果可知，调节变量制度环境感知对创业坚持具有显著的正向效应（M_5，$\beta= 0.084$，$p<0.1$），证明若家族企业家对外部制度环境越有信心认为制度环境比较完善，则坚持创业的可能性就会越高。在加入交互项之后，制度环境感知变得不显著，但交互项则比较显著（M_5，$\beta= -0.169$，$p<0.05$），说明制度环境感知对创新投入与创业坚持（坚守管理权与控制权）的关系具有显著的调节作用，因此假设 5 得到支持。

表 6.8 制度感知的调节作用（坚守管理权与控制权）

	因变量：创业坚持（坚守管理权与控制权）					
	(1)	(2)	(3)	(4)	(5)	(6)
常数项	5.334***	5.332***	5.411***	5.804***	5.653***	5.801***
	(1.195)	(1.182)	(1.234)	(1.247)	(1.242)	(1.230)
1. 控制变量						
Employee	−0.095	−0.115	−0.106	−0.139	−0.107	−0.100
	(0.113)	(0.112)	(0.113)	(0.114)	(0.114)	(0.113)
Assets	0.029	0.022	0.013	0.038	0.011	0.013
	(0.078)	(0.077)	(0.079)	(0.080)	(0.081)	(0.080)
Year	0.025	0.017	0.022	0.030	0.023	0.056
	(0.133)	(0.132)	(0.132)	(0.131)	(0.131)	(0.130)
Fmember	0.161*	0.163*	0.167*	0.151*	0.146*	0.142
	(0.088)	(0.087)	(0.088)	(0.088)	(0.087)	(0.087)
Industry	0.338	0.382	0.379	0.387	0.428*	0.395
	(0.245)	(0.243)	(0.245)	(0.243)	(0.243)	(0.241)
Industrial	0.017	0.035	0.027	−0.040	−0.026	−0.114
	(0.210)	(0.207)	(0.212)	(0.214)	(0.213)	(0.214)

(续表)

	因变量：创业坚持（坚守管理权与控制权）					
	（1）	（2）	（3）	（4）	（5）	（6）
Historical	0.318*	0.235	0.232	0.174	0.182	0.161
	（0.191）	（0.192）	（0.193）	（0.195）	（0.193）	（0.191）
Gender	−0.375	−0.274	−0.341	−0.293	−0.290	−0.312
	（0.257）	（0.258）	（0.264）	（0.264）	（0.262）	（0.260）
Age	−0.001	−0.004	−0.003	−0.005	−0.003	−0.001
	（0.015）	（0.015）	（0.015）	（0.015）	（0.015）	（0.015）
Education	−0.020	0.033	0.034	0.023	0.036	0.051
	（0.109）	（0.110）	（0.112）	（0.112）	（0.111）	（0.110）
Belief	0.535***	0.509***	0.553***	0.522***	0.522***	0.562***
	（0.180）	（0.178）	（0.183）	（0.183）	（0.181）	（0.180）
Child_foreign	−0.160	−0.215	−0.253	−0.197	−0.261	−0.248
	（0.284）	（0.282）	（0.285）	（0.285）	（0.285）	（0.282）
Corruption	−0.335***	−0.311***	−0.334***	−0.375***	−0.281**	−0.363***
	（0.097）	（0.097）	（0.101）	（0.103）	（0.115）	（0.120）
Uncertainty	0.284***	0.241**	0.257***	0.239**	0.232**	0.218**
	（0.092）	（0.093）	（0.096）	（0.096）	（0.095）	（0.094）
2. 自变量：家族经济期望						
FW		0.209**	0.174*	0.125	0.114	0.115
		（0.095）	（0.103）	（0.106）	（0.106）	（0.105）
3. 自变量：家族非经济期望						
FU			−0.077	−0.080	−0.053	−0.072
			（0.104）	（0.104）	（0.104）	（0.103）
FSS			0.147	0.120	0.131	0.139
			（0.107）	（0.108）	（0.107）	（0.106）

(续表)

	因变量：创业坚持（坚守管理权与控制权）					
	（1）	（2）	（3）	（4）	（5）	（6）
FC			−0.024	−0.039	−0.028	0.002
			(0.097)	(0.097)	(0.097)	(0.096)
4. 中介变量：创新投入						
Innovation				0.230*	0.197	0.172
				(0.131)	(0.132)	(0.131)
5. 调节变量：制度感知						
Institution					0.184*	0.130
					(0.102)	(0.104)
交互项：创新投入 * 制度感知						
Innovation * Institution						−0.169**
						(0.077)
N	201	201	201	201	201	201
R^2	0.217	0.239	0.248	0.261	0.275	0.296
adj. R^2	0.154	0.173	0.168	0.178	0.188	0.207
ΔR^2	0.217	0.022	0.009	0.013	0.014	0.021
ΔF	3.433***	4.887**	0.647	3.058*	3.216*	4.839**

注：(1)括号内为标准误，* 表示 $p<0.1$，** 表示 $p<0.05$，*** 表示 $p<0.01$，双尾检验；(2)表中回归系数均为非标准化回归系数。

本书同时检验了企业家制度环境感知对于创新投入与创业坚持（创业者传承意愿）关系的调节效应。由表 6.9 的结果可知，调节变量制度环境感知对创业坚持（创业者传承意愿）的影响并不显著（M_5，$\beta=0.12$，n.s.），但交互项则比较显著（M_5，$\beta=-0.164$，$p<0.01$），说明制度环境感知对于创新投

入与创业坚持(创业者传承意愿)的关系具有显著的调节作用,因此假设5得到支持。

表6.9 制度环境感知的调节作用(传承意愿)

	因变量:创业坚持(传承意愿)					
	(1)	(2)	(3)	(4)	(5)	(6)
常数项	-1.904**	-1.884**	-1.488	-1.077	-1.147	-1.03
	(0.95)	(0.948)	(0.97)	(0.971)	(0.968)	(0.951)
1.控制变量						
Employee	-0.08	-0.085	-0.087	-0.126	-0.102	-0.098
	(0.092)	(0.092)	(0.09)	(0.090)	(0.092)	(0.09)
Assets	-0.04	-0.043	-0.041	-0.013	-0.03	-0.029
	(0.062)	(0.062)	(0.062)	(0.062)	(0.063)	(0.062)
Year	0.136	0.131	0.142	0.152	0.146	0.179
	(0.106)	(0.106)	(0.104)	(0.103)	(0.102)	(0.101)
Fmember	0.146**	0.146**	0.142**	0.126*	0.123*	0.118*
	(0.071)	(0.071)	(0.069)	(0.069)	(0.069)	(0.067)
Industry	0.023	-0.002	-0.022	0.009	-0.014	-0.001
	(0.141)	(0.142)	(0.141)	(0.14)	(0.14)	(0.137)
Industrial	0.284	0.289	0.258	0.188	0.194	0.111
	(0.167)	(0.167)	(0.167)	(0.168)	(0.167)	(0.1670)
Historical	0.076	0.039	0.024	-0.038	-0.03	-0.054
	(0.151)	(0.154)	(0.151)	(0.151)	(0.15)	(0.148)
Gender	-0.371	-0.322	-0.42**	-0.378	-0.377	-0.393**
	(0.203)	(0.206)	(0.206)	(0.204)	(0.203)	(0.199)
Age	0.017	0.016	0.011	0.009	0.011	0.013
	(0.012)	(0.012)	(0.012)	(0.012)	(0.012)	(0.012)

(续表)

	因变量：创业坚持（传承意愿）					
	(1)	(2)	(3)	(4)	(5)	(6)
Education	0.074	0.097	0.109	0.098	0.104	0.121
	(0.086)	(0.088)	(0.087)	(0.086)	(0.086)	(0.085)
Belief	0.136	0.126	0.199	0.161	0.162	0.201
	(0.145)	(0.145)	(0.145)	(0.143)	(0.143)	(0.141)
Child_foreign	0.006	−0.018	−0.083	−0.023	−0.064	−0.052
	(0.227)	(0.227)	(0.224)	(0.222)	(0.223)	(0.219)
Corruption	0.19**	0.202***	0.131	0.087	0.149	0.069
	(0.077)	(0.078)	(0.079)	(0.08)	(0.09)	(0.093)
Uncertainty	0.057	0.035	0.06	0.042	0.035	0.024
	(0.073)	(0.075)	(0.075)	(0.074)	(0.074)	(0.073)
2. 自变量：家族期望						
FW		0.099	0.056	0.001	−0.006	−0.005
		(0.077)	(0.081)	(0.083)	(0.083)	(0.081)
FU			−0.158*	−0.162**	−0.144*	−0.162**
			(0.082)	(0.081)	(0.082)	(0.081)
FSS			0.207**	0.177**	0.186**	0.192**
			(0.085)	(0.084)	(0.084)	(0.083)
FC			0.124*	0.108	0.116	0.144*
			(0.076)	(0.075)	(0.075)	(0.075)
3. 中介变量：创新投入						
Innovation				0.25**	0.227**	0.204
				(0.103)	(0.104)	(0.102)
4. 调节变量：制度感知						
Institution					0.12	0.069
					(0.08)	(0.081)

(续表)

	因变量：创业坚持（传承意愿）					
	（1）	（2）	（3）	（4）	（5）	（6）
5. 交互项：创新投入 * 制度感知						
Innovation * Institution						-0.164*** (0.06)
N	201	201	201	201	201	201
R^2	0.247	0.254	0.297	0.321	0.33	0.359
adj. R^2	0.186	0.189	0.222	0.244	0.249	0.278
ΔR^2	0.247	0.007	0.043	0.024	0.009	0.029
ΔF	4.054	1.661	3.407**	5.909**	2.249	7.511**

注：(1)括号内为标准误，* 表示 $p<0.1$，** 表示 $p<0.05$，*** 表示 $p<0.01$，双尾检验；(2)表中回归系数均为非标准化回归系数。

为了更加清楚地解释企业家制度环境感知对于创新投入与创业坚持（坚守管理权与控制权）之间的调节效应，本书绘制了图 6.3，结果表明当企业家对制度环境信心比较高时，企业家

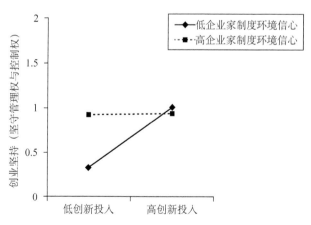

图 6.3　制度感知对创新投入与创业坚持（坚守管理权与控制权）的调节作用

坚持创业的可能性总体要显著高于在企业家制度环境信心低的情况下企业家坚持创业的可能性。在制度环境不完善的情况下，随着创新投入的增多，企业家更加倾向于坚持创业，因为创新投入的成本有可能造成创业者的承诺升级，更加愿意继续坚持当前的创业活动。另外，为了更清楚地解释企业家制度环境感知对于创新投入与创业坚持（传承意愿）之间的调节效应，绘制了图6.4，结果与表6.4并没有本质性差异，制度感知的调节作用比较稳健。

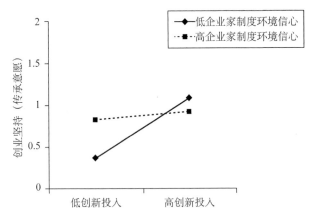

图6.4 制度感知对创新投入与创业坚持（传承意愿）的调节作用

四、家族期望与创业退出的关系

为了检验模型2中家族期望与创业退出之间的关系，本书采用了层级回归来验证，结果如表6.10所示。这些结果表明：（1）家族经济期望实现程度越低，即家族经济财富（FW）实现程度越低，企业家关闭企业概率越高，越有可能出现创业退出的现象（M_2，$\beta = -0.205$，$p < 0.05$），并且效应比较稳健，在模型4中家族经济财富期望实现程度对创业退出（出售企业）有显著负向影响（M_2，$\beta = -0.198$，$p < 0.05$），假设6得到支持；(2)家族团结和谐期望（FU）实现程度越低，创业者越有可能呈现创业退出（关闭）（M_3，$\beta = -0.139$，$p < 0.1$），这种作用对于创业退出（出售）也比较稳健（M_3，$\beta = -0.133$，$p < 0.1$）；家族社会声望（FSS）实现程度越低，企业家越有可能关闭企业（M_3，$\beta = -0.37$，n.s.），或者出售企业（M_3，$\beta = -0.026$，n.s.），结果并不显著，但方向与我们预测的一致；而家族人丁兴旺期望（FC）实现程度越高，企业家越不可能关闭企业（M_3，$\beta = 0.203$，$P < 0.05$）或出售企业（M_3，$\beta = 0.236$，$p < 0.05$），这与当初的假设存在较大的差异，我们猜想原因可能是，家族人丁兴旺实现程度比较高，家族子嗣比较多，企业家需要承担的家庭压力就会比较大，需要为后代积累更多的财富，因此也就激励企业家继续坚持创业为家族积累更多财富，为家族成功提供良好的生活条件。总体而言，假设7得到部分支持，即家族团结和谐和社会声望实现程度越低，越容易出现创业退出。

另外，由于一些学者认为创业企业家的退出与经营业绩之间可能不是简单的线性关系，比如Boeker和Karichalil（2002）发现，创始人退出行为的可能性与企业成长呈U形。一方面，基于效用最大化的观点，创业者退出经营或者是创业失败或者是创业的机会成本出现了很大的上升（Brüderl et al., 1992），持续发展才是成功（Brüderl et al., 1992）；另一方面，退出行为也

表 6.10 家族期望与创业退出关系检验

	因变量:创业退出(关闭)				因变量:创业退出(出售)			
	(1)	(2)	(3)	(4)	(1)	(2)	(3)	(4)
常数项	0.715	0.778	0.831	1.657	1.442	1.502	1.644*	2.539**
	(0.982)	(0.965)	(0.981)	(1.081)	(0.969)	(0.953)	(0.962)	(1.053)
1. 控制变量								
Employee	0.059	0.064	0.037	0.018	0.043	0.047	0.016	-0.010
	(0.092)	(0.091)	(0.089)	(0.091)	(0.091)	(0.089)	(0.088)	(0.088)
Assets	-0.147**	-0.132**	-0.115*	-0.112*	-0.132**	-0.118*	-0.094	-0.089
	(0.061)	(0.060)	(0.061)	(0.061)	(0.060)	(0.060)	(0.060)	(0.059)
Year	0.062	0.072	0.083	0.053	0.022	0.033	0.043	0.012
	(0.107)	(0.106)	(0.104)	(0.104)	(0.106)	(0.104)	(0.102)	(0.101)
Fmember	0.045	0.037	0.025	0.065	0.037	0.029	0.013	0.054
	(0.071)	(0.070)	(0.069)	(0.071)	(0.070)	(0.069)	(0.068)	(0.070)
Industry	-0.136	-0.087	-0.066	-0.064	-0.086	-0.038	-0.023	-0.011
	(0.143)	(0.141)	(0.141)	(0.141)	(0.141)	(0.140)	(0.138)	(0.137)
Industrial	-0.138	-0.156	-0.138	-0.182	-0.242	-0.260	-0.250	-0.304*
	(0.169)	(0.167)	(0.167)	(0.171)	(0.167)	(0.165)	(0.164)	(0.167)

(续表)

	因变量:创业退出(关闭)				因变量:创业退出(出售)			
	(1)	(2)	(3)	(4)	(1)	(2)	(3)	(4)
Historical	0.026	0.076	0.049	0.080	0.112	0.160	0.132	0.163
	(0.156)	(0.154)	(0.151)	(0.153)	(0.154)	(0.152)	(0.148)	(0.149)
Gender	0.127	0.023	-0.006	-0.088	0.055	-0.045	-0.069	-0.165
	(0.204)	(0.205)	(0.205)	(0.210)	(0.202)	(0.202)	(0.200)	(0.205)
Age	-0.003	-0.001	-0.006	-0.010	-0.006	-0.005	-0.011	-0.015
	(0.012)	(0.012)	(0.012)	(0.012)	(0.012)	(0.012)	(0.012)	(0.012)
Education	0.271***	0.214**	0.240***	0.233***	0.270***	0.215**	0.240***	0.235***
	(0.086)	(0.088)	(0.087)	(0.088)	(0.085)	(0.087)	(0.085)	(0.085)
Belief	-0.336	-0.278	-0.294	-0.325	-0.206	-0.150	-0.164	-0.194
	(0.231)	(0.228)	(0.225)	(0.231)	(0.228)	(0.226)	(0.221)	(0.225)
Child_foreign	-0.311**	-0.284**	-0.243*	-0.238*	-0.383***	-0.356***	-0.316**	-0.308**
	(0.144)	(0.142)	(0.143)	(0.143)	(0.142)	(0.140)	(0.140)	(0.139)
Innovation	0.220**	0.264***	0.244***	0.249***	0.234***	0.277***	0.254***	0.261***
	(0.087)	(0.087)	(0.087)	(0.088)	(0.086)	(0.086)	(0.085)	(0.086)

（续表）

	因变量:创业退出(关闭)				因变量:创业退出(出售)			
	(1)	(2)	(3)	(4)	(1)	(2)	(3)	(4)
Uncertainty	0.175**	0.208***	0.188**	0.171**	0.206***	0.238***	0.218***	0.201***
	(0.073)	(0.073)	(0.073)	(0.075)	(0.072)	(0.072)	(0.071)	(0.073)
2. 自变量:家族经济期望								
FW		-0.205***	-0.160*	-0.144		-0.198**	-0.154*	-0.133
		(0.077)	(0.081)	(0.089)		(0.076)	(0.079)	(0.087)
3. 自变量:家族非经济期望								
FU			-0.139*	-0.206**			-0.133*	-0.215**
			(0.081)	(0.089)			(0.079)	(0.086)
FSS			-0.022	-0.037			-0.026	-0.046
			(0.084)	(0.091)			(0.082)	(0.089)
FC			0.203***	0.210**			0.236***	0.252***
			(0.074)	(0.080)			(0.073)	(0.078)
4. 自变量平方项								
FW²				-0.041				-0.043
				(0.065)				(0.063)

(续表)

	因变量:创业退出(关闭)				因变量:创业退出(出售)			
	(1)	(2)	(3)	(4)	(1)	(2)	(3)	(4)
FU^2				−0.091				−0.113
				(0.058)				(0.057)
FSS^2				−0.052				−0.057
				(0.053)				(0.051)
FC^2				−0.025				0.000
				(0.065)				(0.063)
N	201	201	201	201	201	201	201	201
R^2	0.241	0.271	0.311	0.338	0.259	0.287	0.336	0.370
adj. R^2	0.179	0.207	0.238	0.249	0.198	0.224	0.265	0.285
ΔR^2	0.241	0.030	0.040	0.026	0.259	0.028	0.050	0.033
ΔF	3.903***	7.046***	3.281**	1.637	4.288***	6.733**	4.177***	2.178*

注:(1)括号内为标准误;* 表示 $p<0.1$,** 表示 $p<0.05$,*** 表示 $p<0.01$,双尾检验;(2)表中回归系数均为非标准化回归系数。

可能在成功时出现，即实现所谓的高位退出（Bates，2005；McGrath，2006）。比如 Bates（2002）以美国人口调查局的调研数据为基础，研究发现 1989—1992 年成立的企业中有 36% 在 1996 年关闭了，在那些关闭的企业中有 37.7% 的企业家认为在选择关闭企业时是成功的；Headd's（2003）的调研也证明了这一点，即他对美国 1996 年 12 185 位成功的企业家进行调研，结果发现选择退出经营的企业家中有三分之一认为自己是成功的；Wennberg（2009）特地调研了清算或出售企业的企业家，结果发现，有些企业业绩很好。当然不同的企业家退出方式可能存在差异，比如虽然清算一般意味着是低绩效，出售则意味着企业比平均业绩水平要好，是经营成功的表现（Bates，1999）。基于此，我们假设家族期望实现程度与创业退出活动之间存在先降后升的 U 形关系。为此我们做一个稳健性检验，结果如表 6.10 中的模型 5 所示。模型 5 表明，家族期望四个维度的二次项都不显著，这从而进一步验证了家族期望的线性作用。

五、寻租投入的传导效应

为了检验关键变量寻租投入在家族期望实现程度和退出的创业精神之间的中介效应，我们采用了 SPSS19.0 和 AMOS18.0 软件进行统计处理。首先，本书采用层级回归（Hierarchical Regression Modeling）方法对假设进行检验，具体分析结果参见表 6.11。根据 Baron 和 Kenny（1986）的建议，寻租投入中介效应的存在必须满足以下四个条件：(1) 家族期望实现程度对退出创业精神存在显著影响；(2) 家族期望实现程度对寻租投入存在显著影响;(3)寻租投入对退出的创业精神存在显著影响;(4)当家族期望与寻租投入同时进入回归方程时,家族期望的效应消失。由表 6.11 呈现的结果可知,家族经济期望与创业退出之间正相关,即家族经济财富期望(FW)实现程度越低,企业家越有可能关闭企业(M_2,$\beta=-0.154$,$p<0.05$)或出售企业(M_2,$\beta=-0.160$,$p<0.050$);家族经济财富期望实现程度对寻租投入有显著负向影响(M_2,$\beta=-0.181$,$p<0.05$);寻租投入本身对创业退出(关闭企业)有显著正向影响(M_4,$\beta=0.501$,$p<0.01$),并且这种效应在创业退出(出售企业)的模型中仍旧显著(M_4,$\beta=0.557$,$p<0.01$);当在模型中同时加入家族经济财富期望(FW)与寻租投入时,家族经济财富期望(FW)的影响变得不显著(M_4,$\beta=-0.062$,n.s.),而寻租投入的影响仍旧显著(M_4,$\beta=0.501$,$p<0.01$),结果在创业退出(出售企业)的模型中非常稳健。因此,研究结果符合 Baron 和 Kenny(1986)的建议,寻租投入在家族经济期望与创业退出之间起到完全中介作用,假设 8 得到支持。

另外,家族团结和谐(FU)对创业退出(出售与关闭)都有显著的负向影响(M1,$\beta=-0.133$,$p<0.1$;M_4,$\beta=-0.139$,$p<0.1$),而家族人丁兴旺(FC)期望实现程度对创业退出(出售和关闭)都有显著的正向影响(M_2,$\beta=0.236$,$p<0.05$;M_2,$\beta=0.248$,$p<0.05$);团结期望(FU)实现程度对于寻租投入具有显著的负向影响(M_2,$\beta=-0.133$,$p<0.01$),而人丁兴旺的期望实现程度对于企业寻租投入有显著的正向影响(M1,$\beta=0.236$,$p<0.05$)。然而,在加入中介变量(寻租投入)后,家族

表6.11 家族期望、寻租投入与创业退出关系检验

	因变量:寻租投入			因变量:创业退出(出售企业)				因变量:创业退出(关闭企业)			
	(1)	(2)	(3)	(1)	(2)	(3)	(4)	(1)	(2)	(3)	(4)
常数项	0.810	0.868	1.126	1.442	1.502	1.644*	1.083	0.715	0.778	0.831	0.207
	(0.910)	(0.897)	(0.908)	(0.969)	(0.953)	(0.962)	(0.853)	(0.982)	(0.965)	(0.981)	(0.846)
1. 控制变量											
Employee	0.105	0.110	0.092	0.043	0.047	0.016	−0.030	0.059	0.064	0.037	−0.015
	(0.085)	(0.084)	(0.083)	(0.091)	(0.089)	(0.088)	(0.078)	(0.092)	(0.091)	(0.089)	(0.077)
Assets	−0.158***	−0.145**	−0.127**	−0.132**	−0.118*	−0.094	−0.031	−0.147**	−0.132**	−0.115*	−0.044
	(0.057)	(0.056)	(0.056)	(0.060)	(0.060)	(0.060)	(0.054)	(0.061)	(0.060)	(0.061)	(0.053)
Year	−0.041	−0.032	−0.019	0.022	0.033	0.043	0.052	0.062	0.072	0.083	0.093
	(0.099)	(0.098)	(0.096)	(0.106)	(0.104)	(0.102)	(0.090)	(0.107)	(0.106)	(0.104)	(0.089)
Fmember	0.146**	0.137**	0.124*	0.037	0.029	0.013	−0.050	0.045	0.037	0.025	−0.045
	(0.065)	(0.064)	(0.063)	(0.070)	(0.069)	(0.068)	(0.061)	(0.071)	(0.070)	(0.069)	(0.060)
Industry	−0.090	−0.047	−0.052	−0.086	−0.038	−0.023	0.002	−0.136	−0.087	−0.066	−0.038
	(0.132)	(0.131)	(0.130)	(0.141)	(0.140)	(0.138)	(0.122)	(0.143)	(0.141)	(0.141)	(0.121)

（续表）

	因变量：寻租投入			因变量：创业退出（出售企业）				因变量：创业退出（关闭企业）			
	(1)	(2)	(3)	(1)	(2)	(3)	(4)	(1)	(2)	(3)	(4)
Industrial	−0.093	−0.108	−0.120	−0.242	−0.260	−0.250	−0.189	−0.138	−0.156	−0.138	−0.070
	(0.157)	(0.155)	(0.154)	(0.167)	(0.165)	(0.164)	(0.145)	(0.169)	(0.167)	(0.167)	(0.144)
Historical	0.120	0.164	0.142	0.112	0.160	0.132	0.061	0.026	0.076	0.049	−0.030
	(0.144)	(0.143)	(0.140)	(0.154)	(0.152)	(0.148)	(0.131)	(0.156)	(0.154)	(0.151)	(0.130)
Gender	0.097	0.005	−0.064	0.055	−0.045	−0.069	−0.037	0.127	0.023	−0.006	0.029
	(0.190)	(0.190)	(0.189)	(0.202)	(0.202)	(0.200)	(0.177)	(0.204)	(0.205)	(0.205)	(0.176)
Age	−0.001	0.000	−0.005	−0.006	−0.005	−0.011	−0.009	−0.003	−0.001	−0.006	−0.003
	(0.011)	(0.011)	(0.011)	(0.012)	(0.012)	(0.012)	(0.010)	(0.012)	(0.012)	(0.012)	(0.010)
Education	0.149**	0.098	0.112	0.270***	0.215**	0.240***	0.184**	0.271***	0.214**	0.240***	0.177**
	(0.080)	(0.081)	(0.081)	(0.085)	(0.087)	(0.085)	(0.076)	(0.086)	(0.088)	(0.087)	(0.075)
Belief	−0.186	−0.138	−0.180	−0.206	−0.150	−0.164	−0.078	−0.336	−0.278	−0.294	−0.199
	(0.212)	(0.210)	(0.206)	(0.228)	(0.226)	(0.221)	(0.195)	(0.231)	(0.228)	(0.225)	(0.194)
Child_foreign	−0.335**	−0.311**	−0.236*	−0.383***	−0.356**	−0.316**	−0.198	−0.311**	−0.284**	−0.243*	−0.112
	(0.133)	(0.132)	(0.132)	(0.142)	(0.140)	(0.140)	(0.125)	(0.144)	(0.142)	(0.143)	(0.124)

(续表)

	因变量:寻租投入			因变量:创业退出(出售企业)				因变量:创业退出(关闭企业)			
	(1)	(2)	(3)	(1)	(2)	(3)	(4)	(1)	(2)	(3)	(4)
Innovation	0.346*** (0.080)	0.385*** (0.081)	0.344*** (0.080)	0.234*** (0.086)	0.277*** (0.086)	0.254*** (0.085)	0.082 (0.079)	0.220** (0.087)	0.264*** (0.087)	0.244*** (0.087)	0.052 (0.078)
Uncertainty	0.168** (0.068)	0.198*** (0.068)	0.200*** (0.068)	0.206*** (0.072)	0.238*** (0.072)	0.218*** (0.071)	0.118* (0.065)	0.175** (0.073)	0.208*** (0.073)	0.188** (0.073)	0.076 (0.064)
2. 自变量:经济期望											
FW		−0.181** (0.072)	−0.182** (0.075)		−0.198** (0.076)	−0.154* (0.079)	−0.062 (0.071)		−0.205*** (0.077)	−0.160* (0.081)	−0.058 (0.071)
3. 自变量:非经济期望											
FU			−0.147* (0.075)			−0.133* (0.079)	−0.059 (0.071)			−0.139* (0.081)	−0.057 (0.070)
FSS			−0.124 (0.078)			−0.026 (0.082)	−0.088 (0.073)			−0.022 (0.084)	−0.092 (0.073)
FC			0.174** (0.069)			0.236*** (0.073)	0.148** (0.066)			0.203*** (0.074)	0.106 (0.065)

(续表)

4. 中介变量:寻租投入	因变量:寻租投入			因变量:创业退出(出售企业)				因变量:创业退出(关闭企业)			
	(1)	(2)	(3)	(1)	(2)	(3)	(4)	(1)	(2)	(3)	(4)
Corruption							0.501***				0.557***
							(0.072)				(0.071)
N	201	201	201	201	201	201	201	201	201	201	201
R^2	0.354	0.377	0.416	0.259	0.287	0.336	0.486	0.241	0.271	0.271	0.496
adj. R^2	0.302	0.323	0.354	0.198	0.224	0.265	0.427	0.179	0.207	0.238	0.438
ΔR^2	0.354	0.023	0.039	0.259	0.028	0.050	0.150	0.241	0.030	0.040	0.184
ΔF	6.780**	6.369**	3.773**	4.288***	6.733**	4.177***	48.587***	3.903***	7.046***	3.281**	60.987***

注:(1)括号内为标准误,* 表示 $p<0.1$,** 表示 $p<0.05$,*** 表示 $p<0.01$,双尾检验;(2)表中回归系数均为非标准化回归系数。

团结和谐对于创业退出（关闭企业）的影响力都变得不显著（M_4，$\beta=-0.059$，n.s.），并且在创业退出（出售企业）的模型中比较稳健（M_4，$\beta=-0.057$，n.s.），因此寻租投入在家族团结和谐期望与创业退出之间起着完全中介作用；在加入中介变量（寻租投入）后，人丁兴旺（FC）对创业退出（关闭企业）的影响力显著削弱（M_4，$\beta=0.148$，$p<0.05$），结果在创业退出（出售企业）的模型中仍旧稳健（M_4，$\beta=0.106$，$p<0.05$），因此寻租投入在人丁兴旺与创业退出之间起到部分中介作用。而家族社会声望（FSS）对创业退出的影响并不显著，寻租投入在家族社会声望与创业退出之间并没有中介效应。所以总体来说，假设9得到部分支持。

另外，我们验证了直接效应和完全中介效应的结构方程模型，探测"家族期望"中影响企业家寻租投入的前因，以及寻租投入在家族期望实现程度与创业退出之间的中介效应。本书同时检验了"家族期望"四因子的直接效应模型和"家族期望"四因子的完全中介模型，其中家族期望与创业退出（出售）模型的拟合度相关指标为 $\chi^2/df=2.8$，RMSEA：0.096，GFI：0.815，IFI：0.883，TLI：0.859，CFI：0.882。在加入寻租投入的中介效应后，模型的拟合度相关指标为 $\chi^2/df=2.711$，RMSEA：0.093，GFI：0.813，IFI：0.885，TLI：0.859，CFI：0.884，相比直接效应模型，χ^2/df 和 RMSEA 都有所下降，并且 IFI 和 CFI 都有所上升，模型拟合程度较好，因此我们得到了最佳的中介效应模型如图6.5所示。

作为稳健性检验，我们检验了家族期望、寻租投入与创业

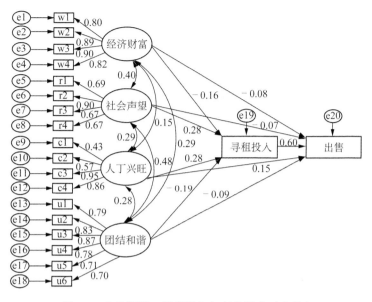

图 6.5 家族期望、寻租投入与创业退出（出售）

退出（关闭）的中介效应结构方程模型，由图 6.6 的结构方程模型结果可知，经济财富实现程度与创业退出（关闭）负相关（r=－0.10），社会声望实现程度与创业退出（关闭）也呈负相关（r=－0.08），团结和谐实现程度与创业退出（关闭）负相关（r=－0.07），这个结果与之前的回归结果一致，进一步检验了假设 6 和假设 7。其中寻租投入与创业退出（关闭）是正相关的（r=0.62），即寻租活动投入越多，企业家越有可能选择退出创业活动。模型拟合度相关指标为 χ^2/df=2.688，RMSEA：0.093，GFI：0.813，IFI：0.886，TLI：0.860，CFI：0.885，拟合程度较好（参见图 6.6），证明家族期望、寻租投入与创业退出中介结构方程模型结果较为稳健，假设 8 和假设 9 进一步得到验证。

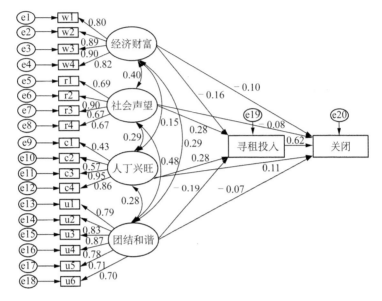

图 6.6 家族期望、寻租投入与创业退出（关闭）

六、制度感知在创业退出中的调节效应

为了检验企业家制度环境感知在寻租投入与创业退出（关闭企业）关系之间的调节效应，本书还是采用了层级回归模型，在原有中介效应模型的基础上增加了模型 5 和模型 6。模型 5 加入了调节变量即企业家制度环境感知，模型 6 增加了调节交互项。在进入交互项之前，本书对寻租投入和制度环境感知变量进行了标准化处理。由表 6.12 的结果可知，调节变量制度环境感知对创业坚持具有显著的正向效应（M_5，$\beta = -0.173$，$p<0.05$），证明家族企业家对外部制度环境信心越低时，他们有可能认为外部制度环境比较官僚，不利于创业活动发展，企

业家退出经营领域的可能性就越高。在加入交互项之后，制度环境感知仍旧显著（M_6，$\beta=-0.232$，$p<0.01$），交互项则比较显著（M_6，$\beta=-0.174$，$p<0.05$），说明制度环境感知对于寻租投入与创业退出的关系具有显著的调节作用，因此假设 10 得到支持。

表 6.12　制度感知对寻租投入与创业退出（关闭）的调节作用

	因变量：创业退出（关闭）					
	（1）	（2）	（3）	（4）	（5）	（6）
常数项	0.715	0.778	0.831	0.207	0.257	0.096
	（0.982）	（0.965）	（0.981）	（0.846）	（0.833）	（0.820）
1. 控制变量						
Employee	0.059	0.064	0.037	-0.015	-0.045	-0.048
	（0.092）	（0.091）	（0.089）	（0.077）	（0.077）	（0.075）
Assets	-0.147**	-0.132**	-0.115*	-0.044	-0.022	-0.004
	（0.061）	（0.060）	（0.061）	（0.053）	（0.053）	（0.052）
Year	0.062	0.072	0.083	0.093	0.100	0.117
	（0.107）	（0.106）	（0.104）	（0.089）	（0.088）	（0.086）
Fmember	0.045	0.037	0.025	-0.045	-0.038	-0.080
	（0.071）	（0.070）	（0.069）	（0.060）	（0.059）	（0.060）
Industry	-0.136	-0.087	-0.066	-0.038	-0.009	-0.036
	（0.143）	（0.141）	（0.141）	（0.121）	（0.119）	（0.118）
Industrial	-0.138	-0.156	-0.138	-0.070	-0.069	-0.065
	（0.169）	（0.167）	（0.167）	（0.144）	（0.141）	（0.139）
Historical	0.026	0.076	0.049	-0.030	-0.033	-0.076
	（0.156）	（0.154）	（0.151）	（0.130）	（0.128）	（0.127）
Gender	0.127	0.023	-0.006	0.029	0.023	0.051
	（0.204）	（0.205）	（0.205）	（0.176）	（0.173）	（0.170）

(续表)

	因变量：创业退出（关闭）					
	(1)	(2)	(3)	(4)	(5)	(6)
Age	−0.003	−0.001	−0.006	−0.003	−0.005	−0.007
	(0.012)	(0.012)	(0.012)	(0.010)	(0.010)	(0.010)
Education	0.271***	0.214**	0.240***	0.177**	0.170**	0.159**
	(0.086)	(0.088)	(0.087)	(0.075)	(0.074)	(0.073)
Belief	−0.336	−0.278	−0.294	−0.199	−0.148	0.009
	(0.231)	(0.228)	(0.225)	(0.194)	(0.191)	(0.197)
Child_foreign	−0.311**	−0.284**	−0.243*	−0.112	−0.110	−0.053
	(0.144)	(0.142)	(0.143)	(0.124)	(0.122)	(0.122)
Corruption	0.220**	0.264***	0.244***	0.052	0.054	−0.010
	(0.087)	(0.087)	(0.087)	(0.078)	(0.077)	(0.079)
Uncertainty	0.175**	0.208***	0.188**	0.076	0.088	0.057
	(0.073)	(0.073)	(0.073)	(0.064)	(0.063)	(0.063)
2. 自变量：家族经济期望						
FW		−0.205***	−0.160*	−0.058	−0.041	−0.048
		(0.077)	(0.081)	(0.071)	(0.070)	(0.069)
3. 自变量：家族非经济期望						
FU			−0.139*	−0.057	−0.083	−0.069
			(0.081)	(0.070)	(0.070)	(0.069)
FSS			−0.022	−0.092	−0.100	−0.114
			(0.084)	(0.073)	(0.072)	(0.071)
FC			0.203***	0.106	0.096	0.091
			(0.074)	(0.065)	(0.064)	(0.063)
4. 中介变量：寻租投入						
corruption				0.557***	0.473***	0.474***
				(0.071)	(0.078)	(0.076)

(续表)

	因变量：创业退出（关闭）					
	（1）	（2）	（3）	（4）	（5）	（6）
5. 调节变量：制度感知						
Institution					-0.173**	-0.232***
					(0.068)	(0.070)
交互项：寻租投入 * 制度感知						
Corruption * Institution						-0.174***
						(0.066)
N	201	201	201	201	201	201
R^2	0.241	0.271	0.311	0.496	0.515	0.535
adj. R^2	0.179	0.207	0.238	0.438	0.456	0.475
ΔR^2	0.241	0.030	0.040	0.184	0.019	0.020
ΔF	3.903***	7.046***	3.281**	60.987***	6.523**	7.017***

注：(1)括号内为标准误，* 表示 $p<0.1$，** 表示 $p<0.05$，*** 表示 $p<0.01$，双尾检验；(2)表中回归系数均为非标准化回归系数。

作为企业家制度环境感知在寻租投入与创业退出关系之间的调节作用的稳健性检验，本书还是采用了层级回归模型，以创业退出（出售企业）作为因变量，在原有中介效应模型的基础上增加了模型5和模型6。模型5进入了调节变量即企业家制度环境感知的变量，模型6增加了调节交互项。在进入交互项之前，本书对寻租投入和制度环境感知变量进行了标准化处理。由表6.13的结果可知，调节变量制度环境感知对创业坚持具有显著的正向效应（M_5，$\beta=-0.211$，$p<0.05$），在加入交互项之后，制度环境感知仍旧显著（M_6，$\beta=-0.253$，$p<0.01$），交互项则比较显著（M_6，$\beta=-0.216$，$p<0.1$），说明制度环境感知

对于寻租投入与创业退出的关系的调节作用非常稳健,因此假设10进一步得到支持。

表6.13 制度感知对寻租投入与创业退出(出售)的调节作用稳健性检验

	因变量:创业退出(出售)					
	(1)	(2)	(3)	(4)	(5)	(6)
常数项	1.442	1.502	1.644*	1.083	1.143	1.027
	(0.969)	(0.953)	(0.962)	(0.853)	(0.832)	(0.828)
1. 控制变量						
Employee	0.043	0.047	0.016	−0.030	−0.067	−0.069
	(0.091)	(0.089)	(0.088)	(0.078)	(0.077)	(0.076)
Assets	−0.132**	−0.118*	−0.094	−0.031	−0.004	0.009
	(0.060)	(0.060)	(0.060)	(0.054)	(0.053)	(0.053)
Year	0.022	0.033	0.043	0.052	0.061	0.074
	(0.106)	(0.104)	(0.102)	(0.090)	(0.087)	(0.087)
Fmember	0.037	0.029	0.013	−0.050	−0.041	−0.071
	(0.070)	(0.069)	(0.068)	(0.061)	(0.059)	(0.061)
Industry	−0.086	−0.038	−0.023	0.002	0.038	0.019
	(0.141)	(0.140)	(0.138)	(0.122)	(0.119)	(0.119)
Industrial	−0.242	−0.260	−0.250	−0.189	−0.188	−0.185
	(0.167)	(0.165)	(0.164)	(0.145)	(0.141)	(0.140)
Historical	0.112	0.160	0.132	0.061	0.056	0.025
	(0.154)	(0.152)	(0.148)	(0.131)	(0.128)	(0.128)
Gender	0.055	−0.045	−0.069	−0.037	−0.045	−0.025
	(0.202)	(0.202)	(0.200)	(0.177)	(0.173)	(0.172)
Age	−0.006	−0.005	−0.011	−0.009	−0.011	−0.012
	(0.012)	(0.012)	(0.012)	(0.010)	(0.010)	(0.010)

(续表)

	因变量：创业退出（出售）					
	（1）	（2）	（3）	（4）	（5）	（6）
Education	0.270***	0.215**	0.240***	0.184**	0.174**	0.167**
	（0.085）	（0.087）	（0.085）	（0.076）	（0.074）	（0.074）
Belief	-0.206	-0.150	-0.164	-0.078	-0.017	0.096
	（0.228）	（0.226）	（0.221）	（0.195）	（0.191）	（0.199）
Child_foreign	-0.383***	-0.356**	-0.316**	-0.198	-0.196	-0.155
	（0.142）	（0.140）	（0.140）	（0.125）	（0.122）	（0.123）
Corruption	0.234***	0.277***	0.254***	0.082	0.084	0.038
	（0.086）	（0.086）	（0.085）	（0.079）	（0.077）	（0.080）
Uncertainty	0.206***	0.238***	0.218***	0.118*	0.132**	0.110*
	（0.072）	（0.072）	（0.071）	（0.065）	（0.063）	（0.064）
2. 自变量：家族经济期望						
FW		-0.198**	-0.154*	-0.062	-0.041	-0.047
		（0.076）	（0.079）	（0.071）	（0.070）	（0.069）
3. 自变量：家族非经济期望						
FU			-0.133*	-0.059	-0.091	-0.081
			（0.079）	（0.071）	（0.070）	（0.070）
FSS			-0.026	-0.088	-0.098	-0.109
			（0.082）	（0.073）	（0.072）	（0.071）
FC			0.236***	0.148**	0.136**	0.133**
			（0.073）	（0.066）	（0.064）	（0.064）
4. 中介变量：寻租投入						
corruption				0.501***	0.399***	0.400***
				（0.072）	（0.077）	（0.077）
5. 调节变量：制度感知						
Institution					-0.211***	-0.253***
					（0.068）	（0.071）

(续表)

	因变量：创业退出（出售）					
	(1)	(2)	(3)	(4)	(5)	(6)
交互项：创新投入＊制度感知						
corruption＊Institution						−0.126* (0.066)
N	201	201	201	201	201	201
R^2	0.259	0.287	0.336	0.486	0.514	0.525
adj. R^2	0.198	0.224	0.265	0.427	0.456	0.464
ΔR^2	0.259	0.028	0.050	0.150	0.028	0.010
ΔF	4.288***	6.733**	4.177***	48.587***	9.708***	3.585*

注：(1)括号内为标准误，＊表示 $p<0.1$，＊＊表示 $p<0.05$，＊＊＊表示 $p<0.01$，双尾检验；(2)表中回归系数均为非标准化回归系数。

为了进一步检验制度环境感知对寻租投入与创业退出关系的调节影响，本文做了分样本检验（具体结果请参见表6.14）。结果表明当企业家制度环境信心高的时候，寻租投入对于创业退出有显著正向影响（M_4，$\beta=0.316$，$p<0.01$），企业家对制度环境信心比较低的时候，寻租投入对于创业退出也有显著的正向影响（M_4，$\beta=0.598$，$p<0.01$）。

为了更加清晰地解释制度环境感知在创业退出关系中的调节作用，本书绘制了图6.7和图6.8。由图6.7可知，当企业家对于制度环境信心较低的情况下，企业家关闭企业退出经营的可能性更高，并且寻租投入对于创业退出（关闭）的正向影响更加显著，其中一个很重要的原因在于寻租活动具有高额的机会成本和惩罚机制。虽然在制度环境不完善的情况下，企业家更容易采取寻租活动来改善企业的经营业绩，实现家族期望，

表 6.14 制度感知调节作用的分样本检验（关闭）

因变量：创业退出（关闭）

	企业家制度环境信心高				企业家制度环境信心低			
	(1)	(2)	(3)	(4)	(1)	(2)	(3)	(4)
常数项	-0.776	-0.772	-0.817	-0.967	0.514	0.648	0.235	0.355
	(0.958)	(0.961)	(1.08)	(1.009)	(1.621)	(1.61)	(1.608)	(1.486)
1.控制变量								
Employee	0.043	0.041	0.033	-0.004	0.021	0.04	0.032	0.016
	(0.085)	(0.086)	(0.085)	(0.08)	(0.15)	(0.15)	(0.154)	(0.143)
Assets	0.01	0.017	0.018	0.033	-0.205**	-0.204**	-0.209*	-0.18*
	(0.06)	(0.061)	(0.061)	(0.057)	(0.099)	(0.098)	(0.11)	(0.102)
Year	0.038	0.041	0.048	0.045	0.216	0.224	0.146	0.121
	(0.101)	(0.101)	(0.102)	(0.095)	(0.175)	(0.174)	(0.175)	(0.162)
Fmember	-0.048	-0.049	-0.085	-0.072	0.077	0.062	0.112	-0.008
	(0.074)	(0.074)	(0.076)	(0.071)	(0.107)	(0.107)	(0.108)	(0.105)
Industry	-0.189	-0.17	-0.187	-0.109	0.057	0.091	0.176	0.035
	(0.134)	(0.137)	(0.137)	(0.13)	(0.232)	(0.232)	(0.23)	(0.217)

(续表)

	因变量：创业退出（关闭）								
	企业家制度环境信心高				企业家制度环境信心低			
	(1)	(2)	(3)	(4)	(1)	(2)	(3)	(4)
Industrial	0.101	0.089	0.116	0.111	−0.168	−0.157	−0.124	−0.038
	(0.167)	(0.168)	(0.182)	(0.17)	(0.256)	(0.254)	(0.249)	(0.231)
Historical	−0.296*	−0.277*	−0.268*	−0.255*	0.084	0.099	0.048	−0.043
	(0.157)	(0.16)	(0.159)	(0.148)	(0.233)	(0.231)	(0.226)	(0.211)
Gender	−0.033	−0.061	−0.037	−0.035	0.12	0.042	0.053	0.002
	(0.184)	(0.189)	(0.192)	(0.18)	(0.366)	(0.367)	(0.369)	(0.341)
Age	−0.012	−0.011	−0.013	−0.007	0.009	0.007	0.012	0.009
	(0.011)	(0.011)	(0.011)	(0.011)	(0.021)	(0.021)	(0.022)	(0.02)
Education	0.184	0.17**	0.18**	0.197**	0.283	0.243	0.301	0.128
	(0.079)	(0.082)	(0.083)	(0.077)	(0.162)	(0.163)	(0.164)	(0.159)
Belief	−0.192	−0.182	−0.166	−0.33	0.558	0.601	0.444	0.878**
	(0.207)	(0.208)	(0.207)	(0.198)	(0.43)	(0.428)	(0.429)	(0.416)
Child_foreign	−0.327	−0.313**	−0.338**	−0.313**	−0.121	−0.14	−0.029	0.162
	(0.136)	(0.138)	(0.14)	(0.131)	(0.243)	(0.241)	(0.25)	(0.238)

(续表)

	因变量:创业退出(关闭)							
	企业家制度环境信心高				企业家制度环境信心低			
	(1)	(2)	(3)	(4)	(1)	(2)	(3)	(4)
Corruption	-0.135	-0.117	-0.083	-0.12	0.228*	0.251	0.261**	0.106
	(0.091)	(0.096)	(0.099)	(0.093)	(0.125)	(0.125)	(0.128)	(0.127)
Uncertainty	-0.079	-0.066	-0.102	-0.079	0.289***	0.309***	0.293	0.099
	(0.075)	(0.077)	(0.079)	(0.074)	(0.105)	(0.105)	(0.103)	(0.111)
2. 自变量:家族经济期望								
FW		-0.056	-0.007	0.032		-0.158	-0.031	-0.039
		(0.084)	(0.094)	(0.088)		(0.109)	(0.121)	(0.112)
3. 自变量:家族非经济期望								
FU			-0.017	0.035			-0.326**	-0.204
			(0.08)	(0.076)			(0.135)	(0.13)
FSS			-0.145*	-0.152*			0.011	-0.099
			(0.086)	(0.081)			(0.133)	(0.127)
FC			0.109	0.077			0.109	-0.045
			(0.08)	(0.075)			(0.135)	(0.133)

(续表)

	因变量:创业退出(关闭)							
	企业家制度环境信心高				企业家制度环境信心低			
	(1)	(2)	(3)	(4)	(1)	(2)	(3)	(4)
4. 中介变量:寻租投入								
corruption				0.316***				0.598***
				(0.086)				(0.175)
N	114	114	114	114	87	87	87	87
R^2	0.278	0.282	0.318	0.412	0.332	0.353	0.413	0.507
adj. R^2	0.167	0.162	0.177	0.282	0.19	0.203	0.242	0.353
ΔR^2	0.278	0.004	0.037	0.093	0.332	0.021	0.06	0.094
ΔF	2.502**	0.447	1.566	13.661***	2.34	2.111	2.109	11.645***

注:(1)括号内为标准误。* 、** 、*** 表示 $p<0.1$,表示 $p<0.05$,表示 $p<0.01$,双尾检验;(2)表中回归系数均为非标准化回归系数。

但寻租活动存在高风险，一旦被发现和暴露，那么企业将失去合法性并且企业家也将承受声誉损失并受法律制裁，因而更有可能退出创业活动。图 6.8 也同样反映出这样的趋势，结果进一步得到证实并且比较稳健。

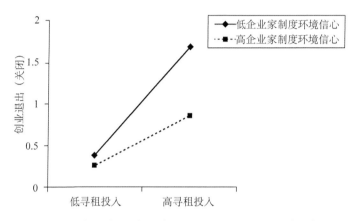

图 6.7　制度感知对寻租投入与创业退出（关闭）关系的调节作用

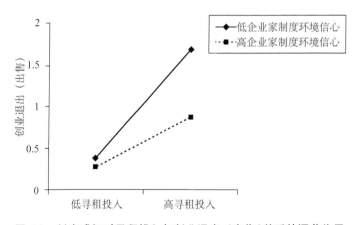

图 6.8　制度感知对寻租投入与创业退出（出售）关系的调节作用

第五节 稳健性检验

一、敏感性分析

关于创业坚持的实证文献表明创业者的个体特征如性别、教育水平等会影响企业家的创业寿命以及创业坚持的决策（Block and Sandner，2009；Haapanen and Tervo，2009）。Gimeno等（1997）认为企业的财务绩效会影响企业家判断继续坚持创业成功的可能性。本书的研究结果表明家族经济财富期望的实现程度对企业家创业坚持（坚守管理权与控制权）的决策有影响，但是不能确定它是否对创业者个体特征、企业财务绩效等变量具有同等影响，为此本书通过敏感性检验进一步控制创业者受教育程度（Education）、性别（Gender）以及企业财务绩效即行业业绩期望（Industrial）和历史业绩期望（Historical）的实现程度与家族经济财富（FW）的交互项，估计结果请参见表6.15。在进行敏感性分析的时候，本书控制家族非经济期望包括社会声望、团结和谐、人丁兴旺、创新投入的影响。本书发现，即使控制了其他个体特征与经济财富（FW）的交互项，家族经济财富实现程度对于创业坚持（坚守管理权与控制权）的影响仍旧显著存在（M_2，$\beta = 0.223$，$p < 0.1$），而其他创业者个体特征性别、教育程度与经济财富的交互项，以及企业经营业绩包括行业业

绩期望与历史业绩期望与经济财富的交互项都是不显著的，进一步证实家族经济财富实现程度对创业坚持的正向影响比较稳健。

表 6.15　家族经济期望对创业坚持影响效应敏感性分析

	因变量：创业坚持（坚守管理权与控制权）	
	（1）	（2）
常数项	8.316***	7.635***
	(1.542)	(1.662)
1. 控制变量		
Employee	−0.178	−0.208
	(0.124)	(0.130)
Assets	−0.035	−0.030
	(0.088)	(0.092)
Year	−0.030	0.009
	(0.147)	(0.157)
Fmember	0.231	0.261**
	(0.109)	(0.117)
Industry	0.152	0.195
	(0.199)	(0.213)
Industrial	−0.496*	−0.368
	(0.256)	(0.286)
Historical	0.485**	0.475*
	(0.227)	(0.248)
Gender	−0.233	−0.230
	(0.272)	(0.291)
Age	0.005	0.004
	(0.016)	(0.019)

(续表)

	因变量：创业坚持（坚守管理权与控制权）	
	（1）	（2）
Education	−0.138	−0.100
	（0.115）	（0.124）
Belief	−0.143	−0.109
	（0.303）	（0.316）
Child_foreign	1.025***	1.014***
	（0.201）	（0.206）
Corruption	−0.448***	−0.438***
	（0.132）	（0.137）
Uncertainty	0.352***	0.327***
	（0.110）	（0.119）
FU	−0.326**	−0.340***
	（0.117）	（0.123）
FSS	0.444***	0.462
	（0.117）	（0.129）
FC	−0.044	−0.027
	（0.115）	（0.122）
Innovation	0.315**	0.214
	（0.139）	（0.157）

2. 经济财富与交互项

FW		0.223*
		（0.307）
FW_Gender		−0.246
		（0.287）
FW_Education		0.046
		（0.100）

(续表)

	因变量：创业坚持（坚守管理权与控制权）	
	（1）	（2）
FW_Industrial		−0.050
		（0.227）
FW_Historical		−0.165
		（0.228）
N	201	201
R^2	0.542	0.526
adj. R^2	0.449	0.443
ΔR^2	0.542	0.014
ΔF	5.769***	0.518

注：(1)括号内为标准误，* 表示 $p<0.1$，** 表示 $p<0.05$，*** 表示 $p<0.01$，双尾检验；(2)表中回归系数均为非标准化回归系数。

同时，本书的研究结果表明家族非经济期望的实现程度对创业坚持（创业者传承意愿）有影响，但是不能确定它是否对创业者个体特征、企业财务绩效等变量具有同等影响，为此本书通过敏感性检验进一步控制创业者受教育程度（Education）、性别（Gender）以及企业财务绩效即行业业绩期望（Industrial）和历史业绩期望（Historical）的实现程度与家族非经济期望包括团结和谐（FU）、社会声望（FSS）和人丁兴旺（FC）的交互项，估计结果请参见表6.16。在进行敏感性分析的时候，本书控制家族经济期望以及中介变量即创新投入的影响。本书发现，即使控制了其他个体特征与家族非经济期望的交互项，团结和谐（FU）对创业坚持（创业者传承意愿）的影响仍旧显著（M_2，$\beta=0.240$，$p<0.01$），社会声望（FSS）对创业坚持的影响也显著（M_2，

$\beta=1.776$,$p<0.01$),而人丁兴旺(FC)对创业坚持的负向影响也仍显著(M_2,$\beta=-0.517$,$p<0.01$)。然而创业者个体特征性别、文化程度与非经济期望的交互项也部分显著,证实了之前的研究中性别与教育水平对创业退出的影响,所以本书之前的研究也对创业者个体特征的影响进行了控制。企业经营业绩也是影响创业退出的重要因素,其与家族非经济期望的交互项也部分显著,具体请参见表6.16。

表6.16 家族非经济期望对创业坚持影响效应敏感性分析

	因变量:创业坚持(传承意愿)	
	(1)	(2)
常数项	−1.492	−2.713
	(1.762)	(2.232)
1. 控制变量		
Employee	0.012	0.012
	(0.158)	(0.158)
Assets	−0.041	−0.041
	(0.107)	(0.107)
Year	0.012	0.012
	(0.176)	(0.176)
Fmember	−0.097	−0.097
	(0.111)	(0.111)
Industry	0.175	0.175
	(0.320)	(0.320)
Industrial	0.312	0.312
	(0.270)	(0.270)

(续表)

	因变量：创业坚持（传承意愿）	
	（1）	（2）
Historical	−0.256	−0.256
	（0.242）	（0.242）
Gender	−0.401	−0.401
	（0.385）	（0.385）
Age	−0.007	−0.007
	（0.022）	（0.022）
Education	0.315*	0.315*
	（0.172）	（0.172）
Belief	−0.061	−0.061
	（0.248）	（0.248）
Child_foreign	0.461	0.461
	（0.434）	（0.434）
Corruption	0.172	0.172
	（0.188）	（0.188）
Uncertainty	0.131	0.131
	（0.118）	（0.118）
FW	−0.053	−0.053
	（0.117）	（0.117）
Innovation	0.417**	0.417**
	（0.175）	（0.175）
2. 家族非经济财富与交互项		
FU		0.240***
		（1.645）
FSS		1.766***
		（1.918）

(续表)

	因变量：创业坚持（传承意愿）	
	(1)	(2)
FC		−0.517***
		(1.669)
FU_Industrial		0.430
		(0.400)
FSS_Industrial		−0.334
		(0.284)
FC_Industrial		0.046**
		(1.316)
FU_Historical		−0.415
		(0.429)
FSS_Historical		0.222*
		(0.300)
FC_Historical		−0.296
		(0.212)
FU_Gender		0.103**
		(1.417)
FSS_Gender		−0.416**
		(0.921)
FC_Gender		−0.286**
		(0.892)
FU_Education		−0.144**
		(0.249)
FSS_Education		−0.377**
		(0.507)

(续表)

	因变量：创业坚持（传承意愿）	
	（1）	（2）
FC_Education		0.200**
		（0.271）
N	201	201
R^2	0.454	0.591
adj. R^2	0.317	0.333
ΔR^2	0.454	0.138
ΔF	3.321***	1.100

注：(1) 括号内为标准误，* 表示 $p<0.1$，** 表示 $p<0.05$，*** 表示 $p<0.01$，双尾检验；(2) 表中回归系数均为非标准化回归系数。

另外，关于创业退出的实证文献也表明企业经营业绩的重要性，认为创业者在无法实现在行业内所期望的财务业绩时就会选择退出（Hayward，Shepherd，and Griffin，2006）。本书证明了家族期望与创业退出之间的关系，即家族经济财富与团结和谐实现程度越低创业者越容易退出，但是不确定其与企业绩效之间的关系，为此本书通过敏感性检验进一步控制企业财务绩效即行业业绩期望的实现程度与家族期望包括经济财富（FW）、团结和谐（FU）、社会声望（FSS）和人丁兴旺（FC）的交互项，估计结果请参见表6.17。结果表明在加入了企业绩效与家族四个维度的交互项后，经济财富（FW）与团结和谐（FU）仍然与创业退出（关闭）显著负相关，并且结果在因变量为创业退出（出售）的模型中依然稳健。

表 6.17 家族期望对创业退出影响效应敏感性分析

	因变量：创业退出（关闭）		因变量：创业退出（出售）	
常数项	0.715	1.503	1.374	2.496***
	(0.982)	(0.953)	(0.974)	(0.921)
1. 控制变量				
Employee	0.059	0.005	0.031	-0.023
	(0.092)	(0.086)	(0.089)	(0.081)
Assets	-0.147**	-0.076	-0.131**	-0.050
	(0.061)	(0.059)	(0.060)	(0.057)
Year	0.062	0.101	0.027	0.061
	(0.107)	(0.101)	(0.106)	(0.097)
Fmember	0.045	0.116*	0.041	0.120*
	(0.071)	(0.069)	(0.070)	(0.067)
Industry	-0.136	-0.107	0.040	-0.155
	(0.143)	(0.138)	(0.195)	(0.178)
Industrial	-0.138	-0.160	-0.234	-0.281*
	(0.169)	(0.160)	(0.167)	(0.154)
Historical	0.026	0.160	0.109	0.273*
	(0.156)	(0.149)	(0.155)	(0.144)
Gender	0.127	-0.115	0.045	-0.252**
	(0.204)	(0.199)	(0.204)	(0.194)
Age	-0.003	-0.016	-0.006	-0.022**
	(0.012)	(0.012)	(0.012)	(0.011)
Education	0.271***	0.220**	0.276***	0.207
	(0.086)	(0.085)	(0.086)	(0.082)

(续表)

	因变量：创业退出（关闭）		因变量：创业退出（出售）	
Belief	−0.336**	−0.383*	−0.211	−0.253
	(0.231)	(0.217)	(0.228)	(0.208)
Child_foreign	−0.311**	−0.317**	−0.392***	−0.429
	(0.144)	(0.140)	(0.141)	(0.134)
Uncertainty	0.220**	0.196**	0.229***	0.208**
	(0.087)	(0.088)	(0.086)	(0.085)
Innovation	0.175**	0.146**	0.210***	0.167**
	(0.073)	(0.072)	(0.073)	(0.069)
2. 家族期望与交互项				
FW		−0.131*		−0.129*
		(0.078)		(0.075)
FU		−0.196**		−0.210***
		(0.083)		(0.079)
FSS		−0.007		−0.007
		(0.081)		(0.078)
FC		0.199***		0.232***
		(0.074)		(0.071)
FW_Industrial		−0.021		−0.054
		(0.069)		(0.066)
FU_Industrial		−0.196**		−0.167**
		(0.088)		(0.082)
FSS_Industrial		−0.217**		−0.277***
		(0.077)		(0.074)

(续表)

	因变量：创业退出（关闭）		因变量：创业退出（出售）	
FC_Industrial	0.076		0.071	
	(0.073)		(0.071)	
N	201	201	201	201
R^2	0.241	0.385	0.257	0.430
adj. R^2	0.179	0.302	0.197	0.353
ΔR^2	0.241	0.144	0.257	0.172
ΔF	3.903***	4.794***	4.256***	6.195***

注：(1)括号内为标准误，* 表示 $p<0.1$，** 表示 $p<0.05$，*** 表示 $p<0.01$，双尾检验；(2)表中回归系数均为非标准化回归系数。

二、其他稳健性检验

（一）按有无宗教信仰分样本检验

我们首先基于创业者有无宗教信仰进行分组检验。社会学家马克斯·韦伯强调了新教伦理的重要性，认为独立自我、勤奋工作、现世的经济回报和节俭等价值观对近代资本主义国家的兴起发挥了至关重要的作用（Weber，1930）。考虑到信仰对我国创业者坚持或者退出的决策也可能存在影响作用（阮荣平、郑风田、刘力，2014），本书将创业者样本分为有宗教信仰和无宗教信仰，分组检验家族期望对创业坚持或者创业退出的影响，检验结果表明，无论创业者有无宗教信仰，家族期望对于创业坚持或者退出的影响效应与前面的结果基本上是一致的。

（二）按企业家年龄分样本检验

考虑到创业者对制度环境的感知能力等会受到自身因素的影响，本书基于创业者年龄均值进行分组检验。本书将样本按创业者年龄的均值分为高龄组和低龄组，检验不同年龄组样本下制度环境对创业成长的影响，检验结果表明，无论创业者处于高龄组还是低龄组，家族期望对于创业坚持或者退出的影响效应与前面的结果也基本上是一致的。

（三）男性样本稳健性检验

（1）由于在我们的研究样本中，男性企业家共有174人，占86.6%。为此，我们又以这部分样本为研究对象，并重复进行正文中的有关回归分析，论文的主要研究结论未发生实质性改变；（2）由于在我们的研究样本中，制造业所占比例达到了71%左右，为此，我们又以这部分样本为研究对象，并重复进行正文中的有关回归分析，论文的主要研究结论未发生实质性改变；（3）由于在我们的研究样本中，担任董事长或总经理的企业家几乎占到81%，为此，我们又以这部分样本为研究对象，并重复进行正文中的有关回归分析，论文的主要研究结论未发生实质性改变；（4）由于在我们的研究样本中，企业寿命在5~8年的占据了86%，为此，我们又以这部分样本为研究对象，并重复进行正文中的有关回归分析，论文的主要研究结论未发生实质性改变；（5）由于在我们的研究样本中，500人以下的中小型企业占到了95%，为此，我们又以这部分样本为研究对象，并重复进行正文中的有关回归分析，论文的主要研究结论未发生实质性改变，证明本书的研究结果比较稳健。

第六节 本章小结

本章以我国家族企业为研究样本，以问卷调研的形式共得到 201 个观测值，利用 SPSS19.0 和 AMOS17.0 对本书所提出的全部假设进行了实证验证，检验结果参见表 6.18。

第一，实证研究结果表明，家族经济期望实现程度对创业坚持具有显著正向影响。一方面，当家族经济财富实现程度越高即超过其理想水平越多时，企业家越有信心经营好企业，前期经济财富的积累是企业家能力的体现，因而会进一步增强企业家创业的自信心。另一方面，当经济财富积累较多，企业家有较高的自主权进行战略决策的选择，不用过多考虑保障家庭成员的生活开销以及家庭支出，对其持续经营企业有激励的作用，假设 1 得到支持。家族非经济期望包括家族社会声望、家族团结和谐、人丁兴旺三个维度，非经济期望对于创业坚持（坚守管理权与控制权）的影响并不显著。本书认为，家族非经济期望是一个多维度的概念，各个期望之间可能存在一定的相互干扰，对于企业家可能会选择最重要的非经济利益参考点作为参考依据，假设 2 并没有得到支持。可能对于企业家在进行创业坚持（坚守管理权与控制权）的决策而言，属于理性逻辑范畴，相比非经济利益参考点，经济财富是比较重要的参考点。

第二，创新投入在家族经济期望与创业坚持之间具有传染效应，假设 3 得到支持。当家庭经济财富超出企业家的理想水平时，企业家有更多的财务资源投入到创新中，并且没有家庭经济状况的后顾之忧会更加倾向于创新投入，可以为家族企业的延续积累更多的经济财富，也增加了其继续坚持创业和延续家族企业经营的可能性。另外，创新投入在家族社会声望与创业坚持之间起到部分中介效应，如果家族社会声望实现程度越高，企业家则有更多的社会关系网络资源投入到创新活动，增加其持续经营企业的意愿，创新投入在家族团结和谐、人丁兴旺与创业坚持的关系中的中介效应并不显著，假设 4 得到部分支持。

第三，家族经济期望实现程度对创业退出具有显著正向影响，即家族经济期望实现程度对创业退出有显著负向影响，假设 6 得到支持。当家族经济期望实现程度越低，企业家越没有信心将企业经营好，也降低了其认为坚持创业可以成功的可能性，企业家更加倾向退出经营和放弃创业避免后续投入的损失。家族团结和谐期望实现程度对创业退出有显著正向影响，表明家族团结和谐期望实现程度越低，家族内部斗争不断会降低企业家想把家族企业延续传承的意愿。家族社会声望期望实现程度对创业精神的正向影响并不显著，而家族人丁兴旺期望实现程度越高，企业家选择退出可能性越大，这和本书原先假设不一致。本书认为，如果家族内部人数太多，可能造成企业家难以选择继承人或者很多家族内部成员都想竞争继任者的位置，为了维护家族内部的和谐，企业家倾向于退出家族企业经营。总体来说，假设 7 得到部分支持。

第四,寻租投入在家族经济期望与创业退出之间具有完全中介效应,假设8得到支持。随着家族经济财富期望实现程度越低,离企业家理想水平差距越大时,企业家倾向于采取寻租投入来提高企业的经济效益进而满足家族经济财富期望,而寻租投入行为会打击创业精神,削弱其创新和持续经营企业的意愿。寻租投入在家族非经济期望与创业退出之间起到部分中介作用。寻租投入在家族团结和谐期望与创业退出之间起到完全中介作用,在家族人丁兴旺与创业退出之间也起到中介作用,然而寻租互动在家族社会声望与创业退出之间的中介作用并不显著,假设9得到部分支持。

第五,创新投入和寻租投入这两种不同的冒险性行为,对企业家坚持和退出创业决策存在不一样的影响机制。企业家若采取合法的、积极的、有正面影响力的创新投入作为应对家族期望绩效反馈的变革行为,则对其坚持创业和延续创新精神有促进作用。反之,若企业家采取非法的、消极的、有负面影响力的寻租投入来应对家族期望实现程度无法满足创业家族期望水平的现状,则会打击其坚持创业的信心,更加倾向于放弃创业而退出经营领域,对创业精神的持续性有消极的影响。

第六,从企业家制度环境感知的调节作用来看,制度环境感知对创新投入与创业坚持之间具有显著调节作用,同样对寻租投入与创业退出具有调节效应,假设5和假设10都得到实证结果的验证。当处于制度不完善的区域中,官僚体制严重存在,企业家对外部制度环境信心不足,认为企业的知识产权(创新投入的成果)没有办法受到保护时,会降低其持续创业和经营的可能性。类似地，当企业家对外部制度环境信心不足，而自身采取的寻租投入会打压其创业的积极性，害怕寻租投入所带来潜在惩罚成本太高，也不能为家族企业的延续提供良好的基础，因此采取寻租投入的企业家也会更加倾向于退出经营或放弃创业，具体可参见假设检验总汇表6.18。

表6.18 假设检验总汇

	研究模型一：家族期望与创业坚持机制	
	家族期望与创业坚持的关系效应	
主效应	假设1：家族经济期望实现程度越高，企业家坚持创业的可能性越高	支持
	假设2：家族非经济期望实现程度越高，企业家坚持创业的可能性越高	部分支持
	创新投入的传染效应	
中介效应	假设3：创新投入在家族经济期望与创业坚持之间具有中介效应	支持
	假设4：创新投入在家族非经济期望与创业坚持之间具有中介效应	不支持
	制度感知的调节效应	
调节效应	假设5：企业家制度感知在创新投入与创业坚持之间具有调节作用，当企业家对外部制度环境信心较高时，采取创新投入的企业家更加倾向于坚持创业	支持
	研究模型二：家族期望与创业退出机制	
	家族期望与创业退出的关系效应	
主效应	假设6：家族经济期望实现程度越低，企业家退出创业的可能性越高	支持
	假设7：家族非经济期望实现程度越低，企业家退出创业的可能性越高	部分支持

(续表)

中介效应	寻租投入的传染效应	
	假设8：寻租投入在家族经济期望与创业退出之间起到中介效应	支持
	假设9：寻租投入在家族非经济期望与创业退出之间起到中介效应	部分支持
调节效应	制度感知的调节效应	
	假设10：企业家制度感知在寻租投入与创业退出之间具有调节作用，当企业家对外部制度环境信心较高时，采取寻租投入的企业家更加倾向于退出创业	支持

第七章

结论与讨论

创业坚持或退出作为创业过程的重要活动是非常普遍的现象，每年都有企业家选择继续坚持创业和持续经营，然而也有不少企业家选择放弃创业。现有文献基本上都假定企业家具有一种持续的创新能力，能够一直将企业经营下去，并不存在退出问题，所以创业退出的行为并未引起学者太多的关注。然而，生命的有限性决定了企业家创业生命的有限性，每个企业家都面临退出创业的难题，这就形成了一个有趣的研究问题：为何有的企业家创业生命比较长？有的创业者在没有到达退休年龄的时候就选择了退出，而有的创业者将毕生精力都投入其创办的企业？过程方法流派认为创业活动是一个复杂的长期过程，企业家对机会进行不断的搜寻和探索，是创业研究领域中的一个重要流派（Gartner，1985）。既然创业是一个过程，是必须经历建立新创企业的进入过程、坚持创业的持续过程以及退出创业的后期过程。没有考虑到创业坚持或退出决策的创业过程是不完整的，对于企业家、企业、产业与宏观经济而言，创业退出和坚持是很重要的一个过程（DeTienne，2010）。

创业过程中，企业家总是面临继续坚持创业或者退出当前创业活动的两难抉择，而研究影响创业坚持和退出因素的文献相对较少。在现有研究创业退出或坚持的文献中，大多学者从企业家个体特征、企业因素、行业及宏观环境去分析创业坚持或退出行为决策的前因，而忽略了创业家族的影响作用。但是在创业研究中不考虑创业家族的影响是有缺失的，最近有越来越多的学者开始关注家族企业中的创业问题。Habbershon和Williams（1999）提出家族性是影响企业战略行为决策的关键因素，对创业绩效有重要影响。李新春和刘莉（2008）认为创业不是家族企业中阶段性的战略行为，而贯穿了企业的整个生命周期，把家族因素与创业相结合会形成一个特殊研究问题。基于资源基础观、行为代理理论以及管家理论等，家族性可为创业提供资金、社会关系网络以及人力等资源。现实中很多企业的实际控制人是家族，家族也是创业活动最持久的主力，是创业资本的主要来源。统计数据显示，有四分之一新创的企业是属于夫妻所有或者是家族所有，因而研究控制家族对创业者退出或坚持决策的影响是具有理论和现实意义的，本书主要以创业家族为分析的基本单元来探讨家族期望对于创业坚持与退出决策的影响。

企业行为理论认为"期望"是影响管理者决策的关键变量（Greve，2003，2008）。企业的行为决策是目标导向的，决策者可以将自己个人的目标转换成企业政策或行为（Cyert and March，1963）。大量企业行为理论的实证研究探讨了期望水平与冒险性行为之间的关系包括非法性行为（Mishina，Dykes，Block，and Pollock，2010）和合法性行为如研发投入（O'Brienand and David，2014；Tylerand and Caner，2015）、**市场扩张**（Barreto，2012）以及**资源配置和兼并收购**（Arrfelt，Wiseman，and Hult，2013）等。毫无疑问，企业行为理论也为家族创业者的决策提供了扎实的理论基础，但是企业行为理论目前在家族创业研究中的应用才刚刚起步，只有少数创业研究运用前景理论和参考点理论，其中最具有代表性的文献是 Gimeno 等（1997）年根据阈值理论所提出的影响企业家创业坚持或退出选择的三因素模型。他们的研究认为创业者往往通过比较财务回报、非经济利益和转换成本来决定其是否要继续坚持创业。由此可见，经济、非经济收益和转换成本是创业坚持或退出决策的重要目标参考点。现有的企业行为理论的实证研究重点关注企业经济绩效对于企业行为决策的影响，包括生产绩效、财务业绩如 ROA、ROE 和 ROS 等。Shinkle（2012）总结了企业行为理论的相关文献，结果表明大量研究只关注经济期望，其他类型期望的研究比较匮乏。根据 Gimeno 等（1997）的观点，创业坚持与退出的决策并不仅仅依赖经济参考点，非经济参考点如个人价值的实现、保护家庭以及社会认同感等也是重要的决策参考点。在家族企业中，创业者决策的非经济参考点变得更为复杂，关系契约与经济契约在家族内部同时存在，家族涉入如家族管理和控制导致了非经济参考点的多样性。

对于家族企业而言，其作为企业系统和家族系统的结合体，目标设定变得非常的复杂（Habbershon, Williams, and MacMillan, 2003）。控制家族可以使用自己的权利来影响企业决策从而实现以家庭为中心的目标（Chrisman, Chua, Pearson, and Barnett, 2012）。以家庭为中心的目标是家族企业研究理论中重要的组成部分，但是很少有研究解释了家族企业的目标是如何设定的这一过程（Chrisman and Patel, 2012）。家族企业家不仅将企业财务绩效、利润最大化作为其目标，还具备其他非经济类的目标如家族企业的代际发展、家庭和谐、声誉和社会地位等。对于很多华人家族企业家来说，能不能实现家族企业的"基业长青"、完成代际传承，比企业本身的经营目标更加有意义(李新春、何轩、陈文婷,2008)。在家族企业中控制家族往往占统治地位(Chua et al., 1999),而目标参考点的设定是个人、团队及企业相互作用的结果,而控制家族的涉入对目标设置具有决定性的作用(Astrachan and Jaskiewicz, 2008)。根据行为代理理论(Wiseman and Gómez-Mejía, 1998),社会情感财富研究的主要论点在于社会情感财富的损失是家族企业行为决策的最重要的参考点,而并非经济利益参考点(Gómez-Mejía et al., 2010; Zellweger et al., 2012)。虽然社会情感财富理论为解释家族企业行为的异质性提供了有效的理论框架,但也存在一些要解决的问题(Berrone, Cruz, and Gómez-Mejía, 2012),它不像物质财富一样容易量化,其方法论近期受到一些学者的挑战。同样也有学者提出家族企业的研究不能过分强调社会情感财富的实现而忽略经济效益。总体而言,本书认为创业家族同时兼具经济利益目标和非经济利益目标,在家族内部重新探讨期望的形成和目标参考点的选择就显得很有必要。因而,本书提出了"家族期望"的构念并且检验了"家族期望"的多维度参考点包括经济与非经济目标参考点对创业坚持与退出决策的影响。

企业家行为决策的主要理论基础是经典的行为理论,而家族创业者决策的参考点不仅仅依赖于经济目标,有可能更加注重社会声望、家族延续、社会情感财富等其他非经济目标。借鉴企业行为理论、前景理论以及家族研究中的家庭中心目标、社会情感财富等概念,本书认为"家族期望"是影响企业家行为决策的重要参考点,即创业家族是否达到自身理想的家族期望水平会影响企业家是否要坚持或者退出创业的决策。现有少量关于创业退出的研究都把创业坚持与退出看作是同一范畴下互相对立的决策行为，普遍认为当企业家选择继续坚持创业则被视为企业家选择不退出。然而本书认为，创业坚持和创业退出的内涵存在少许的差异性，尤其是在家族企业的情境下。假定创业生命有限的情况下，家族传承意愿是创业精神持续性最强有力的表现形式，而关闭和出售企业则是创业退出较为清晰的衡量指标，意味着对于整个家族企业的放弃。另外，本书同时认为创业坚持和退出的影响机制可能存在差异，正面积极的冒险行为有可能进一步激发创业精神的坚持，而负面消极的冒险行为可能会进一步导致企业家的退出，这是受到创业精神本身正面积极的意义以及家族企业的异质性影响的。相较于非家族企业，家族企业往往比较注重自己的声誉和社会地位，会更加倾向于采取道德性合法行为，积极合法性行为与正面的创业精神之间存在互惠效应。反之，采取消极非法行为的家族企业更容易形成短期目标，这与其长期发展的目标相违背，对创业精神的持续性产生消极影响。基于此，本书综合分析了家族期望与两种创业行为决策（创业坚持与创业退出）之间的关系，并且深入探讨了两种不同类型的冒险行为选择（创新投入与寻租投入）的不同的传导效应，以及制度环境对于冒险性行为与创业精神之间的调节作用。下面三小节将分别对主要研究结论、研究理论与实践贡献、研究不足与展望进行详细阐述。

第一节　主要研究结论

鉴于创业决策者行为具有目标导向性并且深受其家族期望的影响，家族企业兼具非经济和经济目标以及参考点设定的复杂性，基于企业行为理论、社会财富理论以及家族企业相关研究，本书提出了"家族期望"的理论构念，采用定性研究和定量研究相结合的形式提出"家族期望"的具体测量体系。本书以"家"作为一个分析单元检验了家族期望实现程度与家族企业家创业坚持和退出行为决策之间的关系，以及创新投入和寻租投入在其间的传导效应，并进一步检验制度感知在冒险性活动与创业精神之间的调节效应，基于经验分析得到了以下主要研究结论。

第一，家族企业创业者以及家族具有多重期望目标。家族期望的形成是核心的家族成员长期生活在一起，通过互相沟通与交流以较低成本达成相同目标的结果，受到家族成员个体特征、企业因素、产业特征、利益相关者的目标以及外部宏观环境的影响。家族期望的形成和发展具有动态性的特征，是一个弹性期望水平的概念，根据家族和企业发展的不同阶段进行不断调整。影响家族企业行为并决定家族企业性质的重要因素或者可以说根源性的因素是其经营的目标、价值观（Colli，2012），因而从家族企业目标或者期望视角探讨创业退出具有理论现实意义。本书通过扎根研究等一系列的方法，结果发现，中国家族企业家在经营过程中非常关心的家族期望主要是家族经济财富、家族社会声望、家族团结和谐以及人丁兴旺的实现。

第二，导致企业家继续坚持创业的因素，前期的很多学者认为是企业家个体特征的作用比如价值观、风险承担能力、自我效能等，而很少关注创业家族的影响。本书的研究结果表明，家族经济财富实现程度越高即超出企业家及其家人的理想水平时，企业家越有可能坚持创业。因为家族经济财富期望的实现解决了创业者对于家庭生活经济负担的后顾之忧，创业活动的财务资本比较富足，也有更多的财务资源投入到创业项目中和不同的创新活动中，提高了企业家对于创业失败的风险承担能力。家族经济财富期望较高的实现程度也可以增加企业家继续创业的自信心，假定创业收入是家庭收入的重要来源之一，前期创业活动的经济回报是企业家经营企业能力最直接的体现，企业家更加有信心通过企业经营创造更多的经济财富，因此会更加倾向于坚持创业。反之，家族非经济期望包括社会声望、团结和谐以及人丁兴旺的实现程度对创业坚持影响并不显著。然而这和创业精神衡量方式有关，本书的研究结果表明，若只探讨企业家对于其管理权和控制权的坚持，家族经济财富期望是一个最重要的参考点。当家族创业者的坚持考虑到控制家族的长期经营和延续的意愿，非经济期望参考点显得更为重要，社会声望和人丁兴旺的实现程度对于企业家传承意愿有显著的正向影响，而经济财富期望的影响并不显著。其中一个很重要的解释就是企业家对于管理权和股权坚持是比较理性的决策，相比家族非经济期望的激励，家族经济财富期望的实现更加有驱动力，因为很多企业家建立企业的初衷就是创造更多的经济财富。而对于家族创业者而言，其传承意愿受到非理性因素的干扰，由于情感依附和社会情感财富需求的存在，经济期望参考点的意义就被削弱了。由于利他主义的存在，家族创业者通常具有传承的意愿，家族非经济目标的实现程度对于其坚定传承意愿具有积极促进作用，更加愿意坚持创业。

第三，导致企业家选择退出还是坚持自己的事业与梦想，在前期的很多学者与文献看来，主要是企业的因素（如经营的财务业绩）或者企业家个体特征（如自负）等，而很少关注到对于家族企业而言，实际上企业家首先关心的可能是家族价值，家族价值的实现程度将直接导致企业家是否持续经营。本书的结果表明，家族的经济财富、团结和谐、社会声望的实现程度越低则家族企业创始人越倾向于退出创业，而人丁兴旺的实现程度越高则越不可能退出创业。一方面，当家族经济财富期望实现程度越低，企业家更加有动力去保障家庭生活的收入、更愿意去选择其他一些保守的赚钱方式而并不是高风险的创业活动，企业和家庭经济的双重压力会导致其则更加倾向于退出创业。另一方面，假定企业收益是创业家族重要的收入来源之一，财富期望较低的实现程度也从侧面反映出企业家之前的创业活动的收益并不乐观，会打击到企业家创业的信心，因而更加有可能退出创业。家族团结和谐和声望的实现程度越低，控制家族内部关系不和谐会严重打击企业家延续家族企业经营的意愿，而社会关系网络资源和声誉资源的限制也进一步阻碍了创业活动关系资本的投入，使创业活动举步维艰，会进一步导致创业退出。然而，家族期望中人丁兴旺的实现程度越高，企业家退出创业的可能性越低，其中一个重要解释是因为人丁兴旺代表家族内部下一代儿子数量较多，兄弟姐妹数量变多，实现家族繁荣和创造家族经济财富的任务和压力就越大，创业虽然具有高风险，但是万一实现成功创业则可以为家族积累较多的经济财富，确保家族内部成员过上富足的生活。随着人丁兴旺实现程度越高，企业家感受到家庭生活压力越大，其想为后代打拼江山的思想就越重，因而会降低其退出创业的可能性。

第四，大多数研究对于家族企业是否倾向于风险规避一直都没有定论，有学者认为家族企业为了保障稳定的家庭收入以及保存社会情感财富等偏向于减少风险投资如创新活动。也有研究表明有跨代延续经营意愿的家族企业具有长期的目标导向，而创新活动的成果可以为企业带来长期的收益，因而家族企业更有可能投入到创新活动中。本书的研究表明，当家族经济财富期望实现程度较高时，企业家倾向于选择创新投入，并且可以激励其创新精神的持续，即创新投入在家族经济期望与创业坚持之间具有传染效应。对于家族企业而言，虽然创新投入具有高失败的风险但其收益是长期的，也符合家族企业长期发展的意愿，尤其是当其家族经济期望实现程度较高时，财务资本的富足可以允许其试验失败或者投资失利，提高了风险承担能力。

第五，当家族期望没有达到企业家理想水平时，企业家是否会选择改变战略或者采取冒险性行为来实现其期望。大多的企业行为理论、业绩反馈理论研究者认为期望落差的出现将导致企业采取积极的创新行为，比如增加研发投资，但实际上对于新兴经济体而言，由于资源分配的不平衡，私营企业家获取资源举步维艰，采取研发投入等创新行为存在过高的风险，有可能导致后期投入的继续损失。虽然企业家也希望可以通过合法性的活动如创新等来改变自己的现状，但随着家族经济期望实现程度越低，受到外部制度环境的影响和内在条件的约束有可能无法通过合法积极的途径去实现家族期望，采取快速见效的并且相对低成本的非法性的贿赂寻租行为变成了一个重要的策略。在这种背景下私营企业家更有可能采取的冒险行为是寻租，而寻租是存在很高的交易成本的，这是影响创业精神持续性的关键所在。另外，寻租活动本身是短期目标导向的，与家族期望的长期发展目标和注重社会声望的特性相违背，打击了企业家积极正面的创业精神，因而采取寻租活动的家族创业者更有可能选择退出创业。本书的结果表明，寻租投入在家族期望与创业退出之间具有显著的传导效应，即家族期望实现程度较低的困境将导致企业家选择一些寻租行为，而寻租的高成本与潜在的风险则进一步提高了他们退出创业活动的动机。

第六，创业活动通常受到不同因素的制约如企业文化、资源以及外部环境等，其中外部环境是创业导向研究的重点，尤其在经济转型国家制度环境的因素是制约创业持续力的关键。本书的研究结果表明企业家制度环境感知对创新投入与创业坚持关系具有调节作用，当企业家对外部制度环境信心越高时创业者选择创业坚持的可能性要显著高于制度不完善情境下创业坚持的可能性。如果企业家认为企业所处的法律制度环境比较完善，创新投入的成果如专利、技术等可以得到有效的保护并且能为企业带来持续竞争力，那么创新投入越多的企业家则越倾向于坚持创业和继续创新。另外，企业家制度环境感知对寻租投入与创业退出关系具有显著调节作用，当企业家对外部制度环境信心越低时，企业家越要采取寻租非法活动来建立与政府官员的良好关系以便获取政治资本，而寻租投入得越多将造成高昂的成本和严厉的惩罚，企业家创业的积极性也受到打击，增加其退出经营活动避免日后受到惩罚的可能性。

第二节　主要研究贡献

本书的研究对进一步深入地理解企业家的创业坚持与退出行为决策的根源、家族企业目标参考点的设定和家族期望对创业决策的影响具有比较重要的理论意义与现实价值。本书的主要研究贡献主要体现在以下几个方面。

第一，本书根据企业行为理论和社会情感财富理论等提出了"家族期望"的理论构念，以"家"为一个重要的分析单元，考虑到家族成员与非家族成员之间目标的差异性，将非经济目标和经济目标同时纳入"家族期望"范畴，这就丰富了企业行为理论与社会情感财富理论的研究成果。企业行为理论认为，期望水平是个体决策的重要参考点，企业决策者根据比较真实经营业绩和其期望水平之间的差距来决定是否要进行战略变革或者采取冒险性活动等战略行为（Greve，2003；2008）。一方面，虽然企业行为理论学者已经意识到每个企业都具备各种不同类型的目标包括经济类和非经济类的参考点，但是大多数企业行为理论研究模型只以企业财务绩效、生产绩效等指标作为衡量得失与否的经济参考点，并没有考虑到非经济利益参考点在企业行为决策当中的作用。另一方面，家族企业研究者则强调，相较于经济目标，家族企业更加重视非经济类目标：情感收益与情感成本（Astrachan and Jaskiewicz，2008）、家庭和谐（Sharma and Manikutty，2005）、家族控制权（Olson et al.，2003）、家族凝聚力以及家庭忠诚（Sorenson et al.，2009）等。其中代表性的观点是 Gómez-Mejía 等（2007）提出的损失规避假说（loss adverse），认为与家族所有权相关的社会情感财富是家族企业衡量获得和损失的重要决策参照点。然而，最近的研究表明，家族企业如果过于强调社会情感财富作为坚持家族控制或者其他行为决策的重要依据，而忽略企业本身经营财务业绩的威胁是相当危险的（Schulze and Kellermanns，2015）。虽然社会情感财富为解释家族企业异质性和行为决策提供了理论基础，但是只考虑非经济利益参考点作为决策依据仍是失之偏颇。在政治经济学和经济学研究中，利润最大化是最基本的重要假设（Simon，1979），虽然家族企业异质性决定其对于非经济目标的关注，经济目标的实现对于控制家族来说仍是相当重要的，因为企业经营绩效往往与控制家族收入是密切相关的。因此，将非经济目标与经济目标参考点同时纳入"家族期望"的构念，进一步丰富了社会情感财富理论相关的研究。另外，本书还放松了早先研究只是简单把社会情感财富等非经济利益参考点设定为"有/无"状态的假设，将家族期望设定为可变的连续状态，将进一步丰富企业行为理论和行为代理理论的相关研究。

第二，本书根据定性和定量研究的分析结果提出了一个有效的家族期望测量体系，将各类经济与非经济参考点作为可连续的变量，为以后家族企业实证研究奠定良好基础。从方法论上来看，关于社会情感财富的测量体系也受到学者的挑战，很多研究开始采用调研数据来避免这些方法上的缺陷，目前很多研究采用档案数据资料或二手数据库某些变量作为社会情感财富的代理变量如高管中家庭成员任职人数、家族控制权比例等（Schulze and Kellermanns，2015）。Miller 和 Breton-Miller(2014)指出社会情感财富的维度区分还是不够清晰。企业行为理论研究中的期望水平的衡量方法也受到巨大挑战，因为研究中往往存在一个严格假设，研究者很清楚知道企业决策者是如何确定其期望水平的(Shinkle，2012)。期望水平作为企业决策者自我感知和判断的心理预期水平，是一个心理学变量，需要决策者自我进行主观判断，因而以问卷调研形式去衡量企业家期望水平的位置是更加科学和更加准确的，本书提出的家族期望的具体测量体系，可以为关于家族企业目标设定和参考点选择的实证研究提供可靠的测量方法。

第三，不同于其他学者以企业家个体、企业或者产业与宏观的环境作为分析对象，本书以创业家族作为分析对象，以家族期望作为探讨创业坚持或退出的分析单元，这在一定程度上进一步丰富了有关创业退出和创业坚持的研究成果。基于创业学文献，大多数研究都以个体特征如性别、年龄、教育水平、创业经验以及性格，企业经营状况如财务绩效、外部经济、政策以及国家文化等方面来解释企业家坚持或者退出创业决策的前因，而忽略了其创业家族的影响。基于资源基础观和行为代理理论，家族性资源是创业活动的基础，离开控制家族谈创业是有偏失的。期望是影响个体决策的关键性因素，尤其是针对家族企业而言，创业决策行为是家族经济和非经济期望共同作用的结果。因此，本书以家族期望作为影响企业家创业坚持或退出的前因分析，可以进一步丰富创业学领域的文献。

第四，本书对家族创业者坚持和退出的影响机制分别进行探索，虽然在战略研究领域和创业学研究领域退出策略已经引起学者关注，但是在家族企业研究领域大部分研究都关注传承，只有鲜少的研究关注家族企业的退出（Salvato et al.，2010；Sharma and Manikutty，2005；Wennberg et al.，2011；Zellweger，et al.，2012）。学者们意识到，家族企业的特殊性形成了对非经济财富的需求，却很少有研究特别关注非经济目标对于家族企业退出行为的影响。但家族创业者的理性驱动和情感驱动的共同作用又是影响其坚持或退出创业的关键。因此，本书通过家族期望的构念，基于社会情感财富理论、阈值理论和企业行为理论等，探讨了经济财富期望与非经济财富期望（如社会声望、家族和谐和人丁兴旺等维度）对于家族创业者退出或坚持决策的影响，进一步丰富了家族企业领域关于创业退出的研究。另外，本书还尝试探索创业坚持和创业退出的不同内涵。之前研究将创业坚持和退出看作是对立面的同一变量,如 DeTienne 等(2012)认为创业退出主要体现在三个方面,包括管理权退出、出售企业与关闭企业,而家族企业中管理权的退出涉及家族企业的传承问题,代表企业家并没有坚持创业和传承的意愿。本书认为,创业退出和创业坚持的内涵具有差异性,并不是完全的对立面,对于创业坚持而言其管理权和控制权的坚持、传承意愿等方面的内容尤为重要,而对于创业退出而言,关闭企业与出售企业等方式是衡量创业退出的重要维度。至于在出售之后,企业家是否会将所获得的财富传承给下一代并不是很重要,因为对于战略管理研究来说,为何创业者会选择退出企业经营显得更为重要。尤其是在家族企业情境下,考虑到企业家生命和创业生命的有限性,传承意愿是其继续坚持创业的重要表现形式,通过言传身教将企业传承给下一代是其在必须退出经营舞台时的另外一种坚持形式。而关闭和出售家族企业也意味着彻底的退出,是家族创业者退出创业的重要衡量指标。分开探讨创业坚持和创业退出的内涵,可以进一步丰富创业退出方面的研究,也能帮助读者更好地理解影响创业坚持和退出的不同作用机理。

第五,本书在家族期望与创业退出之间提出了一个寻租效应模型,认为家族期望较低的实现程度导致了企业家冒险地从事寻租投入,最终导致其创业退出。另外,在家族期望与创业坚持之间提出了一个创新效应模型,认为家族期望的实现程度比较高可以激励企业家加大创新投入,从而鼓励企业家继续坚持创业,这就剖析了家族期望与创业决策之间的路径,也丰富了有关家族企业异质性的研究。对于家族企业而言，非法投机的寻租行为大多会发生在当企业家面临家庭和企业的双重压力下，并且受到财务、社会、人力等资源制约的前提下，或者是在外部制度环境不确定性比较高而企业家对于法律制度环境信心较低的情况下。因此，通过同时对非法性冒险行为和合法性冒险性行为中介机制的探讨，对于进一步理解家族企业的异质性有一定的帮助，也能使读者更加清晰了解家族期望对于家族企业冒险性行为决策的影响，丰富企业行为理论研究中关于风险承担和冒险性行为的研究。

第六，本书探讨了制度环境因素在冒险行为决策与创业精神之间的调节效应，将外部制度环境与创业坚持与退出的研究联系起来，揭示了企业家制度环境感知与创业精神之间的内在联系，突出中国转型制度背景对创业精神持续力的深刻影响。本书同时探讨了在政府主导的制度环境中企业家在寻求不同类型的冒险性行为包括积极的创新投入和消极的寻租投入来改变自身现状，以及两种不同类型的行为决策对于企业家是否愿意坚持创业或创业退出的作用，从而进一步揭示了企业家在选择合法和非法的冒险性活动背后的动机和理论含义。本书认为，企业家对外部制度环境的信心较高时，创新投入的成果可以得到有效法律保护，增强了创新投入对创业精神坚持的正向效应。创业活动本身是具有积极意义的，可以促进经济增长、创造就业岗位和缓解社会压力等，而在不完善的制度环境体制下，企业家面对官僚主义而不得以采取贿赂等非法手段获取急需资源时，会打击企业家持续创业的积极性。政府强烈的控制和干预的外部制度环境有可能会弱化企业家继续坚持的精神，创新投入的成果也没有办法得到保障，企业家对企业的发展也没有信心。若企业家没有意愿继续创业或者坚持经营企业则会造成创业失败率的上升，基于这个角度，本书的研究结果对于相关政策的制定具有参考意义。

第三节 研究的不足

本书将家族期望的构念纳入创业精神的研究模型，并探讨了非法和合法的冒险性行为决策的传导效应，检验了制度感知在冒险性行为与创业精神之间的调节作用，这进一步拓展了企业行为理论的研究，丰富了参考点理论以及家族创业的研究。但本书仍旧存在一些暂时无法深入探讨的问题和研究的局限性。

其一，理论上而言对家族期望进行分解是一个趋势，因为只有这样，才有可能挖掘影响家族企业家行为决策的关键参考点。然而对家族期望的各个维度进行分解，可能在一定程度上破坏了家族企业目标的系统性，虽然相对而言，创业家族的经济目标和非经济目标在较大程度上可以进行分离，但是各个家族目标之间可能会互相影响，造成企业家决策的困难。本书并没有充分检验家族期望四个因子包括财富期望、家族社会声望、家族团结和谐以及人丁兴旺之间的互相作用，虽然本书采用了结构方程工具（structural equation modeling, SEM）来检验家族期望四个因子之间的逻辑关系,但对家族企业家行为选择中家族期望的不同因子的重要程度没有进行区分,这就无法深刻剖析和解决企业家如何在各个家族期望中选择决策的参考点的问题。从结构方程的结果来看,家族期望的各个维度之间存在一定的相关性,但也具有较高的区别效度,不能整合成单一因素。

其二,由于时间和资源的有限性,本书在实证方法上存在一定的局限性。首先,本书只选取了家族企业家作为问卷调研的被试对象,并没有考察其他控制家族成员对于家族期望水平的测量,一定程度上可能造成家族期望水平参考点在测量上的偏差。家族期望是指整个创业家族所拥有的共同期望,虽然家族企业家是企业和家族的"大家长",具有一定的权威性,他们对于期望的看法也具有一定的代表性,但是只是针对个体的研究可能会造成测量方法上的一些偏差。另外,由于资源限制,本书也只采取了横截面研究,没有办法观测到家族期望在不同阶段的变化以及动态性。个体的目标都是在不断变化的,会随着阶段目标的实现与否进行调整,家族期望也一样具有动态性,未来的研究应该注重纵向关注家族期望在不同阶段的变化,进一步剖析其动态的本质。

其三,有关创业者退出和坚持的定义和界定现在仍旧比较模糊,本书只是将企业家自身对于管理权和控制权的坚持和其传承意愿作为创业坚持的两种表现形式,将企业家出售企业或者关闭企业的意愿作为其创业退出的标志。然而,有的企业家可能在选择退出这个领域经营之后即出售或者关闭其创办的企业后,可能会选择重新创业进入新的领域,本书并没有办法观测到这种类型的创业退出。创业退出的过程有可能并不是简单定义为创业者结束经营的意愿,这是本书的一个不足之处,也是目前创业学领域的研究需要解决的一个问题,如何清晰界定创业退出行为和创业坚持行为。虽然已经有学者开始探讨企业经营失败和创业退出之间的差异,但是实际上还是没有完全解决如何界定企业家自发性的创业退出行为或者关于创业退出行为的测量,关于创业坚持与创业退出之间的关系,未来的研究也需要进一步探讨。

其四,企业行为理论探讨了期望水平与冒险性行为之间的关系并检验了多种情境机制的作用包括内部因素如问题能力等,外部因素如经济社会环境、制度环境、竞争环境等,还有决策者认知和心理因素等(Shinkle,2012)。而本书只考虑了冒险性行为与创业精神之间的调节机制,并没有进一步检验家族期望与冒险性活动之间的调节作用,这是本书的研究局限之一,未来的研究可以进一步同时探讨家族期望与冒险性活动之间的调节机制以及冒险性活动与创业精神之间的调节机制,从而进一步完善"家族期望-冒险性行为决策-创业精神"的研究模型。

第四节　未来展望

本书将家族期望纳入创业精神的模型只是一个尝试,还有很多问题有待解决，同时为未来的研究提供更多探索的空间，这主要包括以下几个方面。

第一，家族期望的测量具有一定的困难性，尤其是每个控制家族对于自己家族核心人员的划分都存在差异性，而家族期望的形成是一个漫长的演变过程，中间可能受到正式和非正式家庭沟通方式的影响如正式的家族委员会以及非正式的家庭机会等。家族期望具有动态性，随着控制家族阶段性目标的实现程度会发生调整和变化，因此比较难以准确地把握。之后的研究可以在实证研究方法上注意以下几个问题：首先，应该结合社会学、心理学、婚姻家庭学等不同学科，考虑社会文化、制度环境等影响因素，增加模型的通用性。例如，本书提出家族期望的一个重要维度是人丁兴旺，人丁兴旺的内涵受到不同国家文化的影响，在不同地区有不同理解，而其重要性也会呈现出差异，亚洲地区如中国、日本、印度等国家对于子嗣延续有着较高的期望尤其指男性，然而在西方国家如美国、加拿大、英国等地区对于后代性别差异的敏感度可能没那么高，之后的实证研究可以考虑人丁兴旺这个维度在不同文化区域中的重要性。其次，未来的实证研究可以采取多案例分析、纵向研究对控制家族进行长时间跟踪和记录，以便更加深刻剖析家族期望的内涵。纵向研究的一个好处是可以及时记录和观察家族期望随时间的变化以及在不同阶段所表现出来的特征，更好地理解家族期望的动态性。最后，可以扩大调研的对象和目标群体，增加数据来源的丰富性。由于时间和资源限制，本书只选取家族企业创始者作为问卷调研对象，无法捕捉到其他家族成员对家族期望的认知水平,之后的研究可以以控制家族核心成员作为调研对象,综合各个家族成员的评定来确定家族期望的水平,弥补家族企业家单独填写问卷的不足。

第二,正如前文所述,家族期望具有各个不同的维度,控制家族也具有多重目标,本书检验了不同家族期望维度对于创业坚持或退出的影响,但是研究结果表明不同的家族期望所产生的作用存在一定的差异性,即家族企业家的人丁兴旺期望较低的实现程度对企业家退出的作用效应刚好与财富丰腴、团结和谐、社会声望的作用相反。家族经济财富期望实现程度对创业坚持具有激励作用,而非经济财富期望如声望、团结和人丁兴旺的作用则不显著。所以一个亟待解决的重要问题就是家族期望各个维度之间的互相作用,以及不同家族期望维度的重要程度是否会呈现出差异性,在不同决策行为的机制中,决策者有可能会选择自己认为比较重要的参考点作为依据。例如,本书的研究结果表明对于企业家坚持创业决策而言,经济财富期望相比非经济期望参考点可能更为重要,也是其决策的重要依据,之后的研究可以关注家族期望不同维度之间的互相作用和影响,更加清晰地揭示影响家族企业行为的影响机制。同时值得注意的是,由于家族期望是多维度概念,近期已有文献表明家族企业的决策者在不同的目标之间需要进行权衡分析(Shinkle,2012),企业家的决策会受到他认为最重要的期望维度的影响,因而家族期望的4个维度对于创业退出具有不同的影响,这还有待于进一步研究。

第三,本书考虑到企业家在精神方面、股权方面的坚持行为，是否还存在创业坚持的表现方式和变量，比如对家族企业进行传承的意愿（何轩、宋丽红、朱沆、李新春，2014）等，家族企业家选择跨代传承时与家族期望的实现程度又存在什么样的关系，都需要今后的研究进行进一步的探索。同样，本书考虑到出售与清算等企业家退出行为，是否还存在其他的退出行为，比如那些惯于创业（MacMillan，1986）或者连续创业者（Ucbasaran et al.，2001）将在创业生涯中完成多次的退出行为，他们在选择退出行为时与其家族期望的实现程度又存在何种关系，这都有待于今后进行进一步的探索。

第四，本书检验了两种经典的冒险性行为的中介机制即创新投入和寻租投入的中介机制，其他冒险性行为活动在家族期望与创业精神之间的传染效应还有待进一步检验。企业行为理论认为当企业绩效没有达到期望水平时企业管理者会选择进行搜寻、战略变革等一系列活动来改善经营绩效以实现其期望，如创新投入（Chen，2008；O'Brien and David，2014）、兼并和收购（Iyer and Miller，2008）、战略联盟（Baum, Rowley, Shipilov, and Chuang，2005）、新产品开发和进入新市场等合法性的冒险行为，同时也有可能采取非法性冒险性行为如操纵盈余（Dichev，1997）、环境犯罪（Alexander and Cohen，1996）等。而这些冒险性活动是否也和创新投入和寻租投入一样在家族期望与创业精神之间起到中介作用还没有结论，之后的研究可以进一步完善家族期望与创业精神之间的中介机制。

第五，外部环境因素对创业活动具有重要影响，而本书只考虑了制度环境感知在冒险性活动与创业精神之间的调节作用，其他外部环境因素的情境机制还有待完善。不仅仅是制度环境因素，社会经济环境、市场竞争环境等都有可能对企业家是否坚持创业或者退出的决定产生影响，后续研究可以进一步完善不同外部环境因素的影响作用。除了外部因素之外，作为家族创业企业，家族内部治理和内部环境因素都影响企业家创业的动力和积极性，如后代的接班意愿是影响家族企业能否成功传承和持续性经营的关键性因素、家庭文化、家庭正式和非正式治理机制等对家族期望与创业精神关系的影响都有待进一步考察。另外，如上文所述，本书并没有探讨家族期望与冒险性活动之间的情境机制，根据 Shinkle（2012）对于企业行为理论的相关文献进行总结，提出影响组织期望与冒险性活动关系的调节变量包括内部因素和外部环境如经济社会、制度、行业竞争等环境，未来的研究可以结合家族期望与冒险性活动之间的调节作用以及冒险性活动与创业退出与坚持之间的调节变量，进一步丰富"家族期望-冒险性行为决策-创业精神"的模型。

第六，家族企业作为企业系统和家族系统的结合，家族企业家行为决策深受家族期望和组织期望的共同影响，在本书中只考虑家族内部的期望对于企业家行为决策的影响，但是家族期望与组织期望的重叠部分，以及两者之间的相互作用对于企业最终目标设定的影响仍旧不清晰。未来的研究应该进一步关注家族企业内部的动态性，比如企业家个人期望、控制家族期望、组织期望三者之间的相互影响，进一步揭示各种类型的期望对于家族企业行为决策的影响机制。

参 考 文 献

[1] 陈凌、应丽芬:"代际传承:家族企业继任管理和创新",《管理世界》,2003年第6期。

[2] 储小平:"家族企业研究:一个具有现代意义的话题",《中国社会科学》,2000年第5期。

[3] 储小平:"社会关系资本与华人家族企业的创业及发展",《南开管理评论》,2003年第6期。

[4] 程民选、龙游宇、李晓红:"中国国有企业制度变迁:特点及经验总结",《南开经济研究》,2005年第6期。

[5] 邓海滨、廖进中:"制度安排与技术创新:基于负二项式模型的研究",《科学学研究》,2009年第7期。

[6] 窦军生、张文冉、赵映振:"家族企业的非经济目标追求:理论评价与整合",第八届创业与家族企业成长国际研讨会,2012年。

[7] 陈信元、黄俊:"政府管制与企业垂直整合——刘永行'炼铝'的案例分析",《管理世界》,2006年第2期。

[8] 程书强:"机构投资者持股与上市公司会计盈余信息关系实证研究",《管理世界》,2006年第9期。

[9] 樊纲等:《中国市场化指数》,经济科学出版社,2001年。

[10] 冯旭南:"债务融资和掠夺——来自中国家族上市公司的证据",《经济学

（季刊）》，2012年第3期。

［11］冯旭南、李心愉、陈工孟："家族控制、治理环境和公司价值"，《金融研究》，2011年第3期。

［12］郭春野、庄子银："知识产权保护与'南方'国家的自主创新激励"，《经济研究》，2012年第9期。

［13］贺小刚、连燕玲、余冬兰："家族和谐与企业可持续成长——基于家族权力配置的视角"，《经济管理》，2010年第1期。

［14］胡刚："企业社会责任还是企业家社会责任——对当前我国企业社会责任问题的思考"，《中国经济问题》，2006年第6期。

［15］贾旭东、谭新辉："经典扎根理论及其精神对中国管理研究的现实价值"，《管理学报》，2010年第5期。

［16］何轩、宋丽红、朱沆、李新春："家族为何意欲放手——制度环境感知、政治地位与中国家族企业家的传承意愿"，《管理世界》，2014年第2期。

［17］胡晓红、李新春："家族企业创业导向与企业成长"，《学术研究》，2009年第4期。

［18］李维安、邱艾超、古志辉："双重公司治理环境、政治联系偏好与公司绩效——基于中国民营上市公司治理转型的研究"，《中国工业经济》，2010年第6期。

［19］李新春、刘莉："嵌入性——市场性关系网络与家族企业创业成长"，《中山大学学报（社会科学版）》，2009年第3期。

［20］李新春、何轩、陈文婷："战略创业与家族企业创业精神的传承——基于百年老字号李锦记的案例研究"，《管理世界》，2008年第10期。

［21］李雪莲、马双、邓翔："公务员家庭、创业与寻租动机"，《经济研究》，2015年第5期。

［22］黎海波："中国的血缘家族观与家族企业的低信任度文化"，《广州社会主义学院学报》，2014年第2期。

［23］陆雄文、梁晓雅：" 中国民营企业家的社会责任观"，《经济管理》，2009年第8期。

［24］牛芳、张玉利、杨俊：" 创业团队异质性与新企业绩效：领导者乐观心理的调节作用"，《管理评论》，2011年第11期。

［25］苏琦、李新春：" 内部治理、外部环境与中国家族企业生命周期"，《管理世界》，2004年第10期。

［26］涂国前、刘峰：" 制衡股东性质与制衡效果——来自中国民营化上市公司的经验证据"，《管理世界》，2010年第11期。

［27］申明浩：" 治理结构对家族股东隧道行为的影响分析"，《经济研究》，2008年第6期。

［28］苏启林、钟乃雄：" 民营上市公司控制权形成及其影响研究"，《管理世界》，2005年第1期。

［29］王重鸣、刘学方：" 高管团队内聚力对家族企业继承绩效影响实证研究"，《管理世界》，2007年第10期。

［30］王立清、杨宝臣、高常水：" 制度环境对企业R&D投入的影响——基于我国上市公司的经验证据"，《科技进步与对策》，2011年第22期。

［31］韦影：" 企业社会资本与技术创新：基于吸收能力的实证研究"，《中国工业经济》，2007年第9期。

［32］吴明隆：《问卷统计分析实务》，重庆大学出版社，2010年。

［33］吴一平、王健：" 制度环境、政治网络与创业：来自转型国家的证据"，《经济研究》，2015年第8期。

［34］杨宜音：" 社会心理领域的价值观研究述要"，《中国社会科学》，1998年第2期。

［35］杨在军：" 家族企业长寿之家族因素剖析"，《中国经济史研究》，2011年第1期。

［36］杨静、王重鸣：" 女性创业型领导：多维度结构与多水平影响效应"，《管

理世界》，2013 年第 9 期。

[37] 杨俊、田莉、张玉利等：“创新还是模仿：创业团队经验异质性与冲突特征的角色”，《管理世界》，2010 年第 3 期。

[38] 杨学儒、陈文婷、李新春：“家族性、创业导向与家族创业绩效”，《经济管理》，2009 年第 3 期。

[39] 熊军、章凯：“中国民营企业动态环境下的适应性成长路径：一项追踪案例研究"，《管理世界》，2009 年第 2 期。

[40] 徐业坤、钱先航、李维安：“政治不确定性、政治关联与民营企业投资——来自市委书记更替的证据”，《管理世界》，2013 年第 5 期。

[41] 严成樑：“社会资本、创新与长期经济增长”，《经济研究》，2012 年第 11 期。

[42] 周燕、苏雪梅：“中国家族企业传承的文化动因及困境”，《求实》，2011 年第 8 期。

[43] 朱沆、叶琴雪、李新春：“社会情感财富理论及其在家族企业研究中的突破”，《外国经济与管理》，2012 年第 12 期。

[44] 张余华：《家族企业发展进程及治理模式研究》，华中科技大学出版社，2006。

[45] 庄子银：“南方模仿、企业家精神和长期增长”，《经济研究》，2003 年第 1 期。

[46] 周黎安：“中国地方官员的晋升锦标赛模式研究”，《经济研究》，2007 年第 7 期。

[47] 朱卫平：“论企业家与家族企业”，《管理世界》，2004 年第 7 期。

英文参考文献请扫二维码

图书在版编目(CIP)数据

中国式家族期望与创业坚持/吕斐斐著. —上海：复旦大学出版社，2021.9
ISBN 978-7-309-15495-5

Ⅰ.①中… Ⅱ.①吕… Ⅲ.①家族-私营企业-企业管理-创业-研究-中国
Ⅳ.①F279.245

中国版本图书馆 CIP 数据核字(2021)第 020694 号

中国式家族期望与创业坚持
ZHONGGUOSHI JIAZUQIWANG YU CHUANGYEJIANCHI
吕斐斐　著
责任编辑/谢同君

复旦大学出版社有限公司出版发行
上海市国权路 579 号　邮编：200433
网址：fupnet@fudanpress.com　　http://www.fudanpress.com
门市零售：86-21-65102580　　团体订购：86-21-65104505
出版部电话：86-21-65642845
江苏凤凰数码印务有限公司

开本 890×1240　1/32　印张 10.875　字数 225 千
2021 年 9 月第 1 版第 1 次印刷

ISBN 978-7-309-15495-5/F·2775
定价：68.00 元

如有印装质量问题，请向复旦大学出版社有限公司出版部调换。
版权所有　　侵权必究